CONTROVÉRSIAS
CONSTITUCIONAIS ATUAIS

Conselho Editorial
André Luís Callegari
Carlos Alberto Alvaro de Oliveira
Carlos Alberto Molinaro
Daniel Francisco Mitidiero
Darci Guimarães Ribeiro
Draiton Gonzaga de Souza
Elaine Harzheim Macedo
Eugênio Facchini Neto
Giovani Agostini Saavedra
Ingo Wolfgang Sarlet
Jose Luis Bolzan de Morais
José Maria Rosa Tesheiner
Leandro Paulsen
Lenio Luiz Streck
Paulo Antônio Caliendo Velloso da Silveira
Rodrigo Wasem Galia

C764   Controvérsias constitucionais atuais / Antônio Dionísio Lopes ... [et al.]; Paulo Fayet, Geraldo Jobim, Marco Félix Jobim (organizadores). – Porto Alegre: Livraria do Advogado Editora, 2014.
224 p.; 23 cm.
Inclui bibliografia.
ISBN 978-85-7348-898-2

1. Direito constitucional - Brasil. 2. Tutela. 3. Brasil. Constituição. I. Lopes, Antônio Dionísio. II. Fayet, Paulo. III. Jobim, Geraldo. IV. Jobim, Marco Félix.

CDU 342(81)
CDD 342.81

Índice para catálogo sistemático:
1. Direito constitucional: Brasil   342(81)

(Bibliotecária responsável: Sabrina Leal Araujo – CRB 10/1507)

PAULO FAYET
GERALDO JOBIM
MARCO FÉLIX JOBIM
(organizadores)

CONTROVÉRSIAS CONSTITUCIONAIS ATUAIS

Antônio Dionísio Lopes
Clarissa Santos Lucena
Dieter Mayrhofer Gauland
Felipe Hilgert Mallmann
Geraldo Jobim
Guilherme Antunes da Cunha
Letícia Grezzana Corrêa
Luciano Vaz Ferreira
Marco Félix Jobim
Mateus de Oliveira Fornasier
Mauricio Martins Reis
Paulo Fayet
Sandro Brescovit Trotta

Porto Alegre, 2014

© dos autores, 2014

Capa, projeto gráfico e diagramação
Livraria do Advogado Editora

Revisão
Rosane Marques Borba

Direitos desta edição reservados por
Livraria do Advogado Editora Ltda.
Rua Riachuelo, 1300
90010-273 Porto Alegre RS
Fone/fax: 0800-51-7522
editora@livrariadoadvogado.com.br
www.doadvogado.com.br

Impresso no Brasil / Printed in Brazil

Sumário

Apresentação – *Paulo Fayet, Geraldo Jobim e Marco Félix Jobim*.................................7

1. A Constituição, o Garantismo e a Reincidência
   Antônio Dionísio Lopes..9

2. Tutela de urgência e tutela de evidência: novas perspectivas do Projeto de novo Código de Processo Civil e as garantias processuais constitucionais
   Clarissa Santos Lucena..25

3. Regime semiaberto e facções organizadas
   Dieter Mayrhofer Gauland..45

4. O interrogatório protetivo no processo penal: proteção constitucional e necessária modificação do CPP
   Paulo Fayet e Felipe Hilgert Mallmann...69

5. A tutela constitucional do crédito rural: (i)licitude da securitização de ativos à União Federal
   Geraldo Jobim..83

6. A influência do positivismo jurídico na jurisdição praticada no Estado Democrático de Direito brasileiro: uma análise a partir da Súmula 372 do STJ
   Guilherme Antunes da Cunha...103

7. Cláusulas Pétreas: limites de reforma do texto constitucional brasileiro
   Letícia Grezzana Corrêa...127

8. Aspectos constitucionais da extradição no Direito brasileiro: antigas proibições e novos desafios
   Luciano Vaz Ferreira e Sandro Brescovit Trotta......................................147

9. O que Marbury v. Madison tem a ver com o controle de constituicionalidade de leis na Constituição da República Federativa do Brasil?
   Marco Félix Jobim..167

10. Desterritorialização e Direito: desafios para a construção de uma observação do jurídico na sociedade mundial
    Mateus de Oliveira Fornasier..183

11. A decisão de inconstitucionalidade: módulo crítico para um tratamento autônomo e homogêneo
    Mauricio Martins Reis...207

Apresentação

É com imensa alegria que os organizadores realizam a apresentação da obra *Controvérsias Constitucionais Atuais*.

A Constituição da República Federativa do Brasil alcançou, no dia 5 de outubro de 2013, seus vinte e cinco anos desde sua promulgação, no dia 5 de outubro de 1988, a partir de uma redemocratização brasileira que acabava de sair de um período conturbado de sua história com seus anos de chumbo, que lograram deixar ao Estado brasileiro "duas" Constituições: a primeira de 1967 e a Emenda Constitucional n. 1, de 1969, considerada por muitos como uma nova Constituição. Em razão desses fatos, aliados a tantos outros de violações a direitos básicos do cidadão, quer seja pelos AI, quer seja pela própria violência que reinava à época, a nova Constituição, para conceder uma resposta à época que se passava, teve que ser rica em direitos e garantias fundamentais que, infelizmente, ainda estão muito aquém de serem efetivados ou ainda compreendidos em suas totalidades.

Por isso, professores do curso de Direito da FADERGS – Faculdade de Desenvolvimento do Rio Grande do Sul – resolveram, em conjunto, desvelar alguns segredos destes e de outros direitos elencados no texto constitucional, produzindo uma obra coletiva de qualidade como a agora apresentada ao público leitor.

Não será necessário nesta apresentação grandes introitos, bastando, para atestar a veracidade do que foi acima referido, analisar o corpo de articulistas e seus estudos ora trazidos: Clarissa Santos Lucena aborda a *Tutela de urgência e tutela de evidência: novas perspectivas do projeto de novo Código de processo Civil e as garantias processuais constitucionais*; Dieter Mayrhofer Gauland escreve sobre o *Regime semiaberto e facções organizadas*; Antônio Dionísio Lopes traz um estudo sobre *A Constituição, o garantismo e a reincidência*; Geraldo Jobim fala sobre *A tutela constitucional do crédito rural: (i)licitude da securitização de ativos à União Federal*, Guilherme Antunes da Cunha redige sobre *A influência do positivismo jurídico na jurisdição praticada no Estado Democrático de Direito brasileiro: uma análise a partir da súmula 372 do STJ*; Letícia Grezzana Corrêa discorre sobre as *Cláusulas pétreas: limites de reforma do texto constitucional brasileiro*; Luciano Vaz Ferreira e Sandro Brescovit Trotta elencam os *Aspectos Constitucionais da Extradição no Direito Brasileiro: Antigas Proibições e Novos Desafios*;

Marco Félix Jobim estabelece um vínculo histórico com *O que Marbury v. Madison tem a ver com o controle de constituicionalidade de leis na Constituição da República Federativa do Brasil?*; Mateus de Oliveira Fornasier escreve sobre a *Desterritorialização e Direito: desafios para a construção de uma observação do jurídico na sociedade mundial*; Mauricio Martins Reis minuta sobre *A decisão de inconstitucionalidade: módulo crítico para um tratamento autônomo e homogêneo* e Paulo Fayet e Felipe Hilgert Mallmann dialogam sobre *O interrogatório protetivo no processo penal: proteção constitucional e necessária modificação do CPP*.

Os temas, além de relevantes e atuais, demonstram a preocupação dos autores com a efetividade da Constituição Federal, o que, por si só, atesta o valor da obra e antecipa a excelente aceitação que o público leitor terá ao ler sobre os temas versados.

Os agradecimentos, como de costume, são para os participantes que, sem o comprometimento que cada um deles demonstrou, com certeza, não estaríamos neste momento apresentando o estudo; à Livraria do Advogado Editora, nas pessoas do Walter e Valmor, que continuam acreditando que bons estudos rendem bons frutos; aos alunos da FADERGS; aos demais colegas, funcionários e, em especial, à Diretora Acadêmica Sara Pedrini Martins por sempre incentivar.

Os organizadores,

Paulo Fayet
Geraldo Jobim
Marco Félix Jobim

—1—

A Constituição, o Garantismo e a Reincidência

ANTÔNIO DIONÍSIO LOPES[1]

Sumário: 1. Considerações iniciais; 2. Teorias; 2.1. Justificativa pela via da "dupla ação"; 2.2. Justificativa pelo abandono do direito penal das garantias; 2.3. A justificativa através da culpabilidade do autor; 2.4. A justificativa pela maior culpabilidade do ato; 2.5. Considerações criminológicas; 2.6. Direito Penal Liberal e Direito Penal Autoritário; 2.7. Reincidência criminal: teorias opostas; 2.7.1. Quanto à lesão do direito à honra; 2.7.2. Quanto ao princípio da igualdade; 2.7.3. Quanto ao princípio da legalidade; 2.7.4. Quanto aos princípios da presunção de inocência, do devido processo legal e da ampla defesa; 2.7.5. Quanto ao princípio do *non bis in idem*; 3. Considerações finais; Bibliografia.

1. Considerações iniciais

Haja vista a natureza da teoria do crime, sem dúvida a reincidência criminal está umbilicalmente ligada à Escola Clássica. Esse instituto estava inserido no Código Criminal do Império (1831). Como tal circunstância nada tem a ver com o fato, e sim com, o autor, tem ela mais afinidade com a teoria do criminoso e com as correntes norteadoras da pena: Absoluta, Relativa, Mista, Prevenção Geral, Prevenção Especial, etc.

Em verdade, as origens mais remotas do instituto da reincidência datam do Direito Romano. Havia até uma certa classificação da reincidência em específica, própria ou verdadeira e temporária, e admitindo-se, inclusive, embora facultativamente, os efeitos da reincidência internacional, com, consequente elevação da punição. Traz-se à colação exemplo da época, quando o primeiro furto era punido com a perda do olho, o segundo com a perda do nariz e o terceiro com a morte.[2]

---

[1] Graduação em Direito pela Universidade de Caxias do Sul e mestrado em Direito pela Pontifícia Universidade Católica do Rio Grande do Sul (1999). Atualmente é professor da FADERGS. Procurador de Justiça aposentado.

[2] LYRA, Roberto. *Comentários ao código penal*. Rio de Janeiro: Forense, 1942. p. 281-282.

De outra parte, a Inquisição do Santo Ofício levava em consideração a reincidência como um dado externo, de modo a evidenciar o herege quando, numa recaída, praticava nova heresia.[3]

O suceder histórico e repercussões do instituto, no Brasil, serão objeto de exame mais minucioso noutro trecho desta exposição.[4]

Preliminarmente, como já plasmado neste trabalho, levando em consideração o quando castigar sobreleva notar que a garantia do caráter retribucionista da pena está no fato de que ninguém pode ser castigado além do que haja feito nunca pelo que é. Esse posicionamento objetiva precipuamente excluir qualquer possível finalidade preventiva ou modo utilitarista do castigo do inocente, ainda quando considerado malvado, desviado, perigoso, etc., aliás, a ideia utilitarista da prevenção, divorciada do retribucionismo, torna-se a mais pura manifestação do moderno autoritarismo penal, como ensina Luigi Ferrajoli.[5]

Em matéria de reincidência, convém lembrar o Código Penal de 1940, aprovado pelo Decreto nº 2.848/40, que dedicou exame privilegiado ao tema, inclusive inserindo-o em sua exposição de motivos. A respeito, comenta José Henrique Pierangelli:

> Um dos pontos culminantes do projeto é a disciplina da agravante da reincidência (...). A reincidência, na contextura do projeto, são atribuídas consequências legais particularmente severas, quer do ponto de vista "preventivo ou da medida de segurança" (...) a reincidência é "especifica" ou "genérica", conforme sejam os crimes da mesma ou diversa natureza. É abolida a reincidência "especialíssima" da lei atual. "Crimes da mesma natureza" não são apenas aqueles que consistem na "violação do mesmo artigo", mas também aqueles que, embora definidos em dispositivos diversos, apresentam, pelos fatos que os constituem ou por seus motivos determinantes, caracteres fundamentais comuns. Em qualquer de suas espécies, a reincidência faz presumir a periculosidade (...)[6]

Fica a motivação do diploma repressivo sobre a reincidência na medida em que sua posição é neoclássica ou ligada à Escola Técnico-Jurídica, que seria para Vera Regina Pereira Andrade,[7] não uma escola, mas uma orientação metodológica da ciência penal. É que suas premissas sobre a origem natural da criminalidade são da Escola Positiva e, utilizando-se dos dados da Antropologia e da Sociologia Criminal, dá mais realce ao delinquente perante o crime, porém inseriu o principio da responsabili-

---

[3] EYMERICH, Nicolau. *Manual dos inquisidores*. ed. rev. e ampl. por Francisco de La Pena. Brasília: Rosa dos Ventos, 1993, p. 253.

[4] No capítulo 5 – A fundamentação da reincidência no Brasil – O Garantismo e a Reincidência: uma incompatibilidade. LOPES, Antonio Dionisio.

[5] FERRAJOLI, Luigi. *El Derecho Penal Mínimo*, Poder y Contro. Derecho e Razôn. Teoria Del Garantismo Penal., p. 289.

[6] PIERANGELLI, José Henrique. *Códigos penais do Brasil – evolução histórica*. Bauru: Jalovi, 1980, p. 770.

[7] ANDRADE, Vera Regina Pereira de. *A Ilusão de Segurança Jurídica:* do controle da violência à violência do controle penal. Porto Alegre: Livraria do Advogado, 2003, p. 80.

dade moral (imputáveis e inimputáveis), próprio da Escola Clássica, aplicando aos inimputáveis outras medidas diversas das penas.[8]

Conforme se constatou no Congresso Internacional de Criminologia de 1955 e no Curso Internacional de 1971, é tarefa dificílima conceituar satisfatoriamente reincidência em nível internacional, inobstante os esforços que se realizam há décadas.[9]

Aliás, Eugênio Raúl Zaffaroni explicita várias razões pelas quais não se chega a um conceito internacional de reincidência. Uma, porque conspira contra uma definição pacificamente aceita da disparidade de pressupostos exigidos na legislação comparada, dando lugar à classificação mais coerente entre genérica ou específica e ficta ou real. Outra, eis que essa mesma disparidade e a incorporação legislativa de conceitos que implicam a reincidência, ou lhe são próximos (como a multirreincidência, a habitualidade, a profissionalidade ou a tendência), tornam inevitável a parcial superposição dos membros. Ao depois, já que, ocasionalmente, estes conceitos próximos e parcialmente superpostos admitem hipóteses de continuidade, o que confunde mais as coisas ao apagar os limites entre esta e a reincidência. Em derradeiro, porque os interesses científicos dos juristas e dos criminólogos não costumam coincidir nesta matéria, pelo que os objetos focalizados são diferentes, consequentemente resultando em delimitações díspares.

Longe de se tentar uma conceituação, segue-se a sugestão do ilustrado professor Eugêncio Raúl Zaffaroni, no sentido de que o que mais interessa:

> É a problemática das disposições legais que fazem derivar uma consequência jurídica mais grave ou mais privativa de direitos da circunstancia de ter a pessoa sido anteriormente condenada ou cumprido pena por outro delito.[10]

A circunstância mais grave, referida acima, seria, segundo o autor, tanto uma pena maior, como a imposição de uma medida de segurança ou a privação de determinados institutos ou benefícios (suspensão condicional da pena, perdão, livramento condicional, saídas antecipadas, liberdade provisória, etc.).

Assim, de acordo com Eugênio Raúl Zaffaroni, afastando-se a ideia de continuidade, a grande indagação jurídica sobre a reincidência é a admissibilidade de um plus de gravidade na consequência jurídica de um

---

[8] Embora não seja propriamente uma escola, como sustenta Vera Regina Pereira Andrade (*A Ilusão de Segurança Jurídica*, op. cit.), a base da reincidência, em nosso Código Penal, está na Escola Técnico-Jurídica.

[9] ZAFFARONI Eugênio Raúl; PERANGELI, José Henrique. *Manual de Direito Penal Brasileiro*, Parte Geral.

[10] BRUNO, Aníbal. *Direito Penal*. Rio de Janeiro: Forense, 1978, p. 113.

delito em razão de um ou mais delitos anteriores já julgado ou das penas cumpridas por este delito.

2. Teorias

2.1. Justificativa pela via de "dupla ação"

A partir do século da luz, ocasião em que se estendeu o direito penal como instrumento de garantias, até esta data, os estudiosos procuram justificar a reincidência através de múltiplas teorias, umas em consonância com aqueles princípios garantistas e outras muito distantes deles. Em estudo feito por Eugênio Raúl Zaffaroni, algumas teorias foram eleitas para tentar a legitimação da reincidência. A primeira seria justificativa pela via da "dupla lesão".

De acordo com o mestre, é antiga a tese de que o crime provoca dois danos: um imediato e outro mediato ou político. Como objetivo da pena é duplo, segundo a teoria neoclassista (retributivo e utilitário), e não alcançado a sanção o escopo de evitação do segundo delito, a reincidência seria um injusto maior mercê da repercussão social que este causaria daí advindo maior dano mediato ou político. Cita Eugênio Raúl Zaffaroni que este critério, encontrado no código Zandarelli, não corresponde, pois os autores de todas as épocas (Carrara e Antolisei) já ressaltaram que "o maior dano político é eventual ou muito pouco provável de se produzir, na medida em que, na maioria dos casos somente os juízes e a polícia é que sabem do caráter reincidente de alguém".[11]

Foi Manzini, citado por Eugênio Raúl Zaffaroni, quem disse que "este dano político se converteu em algo abstrato, do tipo do elemento que encerra o discurso, para que se evitasse sua contingência, sendo transformado em uma lesão ao interesse geral na prevenção da ordem pública".[12] Nessa concepção, fica claro que a única preocupação com a reincidência repousa no fato de que ela atenta contra a ordem pública, por isso deve ser mantida, numa demonstração clara de que o que importa é, em última análise, a defesa social. Se é assim, fica num segundo o princípio da ofensividade, que é uma das bases do garantismo penal, eis que o delito lesionaria pelo menos dois bens jurídicos: a obediência ao Estado e o bem Jurídico da vítima.

Importante observação se extrai do Prof. Zaffaroni quando, referindo-se a Armin Kaufmann, afirma que "em todo tipo duas normas: uma proíbe a conduta típica e outra que impõe a abstenção de cometer outros

---

[11] ZAFFARONI Eugênio Raúl; PERANGELI, José Henrique. *Manual de Direito Penal Brasileiro*, Parte Geral., p. 50.
[12] LUISI, Luiz. *Princípios Constitucionais Penais*, 1991, p. 39.

delitos no futuro".[13] Daí que o *plus* da penalização se torna inexplicável mercê da criação de um novo bem jurídico que seria a vontade estatal. O certo é que a justificativa pela via da dupla lesão nada mais é do que a tentativa de punir duplamente a mesma pessoa como se o *plus* fosse um castigo por não ter atendido ao comando da prevenção geral.

Numa tentativa de dar uma fundamentação mais elaborada a tal entendimento, a teoria da duplicidade de normas, segundo a qual todo o tipo teria duas normas, uma que proíbe a conduta típica e outra que impõe a abstenção de cometer outros delitos no futuro, além de não conseguir esconder o artificialismo, deixa claro seu parentesco com doutrinas de segurança nacional. Assim, cria-se segundo bem jurídico traduzido na mera vontade estatal, em um auditório suposto direito do Estado à obediência, a evidenciar a manifesta inviabilidade de sua convivência com um Estado de Direito.[14]

Lembra Gilberto Ferreira que a reincidência, como aumento da reprimenda, sempre foi controvertida. Comenta que a adoção dessa agravante causaria dupla punição pela prática do mesmo crime. Crítica essa por fatores externos, provocados muito mais pela injustiça do meio social que pela vontade e determinação do agente".[15]

2.2. Justificativa pelo abandono do direito penal das garantias

A outra teoria colecionada por Eugênio Raúl Zaffaroni diz com a justificativa através do abandono do direito penal das garantias. O positivismo monista italiano, num total confronto com os princípios liberais do racionalismo, tenta justificar a reincidência através da periculosidade, que torna o homem uma "coisa" no pensamento de Enrico Ferri.[16] Segundo ele, o criminoso habitual, pelo caráter comum da obstinada recidiva, tem uma fisionomia biopsíquica própria que lhe caracteriza a grave periculosidade e a fraca readaptabilidade social.[17] A verdade é que é difícil de aceitar um conceito, em matéria penal, de uma periculosidade presumida, o que não é o caso, pois explicar-se a reincidência seria contraditório, na medida em que qualquer juízo de periculosidade deve ser compreendido como um juízo de probabilidade.

É por essas e outras razões que a periculosidade, com a vigência do sistema vicariante, deixou de ser relevante, pois hoje, no Brasil, a medida de segurança só tem cabida em razão de doença mental concomitante à

---

[13] JESUS, Damásio Evangelista. *Comentários ao Código Penal*.
[14] Idem.
[15] FERREIRA, Gilberto. *Aplicação da pena*. Rio de Janeiro: Forense, 1985. p.107-108.
[16] *Apud* ZAFFARONI, Eugênio Raúl. Op. cit., p 51.
[17] *Revista Brasileira de Ciências Criminais*, vol. 6, p. 125-126.

infração. Ademais disso, não se justificaria a reincidência pela periculosidade posto que esse conceito derivasse de um subjetivismo sem qualquer medida, o que não afina com a moderna concepção minimalista.

2.3. A justificativa através da culpabilidade do autor

A terceira teoria referida por Eugênio Raúl Zaffaroni tenta justificar a reincidência em razão da culpabilidade de autor. Nela, é altamente relevante às condições pessoais do acusado, tais como personalidade, vida pregressa, destacando-se que aqui prevalece o direito penal do autor, pois a reincidência se fundamenta pelo que o agente é e não pelo que ele fez. Segundo Enrico Ferre, para se medir a periculosidade do agente, impõe-se que se examine, mercê da exteriorização física de sua ação, sua intimidade psíquica. Ela pode ser diagnosticada em si mesma, embasada nos seguintes fatores: "1) condições pessoais do delinquente, ou seja, sua vida pessoal, familiar, social anterior, dissoluta ou honesta, precedente judiciários. etc.".[18]

A base da reincidência estaria nas teorias do criminoso nato, pois nele estaria o fundamento do próprio crime. Com efeito, a Escola Positiva procura abordar o estudo do homem delinquente para detectar nele uma eventual personalidade perigosa que teria seu embasamento nos antecedentes e na reincidência criminal.

Aqui, fica claro que, à luz do conceito de culpabilidade, é importante a aferição do passado do autor, ou seja, o exame do que ele foi e é. A justificativa da maior gravidade da pena do segundo delito se fundamenta na reincidência por revelar o autor a uma maior perversidade. Carrara, citado por Eugênio Raúl Zaffaroni, entende que, de certo modo, e fora da colocação dogmática moderna, também caberia considerar aqui a explicação pela via da insuficiência da pena cumprida, circunstância que revelaria uma maior insensibilidade do autor, o que bem poderia aparentar com uma maior necessidade de "controspinta penali" (Romagnsi) ou de "psychologische Zwang" (Feuerbach).[19]

2.4. A justificativa pela maior culpabilidade do ato

Por derradeiro, discute-se a justificativa da reincidência pela maior culpabilidade do ato. Ainda, segundo lição de Eugênio Raúl Zaffaroni, em alguns autores tem predominado o critério de que "a reincidência im-

---

[18] ZAFFARONI Eugênio Raúl; PERANGELI, José Henrique. *Manual de Direito Penal Brasileiro*, Parte Geral.

[19] FERRI, Enrico. *Princípios de direito criminal*. O criminoso e o crime. Traduzido do italiano por Luiz de Lemos d'Oliveira. São Paulo: Acadêmica, 1931, p. 588.

plica um desprezo ao valor admonitório da condenação anterior" Aliás, vale lembrar aqui[20] o que já foi enfatizado quando se comentou a respeito do arrependimento, que seria relevante para a progressão de regime. Lá, ficou evidente que, se não houvesse o arrependimento, o condenado não teria direito à progressão de regime. Segundo Latagliata, citado por Eugênio Raúl Zaffaroni, "alguns autores pensam expressamente que, assim como existem benefícios para os que revelam o seu arrependimento, é natural que aconteça o contrário quando com a reincidência se revela a falta de arrependimento".[21] Para completar o raciocínio, se arremata com Reinhart Maurach, para quem "a admoestação da primeira condenação geraria uma maior ou menor consciência da antijuridicidade do segundo fato e, consequentemente, um maior grau de culpabilidade".[22]

Esse argumento é rebatido por Eugênio Raúl Zaffaroni,

para quem esta afirmação nos parece gratuita, pois a consciência da antijuridicidade do segundo fato é inteiramente independente da condenação anterior, podendo inclusive ser menor ou inexistir, sem que o primeiro fato tenha qualquer relevância a respeito (...)[23]

Conclui ele que a reincidência se explica nas abordagens jurídico--penais quando se abandona o direito penal do ato, embora, não raro, nem mesmo nessas hipóteses a explicação se mostre coerente; ao contrário, as tentativas de explicá-la dentro dos limites de um direito penal do ato são todas insatisfatórias.[24]

2.5. Considerações criminológicas

Ainda com respaldo em Eugênio Raúl Zaffaroni, poder-se-ia concluir que o suposto maior dano político ou mediato do segundo delito, a presumida maior probabilidade de um novo delito ou a pretensa maior perversão da personalidade do autor, seriam um efeito da intervenção punitiva anterior, vale dizer, seriam atribuíveis ao próprio Estado, de forma que, ao invés de uma imaginária maior consciência da antijuridicidade, haveria, em geral, na reincidência, uma menor culpabilidade em função da

---

[20] Ver Capítulo 3, subitem 3.4 – No campo da execução penal – *O Garantismo e a Reincidência*: uma evidente incompatibilidade. LOPES, Antonio Dionisio.
[21] ZAFFARONI Eugênio Raúl; PERANGELI, José Henrique. *Manual de Direito Penal Brasileiro*, Parte Geral, p. 51.
[22] MAURACH, Reinhart. *Tratado de derecho penal*. Barcelona: Anel, 1962, p. 214.
[23] ZAFFARONI Eugênio Raúl; PERANGELI, José Henrique. *Manual de Direito Penal Brasileiro*, Parte Geral, p. 52.
[24] BITENCOURT, Cezar Roberto. *Da falência da Pena privativa de liberdade*. São Paulo: Revistas dos Tribunais, 1993.

redução do âmbito de autodeterminação gerado pela previa intervenção punitiva, estigmatizante e redutora do espaço social do apenado.[25]

Consoante Luigi Ferrajoli, "quanto maior a pena, mais se consolida a exclusão do condenado da sociedade, reforçando-se sua identidade desviada".[26] O conceito de atualidade se originou de um estado de reincidência que seria, em consonância com os ensinamentos e posições de Aristóteles e São Tomás de Aquino ou de Darwin e Spencer, uma espécie de estado perigoso presumido, do positivismo, ou de estado de pecado, do tomismo. Eugênio Raúl Zaffaroni entende que, sob o ponto de vista do desvio espiritualista, o reincidente seria o pecador a quem é necessário corrigir mais severamente para que se emende, enquanto o habitual é o pecador que não resiste a seus impulsos internos e que merece indulgência do confessor. Em verdade, ambos – reincidente e pecador – são desvios da linha reta do direito penal de garantias. O primeiro se escuda num discurso penal da periculosidade e o segundo no direito penal da culpabilidade e do tipo de autor. Como consequência, a pena a ser aplicada será severa e, por isso, desproporcional ao delito praticado.

2.6. Direito Penal Liberal e Direito Penal Autoritário

Carnot, referido por Eugênio Raúl Zaffaroni, indaga-se

> se pode aplicar uma pena mais grave do que a correspondente à classe de delito de que se é culpável, se infligir a alguém que cometeu um primeiro delito pelo qual foi apenado? Uma nova pena por esse crime não seria violar abertamente o *non bis in idem*, que é uma das bases fundamentais de toda a legislação em matéria criminal?[27]

O § 57 do Código Criminal Toscano de 1786 estabelecia que, consumada a pena, "não poderá jamais reprovar-lhes por seu delito passado, que deverá se considerar plenamente purgado e expiado com a pena sofrida".[28]

Nenhuns dos adeptos dos ônus decorrentes da reincidência conseguiram, até hoje, ocultar a dura evidência de que o plus de gravidade pela reincidência é uma nova reprovação ao primeiro delito. Diante desse quadro, concluiu Eugênio Raúl Zaffaroni que:

---

[25] BITENCOURT, Cezar Roberto. *Da falência da Pena privativa de liberdade*. São Paulo: Revistas dos Tribunais, 1993.
[26] FERRAJOLI, Luigi. *El Derecho Penal Mínimo*, Poder y Contro. Derecho e Razón. Teoria Del Garantismo Penal, p. 54.
[27] ZAFFARONI Eugênio Raúl; PERANGELI, José Henrique. *Manual de Direito Penal Brasileiro*, Parte Geral. p. 55-56.
[28] Idem.

Toda maior gravidade da consequência jurídica do segundo delito (em forma de pena, de medida ou de privação de benefícios) é uma concessão ao direito penal autoritário, abrindo as portas para conceitos espúrios e perigosos para todas as garantias penais.[29]

Sintetiza o mesmo autor os caminhos que pretendem justificar a reincidência em dois argumentos: a) constroem um conceito de bem jurídico paralelo que é afinal a pura e simples vontade do Estado, sem nenhum vínculo com o bem jurídico propriamente afetado, o que constituiria uma espécie de doutrina de "segurança nacional" transitando pela casa do direito penal; ou b) renunciam ao direito penal do ato e caem no direito penal de autor, pretendendo julgar o que o homem é e não o que o homem fez, pelo caminho materialista da periculosidade (do positivismo do século XIX) ou pelo caminho espiritualista da culpabilidade de autor (da ideologia teocrática do antigo regime), ou, pior ainda, pelo caminho do "tipo de autor", em que o reincidente seria o precursor das lamentáveis construções do "inimigo do povoa stalinista, do "inimigo do Estado" fascista, do "inimigo da nação" nazista ou do "subversivo" da "segurança nacional".

Todo ser humano é pessoa. Ora, no momento em que o Estado se outorgou o direito de julgar o "ser" dos homens, ele investiu contra a teoria dos Direitos Humanos. Lembra o mestre argentino que centenas de milhares de seres humanos sofreram os horrores de penas mais graves do que suas culpas em função do instituto da reincidência: mais de 17.000, contando apenas os desterrados de Cayena. A história da reincidência e dos institutos que lhe são mais próximos não é menos sangrenta do que a tortura.[30]

2.7. Reincidência criminal: teorias opostas

O instituto da reincidência criminal não pode ser elemento conceitual de personalidade perigosa. Até havia, antes da revogação do princípio do duplo binário, um arremedo de conceito do que seria a periculosidade do agente, em função da qual era possível cumular pena e medida de segurança. Todavia, com a vigência do princípio vicariante, a periculosidade foi varrida da dogmática penal; em vista disso, não existe mais, hoje, no Direito Penal brasileiro, um conceito de periculosidade.

Sem dúvida, coerente com as teorias existentes, há entendimentos da técnica jurídica desfavoráveis aos antecedentes e reincidência criminal, na medida em que ferem o direito à honra, os princípios da igualdade, da

---

[29] ZAFFARONI Eugênio Raúl; PERANGELI, José Henrique. *Manual de Direito Penal Brasileiro*, Parte Geral.
[30] Idem.

legalidade, da presunção de inocência, da devido processo legal, do principio do non bis in idem e da ampla defesa.

2.7.1. Quanto à lesão do direito à honra

São invioláveis a intimidade, a vida privada, a honra e a imagem das pessoas, o que acarreta direito à indenização pelo dano material ou moral se houver violação a tais princípios (Constituição Federal, art. 5°, X).

A honra aqui concebida, segundo o magistério de Vicente Baeza Avallone,[31] pode ser examinada sob dois ângulos: num sentido objetivo, seria a reputação social; num sentido subjetivo, seria a consciência e o sentimento da pessoa, de sua valia e de seu prestígio. É um juízo positivo a que toda pessoa tem direito a aspirar.[32]

É consabido que as pessoas que foram objeto de indiciamento em inquéritos policiais ou processadas criminalmente passam a integrar um cadastro, que se insere num sistema de processamento de dados, independentemente de qualquer resultado que venha a ocorrer quando do término do processo. Assim, inexistindo lei específica que autorize a publicidade de tais dados, qualquer informação nesse sentido devassa indevidamente a vida e a honra dessas pessoas.

Aliás, tramita na Câmara dos Deputados mensagem legislativa governista que pretende criminalizar informações prestadas por membros do Ministério Público, da Magistratura e da Polícia Civil sobre processos em andamento no que tange à autoria dos indiciados e/ou acusados. É a chamada "lei da mordaça", que vai proibir informações da natureza acima referida, pois violam o sigilo, a intimidade, a vida privada e a honra das pessoas envolvidas em processos em tramitação. Evidentemente que o Movimento da Lei e da Ordem, hospedado na Câmara Alta, é totalmente contra a mensagem legislativa, pois, segundo o Líder do Governo, «ninguém tem interesse na proposta aprovada pela Câmara". O próprio Procurador-Geral de Justiça de São Paulo arrematou que "esse projeto é um resquício de um país que não está acostumado a ser investigado".[33]

Esse é o pensamento do nosso Legislativo neste e em outros assuntos, numa demonstração clara do seu total divórcio em relação aos direitos e garantias individuais e à nossa Constituição.

---

[31] AVALLONE, Vicente Baeza. *La rehabilitación*. Madrid: Edersa, 1983, p. 368.
[32] Entendeu-se oportuno fazer as referências na medida em que se abordam as opiniões contrárias à reincidência, e os antecedentes, por analogia ao tema, via de regra, são manipulados de forma arbitrária, atingindo quase sempre a honra das pessoas (notícia de jornal, comentários). Também por isso se traz a comento a lei da mordaça", que trata desse assunto.
[33] ZERO HORA, Porto Alegre, 16 de dezembro de 1999, p. 30.

2.7.2. Quanto ao princípio da igualdade

Não se pode negar que qualquer distinção entre pessoas reincidentes e não reincidentes fere, em verdade, o princípio maior da igualdade ex vi do art. 50, do *caput*, da Constituição Federal. A maior lesão ao princípio se verifica quando da individualização da pena, pois o tratamento aos primários é totalmente diferente do tocante aos reincidentes. Aliás, a graduação da pena e a concessão do livramento condicional aos não reincidentes são normatizadas de modo diferenciado, comparativamente ao que ocorre com os etiquetados como reincidentes. Com efeito, a Política Criminal, ao propor as regras a serem insertas no direito repressivo, deve se ajustar aos fins a que se destina a norma que tutela os direitos fundamentais do cidadão.

2.7.3. Quanto ao princípio da legalidade

Já foi enfaticamente asseverada a inexistência de qualquer norma penal que conceitue a periculosidade. Ora, segundo inúmeras decisões, os antecedentes e a reincidência criminal efetivamente acabam transformando o agente em personalidade perigosa. Se inexiste uma definição clara e inequívoca de personalidade perigosa, não pode a reincidência fundamentar tal circunstância para agravar a situação do agente. Mesmo assim, conforme Alberto R. R. Rodrigues de Souza,[34] inobstante ter sido a periculosidade varrida do contexto penal, permanecendo no das medidas de segurança, há dispositivos que o fazem concluir que o instituto continua interferindo na execução penal (Código Penal, art. 83, parágrafo único). Portanto, toda vez que os antecedentes e a reincidência criminal servirem de fundamento para sustentar a periculosidade, o princípio da legalidade é ferido de morte.

2.7.4. Quanto aos princípios da presunção de inocência,
do devido processo legal e da ampla defesa

Os pressupostos para a instauração regular da ação penal estão no art. 41 do Código de Processo Penal, ou seja, uma denúncia, para que possa ser recebida pelo Juiz, precisa qualificar o acusado, descrever o fato e suas circunstâncias, classificar a infração e apresentar o rol de testemunhas. Nesse dispositivo, não há quaisquer referências atinentes às circunstâncias de autor. Como consequência, qualquer influência dos antecedentes e da reincidência criminal do autor no sentido de causar-lhe prejuízo constitui-se, sem dúvida, em lesão aos princípios da presunção

---

[34] SOUZA, Alberto R. R. Rodrigues de. Bases axiológicas da reforma penal brasileira. In: GIACOMUZZI, Viadimir (Org.). *O direito penal e o novo código penal brasileiro*. Porto Alegre: Fabris, 1985, p. 38.

da inocência se os fatos considerados não transitarem em julgado: do devido processo legal, se resultar de um processo ilegalmente instaurado, e da ampla defesa, se não for viabilizado ao acusado contestar a existência ou inexistência de circunstâncias configuradoras de maus antecedentes e de reincidência.

2.7.5. Quanto ao princípio do "non bis in idem"

Na medida em que a reincidência implica uma maior graduação da pena do segundo delito praticado, pondera a doutrina minimalista que esse procedimento infringe o princípio do *non bis in idem*. É que o agente é punido pelo primeiro fato e essa condenação se projeta no segundo delito, cuja pena a ser fixada acaba extrapolando a sua dosimetria, circunstância que também fere o princípio da proporcionalidade da pena.

Por conseguinte, acaba o autor sendo punido duas vezes pelo mesmo fato: uma sanção para o primeiro delito e uma sanção mais grave para o segundo delito. Assim, as consequências posteriores da primeira infração terminam por contagiar a segunda infração, corporificando-se aí a violação ao princípio supra mencionado. Essa proibição de dupla valoração fática, que constitui o clássico princípio antes citado, sustenta-se no próprio princípio da legalidade que, trazendo em seu conteúdo também a finalidade de garantir uma segurança jurídica concreta, não pode conviver com formulações normativas que levem em conta, por mais uma vez, um mesmo pressuposto fático.[35]

É certo que boa parte da doutrina contrapõe-se a tal argumento. Para tanto argumenta que, havendo o agente sofrido condenação pelo primeiro delito cometido, sua volta à atuação criminosa é indicativa de insensibilidade e indiferença à reprimenda estatal recebida, o que traduz culpabilidade maior, impregnando o segundo crime praticado.[36]

Opondo-se a essas alegações, insiste Maria Lúcia Karam em que, nada mais sendo do que uma nova reprovação ao crime anterior, a aplicação do plus de gravidade da pena, decorrente da reincidência, constitui intolerável afastamento de princípios e regras constitucionais.[37]

A seguir, este e outros temas relativos à reincidência criminal serão tratados de forma mais exaustiva, objetivando-se um exame mais acurado sobre este instituto no Brasil, especialmente no que respeita à sua fundamentação e o seu acolhimento histórico na teoria penal.

---

[35] *Revista dos Tribunais*, São Paulo: RT, 1994, p. 29-30.

[36] GARCIA, Luiz M. *Reincidência y punibilidad*: aspectos constitucionales y dogmática penal desde la teoría de la pena. Buenos Aires: Astrea, 1992, p. 129-30.

[37] KARAM, Maria Lúcia. Aplicação de pena por uma nova atuação da justiça criminal. *Revista Brasileira de Ciências Criminais*. São Paulo, vol. 6, p. 127, 1994, p. 127.

O entendimento clássico quanto à reincidência sempre se opôs a seu efeito agravador da pena. O fundamento era no sentido de que não se pode punir duas vezes pelo mesmo crime, pela flagrante injustiça que essa oneração reiterada representa.[38]

Mesmo que se quisesse invocar a teoria da prevenção (geral ou especial) ou argumentar com a necessidade de punição robustecida de efeito intimidatório, em face da renovada desobediência do agente aos ditames do Estado, ainda assim não se justificariam os gravames impostos em virtude da reincidência, porquanto, como observa Aníbal Bruno, a repetição do crime, "na maioria dos casos, resulta, antes, das condições externas do meio ou da ocasião, não imputáveis ao indivíduo, mas à sociedade em que vivia, ou mesmo às suas leis ou às suas instituições penais".[39]

Sobre serem ou não os efeitos da reincidência violação ao princípio do "non bis in idem", pondera ao contrário Basileu Carda[40] que tal posição, muito defendida outrora, sob a alegação de que o aumento da pena resultava de crime pelo qual o delinquente já fora punido, não é sustentável já que procede acertadamente a lei ao criar obstáculos maiores à repetição dos crimes e ao desenvolvimento da criminalidade, concluindo o referido autor ser natural que procure o legislador aumentar as penalidades que se mostram insuficientes.

A propósito do tema, Aníbal Bruno[41] levanta questão interessante no sentido de não exigir o nosso Código, para que se caracterize a reincidência, que o condenado tenha cumprido a pena anterior. Essa posição conflita com a teoria da prevenção geral e especial que preconiza que a pena deve evitar a prática de novos delitos.

Ora, não seria de exigir-se que o agente condenado tivesse de experimentar o cumprimento da pena anterior para que se perfectibilizasse a reincidência, na medida em que um dos escopos da reprimenda seria o caráter utilitário? No caso, qual seria o fundamento da agravação da pena pelo segundo delito, se, com respeito ao primeiro, não chegou o condenado a receber o tratamento punitivo que eventualmente o teria reintegrado à convivência social harmônica?

Contrário ao plus da gravidade, também se manifesta Luiz Vicente Cernicchiaro,[42] ao afirmar que cada infração deve ter unicamente a pena que a ela corresponda, não podendo haver multiplicidade de gravames,

---

[38] BRUNO, Aníbal. *Direito Penal*. Rio de Janeiro, Forense, 1978.
[39] Idem, p. 113.
[40] GARCIA, Basileo. *Institutos de Direito Penal*. São Paulo: Max Limonad, 1945, p. 469.
[41] BRUNO, Aníbal. *Direito Penal*. Rio de Janeiro: Forense, 1978, p. 118.
[42] CERNICCHIARO, Luiz Vicente. Reincidência. *Revista Jurídica*. Porto Alegre: Síntese, n. 231, p.39, janeiro de 1997.

ou seja, o mesmo delito ser punido várias vezes ou a sanção de um estender-se a outro ou outros, sob pena, sem dúvida, de bis in eadem odioso.

No que tange ao não prevalecimento da condenação pretérita, decorridos cinco anos da sentença anterior, sendo, portanto, o réu tecnicamente primário, há julgados insistindo em que, mesmo aí, a condenação anterior deverá ser considerada pelo juiz, o que fará quando da valoração dos antecedentes.[43] Parece evidente que tal entendimento, que eternizaria os efeitos da condenação anterior, não pode ser acolhido num Direito Penal obediente às diretrizes garantistas. Comentando a respeito, José Antônio Paganela Boschi afirma que "é evidente que o fato infracional gerador da reincidência não pode influir na dosimetria da pena base e na mensuração da pena provisória, pois isso implicaria violação da regra do *non bis in idem*.[44]

Adiante, ver-se-á a reincidência e sua fundamentação, bem como sua classificação, para se ter uma melhor ideia do instituto, objetivando evidenciar, ainda mais inequivocamente, seus efeitos antigarantistas.

3. Considerações finais

O corpo de normas instituidor de gravames ao reincidente no cometimento de crimes encarado com escassa ou nenhuma receptividade por parte dos que lidam com o sistema punitivo, orientados pelas diretrizes do Direito Penal do fato e da Culpabilidade, deduzidas e dimensionadas pelo malefício perpetrado pelo agente e inspiradas nos postulados básicos apontados pela corrente do garantismo penal.

De outra parte, na linha conceitual do positivismo naturalista, cujo desdobramento culmina na ideia do Direito Penal do autor, o instituto da reincidência, com sua consequência principal, de agravamento da reprimenda, constitui um verdadeiro anteparo social do Movimento da Lei e da Ordem, que propugna pelo endurecimento do tratamento penal do delinquente.

Como consequência, de um lado, prevalecendo a ideia garantista, tem-se a segurança de que o agente, ao praticar um comportamento típico, no curso do processo e por ocasião da sanção, haverá de ter assegurados os seus direitos à mais ampla defesa, à presunção de inocência e, principalmente, ao devido processo legal, culminando com uma pena exatamente proporcional à gravidade do delito praticado, vedadas quais-

---

[43] Revisão criminal n. 294244892 – Câmaras Criminais Reunidas do TARGS; Apelação-Crime n. 696059021 – 3 Câmara Criminal – TJRGS.

[44] BOSCHI, José Antônio Paganela. *Das penas e seus critérios de aplicação*. Porto Alegre: PUCRS, 1999. Dissertação (Mestrado em Ciências Criminais) – Faculdade de Direito PUC/RS 1999, p. 353.

quer extrapolações unicamente fundadas em propósitos de eficaz prevenção geral e especial.

De outro lado, a prevalecer a tese positivista como matriz, dependendo das tendências ditadas pelas teorias relativas aos fins da pena, não haverá qualquer garantia quanto à legitimidade do delito e da pena.

Na medida em que não se atende ao caráter fragmentário do direito penal e ao seu sentido de *ultima ratio legis*, por certo, ter-se-ão processos criminalizadores divorciados da verdadeira tutela dos direitos fundamentais e sanções desarrazoadas e arbitrárias, impostas sob o argumento falacioso da eficácia e da presteza.

Por conseguinte, em função desse posicionamento artificioso da reação social ao delito, o tratamento preconizado para a reincidência assume uma posição incisiva determinante do agravamento da pena (sem falar-se em seu caráter de efeito perpétuo em alguns casos), alargando a permanência do condenado no sistema penitenciário. Como neste a que prepondera é a preocupação pela segurança, afastado o efetivo interesse político pela recuperação do condenado, corre-se o risco de que este retorne ao convívio social com um estigma que o acompanhará para sempre, impedindo a sua reinserção social.

Como consequência, o instituto relativo nos efeitos da reincidência, frente aos postulados do garantismo penal, se reveste de uma evidente incompatibilidade.

Em resumo, só o garantismo, hoje, é capaz de, verdadeiramente, assegurar aos cidadãos os direitos insculpidos na Carta Maior, notadamente aqueles relativos ao devido processo legal, ao contraditório, à presunção de inocência, cuja observância é imprescindível ao alcance de uma pena justa e equitativamente proporcional à gravidade do ilícito cometido.

Com certeza, futuramente, dominantes e dominados caminharão juntos em busca de objetivos comuns, num etiquetamento só, para devolverem ao Direito Penal o prestígio e a confiança que lhe devem ser inerentes.

Bibliografia

ANDRADE, Vera Regina Pereira de. A *Ilusão de Segurança Jurídica*: do controle da violência à violência do controle penal. Porto Alegre: Livraria do Advogado, 2003.

AVALLONE, Vicente Baeza. La rehabilitación. Madrid: Edersa, 1983.

BITENCOURT, Cezar Roberto. *Da falência da Pena privativa de liberdade*. São Paulo: Revistas dos Tribunais, 1993.

BOSCHI, José Antônio Paganela. *Das penas e seus critérios de aplicação*. Porto Alegre: PUCRS, 1999. Dissertação (Mestrado em Ciências Criminais) – Faculdade de Direito PUC/RS 1999. p. 353.

BRUNO, Aníbal. *Direito Penal*. Rio de Janeiro: Forense, 1978.

CERNICCHIARO, Luiz Vicente. Reincidência. *Revista Jurídica*. Porto Alegre: Síntese, n.231, p.39, janeiro de 1997.

EYMERICH, Nicolau. *Manual dos inquisidores*. ed. rev. e ampl. por Francisco de La Pena. Brasília: Rosa dos Ventos, 1993. p.253.

FERRAJOLI, Luigi. *El Derecho Penal Mínimo, Poder y Contro*. Derecho e Razôn. Teoria del Garantismo Penal, p. 289.

FERREIRA, Gilberto. *Aplicação da pena*. Rio de Janeiro: Forense, 1985.

FERRI, Enrico. *Princípios de direito criminal*. O criminoso e o crime. Traduzido do italiano por Luiz de Lemos d'Oliveira. São Paulo: Acadêmica, 1931.

GARCIA, Basileo. *Institutos de direito penal*. São Paulo: Max Limonad, 1945.

GARCIA, Luiz M. *Reincidência y punibilidad*: aspectos constitucionales y dogmática penal desde Ia teoria de la pena. Buenos Aires: Astrea, 1992.

JESUS, Damásio Evangelista. *Comentários ao Código Penal*.

KARAM, Maria Lúcia. Aplicação de pena por uma nova atuação da justiça criminal – *Revista Brasileira de Ciências Criminais*, São Paulo, vol. 6, 1994.

LOPES, Antonio *Dionisio*. *O Garantismo e a Reincidência*: uma evidente incompatibilidade.

LUISI, Luiz. Princípios Constitucionais Penais, 1991, p.39.

LYRA, Roberto. *Comentários ao código penal*. Rio de Janeiro: Forense, 1942.

MAURACH, Reinhart. *Tratado de derecho penal*. Barcelona: Anel, 1962.

PIERANGELLI, José Henrique. *Códigos penais do Brasil* – evolução histórica. Bauru: Jalovi, 1980. p.770.

Revisão Criminal n. 294244892 – Câmaras Criminais Reunidas do TARGS; Apelação-Crime n. 696059021 – 3 Câmara Criminal – TJRGS.

Revista Brasileira de Ciências Criminais, vol. 6, p. 125-126.

Revista dos Tribunais. São Paulo: RT, 1994, p. 29-30.

SOUZA, Alberto R. R. Rodrigues de. Bases axiológicas da reforma penal brasileira. In: GIACOMUZZI, Viadimir (Org.). *O direito Penal e o novo Código Penal brasileiro*. Porto Alegre: Fabris, 1985. p. 38.

ZAFFARONI Eugênio Raúl; PERANGELI, José Henrique. *Manual de Direito Penal Brasileiro*, Parte Geral.

— 2 —

Tutela de urgência e tutela de evidência: novas perspectivas do Projeto de novo Código de Processo Civil e as garantias processuais constitucionais

CLARISSA SANTOS LUCENA[1]

Sumário: I. Introdução; II. As tutelas de urgência e de evidência no Código de Processo Civil vigente; III. Tutela de urgência e tutela de evidência no Projeto de Código de Processo Civil: nova sistemática; IV. As garantias constitucionais de natureza processual: fundamentos para as tutelas de urgência e de evidência; V. Conclusão; Referências.

I. Introdução

Em comemoração aos 25 anos da Constituição Federal, o presente trabalho visa a rever as atuais propostas legislativas das tutelas de urgência e de evidência sob a perspectiva dos princípios constitucionais.

Desde a Emenda n. 45/2004, que introduziu no texto constitucional do art. 5º o inciso LXXVIII, é possível vincular de modo direto a necessidade de uma tutela jurisdicional célere, que atenda ao jurisdicionado em tempo razoável. Refere o dispositivo que "a todos, no âmbito judicial e administrativo, são assegurados a razoável duração do processo e os meios que garantam a celeridade de sua tramitação".

Pretende-se aqui, mais uma vez, reafirmar as garantias constitucionais que fundamentam a concessão de tutelas urgentes e sumárias, revisitando a questão também sob a ótica do direito à duração razoável do processo, tanto mais com as novas perspectivas que se projetam com as propostas legislativas que se avizinham.

---

[1] Advogada. Mestra em Direito pela UNISINOS – Universidade do Vale do Rio dos Sinos. Professora de Direito Processual Civil da FADERGS – Faculdade de Desenvolvimento do Rio Grande do Sul e do Centro Universitário Metodista do IPA.

Assim, serão apresentadas modificações das tutelas de urgência e de evidência, nos termos da proposta de nova codificação, observando tais modificações sob a ótica constitucional.

II. As tutelas de urgência e de evidência no Código de Processo Civil vigente

A classificação mais clara das tutelas de urgência na legislação atual, em especial no Código de Processo Civil, está na divisão entre tutela antecipada e tutela cautelar. De maneira alguma isso quer significar que tenha havido uma preocupação do legislador em evidenciar a distinção entre os institutos. Ao contrário, ambos encontram-se umbilicalmente ligados, ao ponto de ter sido inserido na lei processual o princípio da fungibilidade, no intuito de facilitar o operador do direito na difícil tarefa de eleger a tutela de urgência mais adequada ao caso concreto.

Em verdade, é preciso que se diga, tal dificuldade na identificação dos institutos decorre da falta de técnica do legislador com a reforma implementada em 1994. Nesta, ao inserir o art. 273 com a sua redação original, simplesmente "jogou" para dentro do sistema a tutela antecipada, até então reservada a poucos procedimentos especiais previstos no próprio Código de Processo Civil e em leis extravagantes. Não teve o legislador, tanto para a tutela antecipada do art. 273, como para aquela do artigo 461 "a menor preocupação em criar-lhes alguma norma ou princípio que lhes pudessem dar amparo, facilitando-lhes o desempenho" (Baptista da Silva, 2003, p. 245).

A modificação do sistema foi feita sem alterar uma só linha da tutela cautelar, até então utilizada do dia a dia forense para toda e qualquer medida urgente que escapasse a tais procedimentos específicos, fenômeno este decorrente da "universalização da ordinariedade, fazendo do processo cautelar instrumento para realização de pretensões cuja natureza se 'mostrasse' inconciliável com a morosidade natural do procedimento comum". Neste sentido, o processo cautelar passou "a servir de alternativa para todas as ações (de direito material) que demandassem uma resposta jurisdicional imediata" (Baptista da Silva, 2007a, p. 67).

Conforme leciona Jaqueline Mielke Silva, "a partir de uma leitura isolada do art. 273 poderíamos afirmar que o Código de Processo Civil adotou o modelo de tutela de urgência de Ovídio Araújo Baptista da Silva, em que pese conter algumas incongruências e disparidades que não se afinam com o pensamento deste processualista", já que o projeto original do referido dispositivo foi elaborado por este jurista. "Entretanto, o legislador manteve a teoria de Piero Calamandrei no Livro III, que trata do processo cautelar", de modo que mantém dois sistemas antagônicos que não se conversam, posto que o primeiro não admite a existência de cautelares satisfativas e o Livro das Cautelares está cheio delas (Silva, Jaqueline Mielke, 2009, p. 41).

Da doutrina de Ovídio Araújo Baptista da Silva, em breves linhas, é possível estabelecer algumas características que bem distinguem estas duas formas de tutela de urgência e que viabilizam a eleição de um ou outro instituto na hora de postular medidas jurisdicionais urgentes. A principal característica que distingue uma da outra é a satisfatividade que envolve a tutela antecipada e que não se encontra presente nas cautelares. Enquanto a primeira destina-se à satisfação da pretensão submetida ao poder jurisdicional, a segunda presta-se tão somente a assegurar direitos, sem satisfazê-los.

Diga-se, para este doutrinador, a satisfação é aquilo que o senso comum entende que seja satisfazer, isto é, entregar o que a parte foi buscar com o ajuizamento da demanda, o bem da vida pleiteado. Não se confunde, portanto, com a decisão do juiz, com a declaração de direito que o magistrado profere na sentença. Trata-se, pois, da entrega do bem da vida sem que o juiz declare direitos. Diz o autor: "Nosso entendimento do que seja a satisfação de um direito toma este conceito como equivalente à sua realização concreta e objetiva. Satisfazer um direito, para nós, é realizá-lo concretamente no plano das relações humanas" (Baptista da Silva, 2007a, p. 25).

A divergência com a teoria clássica italiana, capitaneada por Piero Calamandrei e adotada pela maior parte da doutrina nacional, está na ideia de que a cautelar serve para proteger um outro processo, e não como medida assegurativa de direitos, fazendo desta sempre dependente de uma ação principal, como se existisse no mundo para viabilizar a sentença proferida nesta demanda. No dizer de Jaqueline Mielke Silva, para esta doutrina, "os procedimentos cautelares não são nunca fins em si próprios, mas são infalivelmente predispostos à emanação de um ulterior procedimento definitivo, do qual estes preventivamente asseguram o proveito prático" (2009, p. 21).

Tal conclusão, para Ovídio Araújo Baptista da Silva, é equivocada, entendendo que a cautelar visa à concessão de uma medida urgente que garante um direito da parte, protege um direito do autor, o próprio bem da vida. É que, para este doutrinador, existe um direito subjetivo material à segurança, ao qual serve a tutela cautelar. Trata-se do direito substancial de cautela,

> pressuposto a legitimar a outorga da tutela assegurativa; pressuposto este, todavia, que não encontrará, jamais, ambiente para se ver 'declarado' existente na demanda cautelar, permanecendo, mesmo depois da sentença final de procedência, como uma simples hipótese, como uma simples possibilidade de existência efetiva (BAptista da Silva, 2009, p. 80).

Para o jurista,

> A diferença significativa entre a tutela cautelar e a tutela satisfativa é que, nesta última, a incerteza peculiar ao momento jurisdicional do direito [...] cessa com o estabelecimento da coisa julgada material, ao passo que, na proteção de mera segurança, a situação de probabilidade do direito assegurado que a sentença cautelar protege, prolonga-se mesmo depois do julgamento definitivo da lide cautelar (2009, p. 79).

Outra característica também bastante marcante na obra de Ovídio Araújo Baptista da Silva, responsável pela distinção entre a antecipação de tutela e as cautelares, está na temporariedade própria da cautelar, que não se confunde com a provisoriedade da tutela antecipada. Enquanto naquela a ideia é de que o provimento cautelar e seus efeitos duram até perderem a sua função assegurativa, isto é, enquanto perdurar a situação de perigo que deu fundamento à concessão da medida urgente, nesta, a ideia de duração no tempo está atrelada à substituição por uma decisão definitiva, qual seja, a sentença.

Deste modo, a medida urgente de natureza satisfativa seria provisória, porque duraria até ser substituída pela sentença final e seus efeitos. Já a cautelar poderá perdurar mesmo depois da sentença que reconheça o direito, e com mais razão ainda, até que o titular do direito ameaçado possa usufruí-lo, que o bem da vida protegido lhe seja entregue (exemplo do arresto cautelar dado pelo doutrinador *in* Baptista da Silva, 2007a, p. 87-88).

Tais características distintivas destas duas formas de tutela de urgência são, s.m.j., a melhor forma, quiçá a única, de compreender o cabimento de uma ou outra possibilidade na hora de buscar a tutela jurisdicional. O art. 273 do Código de Processo Civil não deixa dúvidas de que ao antecipar a tutela o juiz está antecipando os efeitos da sentença antes de proferi-la, antes de declarar o direito da parte em sentença, ainda que, para o doutrinador, "os provimentos que antecipam alguma forma de tutela processual contém uma ineliminável parcela 'decisória', enquanto elemento volitivo que, como acabamos de ver, para nossa doutrina, não deve jamais integrar o ato jurisdicional" (2003, p. 253).

Porém, é preciso entender o que isto significa e como se distingue da medida urgente obtida por meio das cautelares, o que parece mesmo difícil senão pela adoção da teoria crítica de Ovídio Araújo Baptista da Silva.

Da nossa lei processual, outro elemento importante faz distinguir as cautelares da antecipação de tutela: o procedimento. A antecipação de tutela não possui autonomia procedimental, já que se resume a um pedido na inicial ou simples petição no curso de uma ação destinada ao reconhecimento de um direito.

As cautelares, por sua vez, como regra, devem ser manejadas por meio de ação. Aquele que pretende uma medida urgente de asseguração precisará ajuizar uma ação própria para isso, antes ou no curso de uma ação principal. Sim, o nosso legislador, no que tange à cautelar, como antes referido, vale-se da teoria italiana clássica para fazê-la dependente de um processo principal (art. 796 do CPC), obrigando, inclusive, que na hipótese de ajuizamento de ação cautelar e obtenção da medida urgente, o autor ajuíze ação de conhecimento satisfativa no prazo de 30 dias (art. 806 do CPC), sem o que perderá a eficácia a cautela concedida (art. 808, I, do CPC). A relação de dependência evidencia-se, ainda, na exigência de que o autor da ação cautelar declare, na petição inicial, *a lide e seus fundamentos*, isto é, a ação principal que irá ajuizar quando aquela for preparatória (art. 801 do CPC), até para que possa o magistrado observar a sua competência para concessão da medida urgente, já que esta é fixada com base na competência para julgamento da ação principal (art. 800 do CPC).

A partir desta distinção é possível intuir, antes mesmo de analisar os requisitos legais, que a medida urgente mais efetiva será sempre aquela que satisfaz, que antecipa os efeitos da sentença, o que, evidentemente, acarretou grande preocupação no legislador ao estabelecer os requisitos para a sua concessão. Enquanto na tutela cautelar os requisitos são "apenas" dois (tradicionalmente o *fumus boni iuris* e o *periculum in mora*), na tutela antecipada agregam-se outros, dentre os quais a reversibilidade *do provimento*, consoante estabelece o § 2º do art. 273 do Código de Processo Civil: "não se concederá a tutela antecipada quando houver perigo de irreversibilidade do provimento antecipado".

A reversibilidade, como alhures já referido (Lucena, 2010, p. 251), volta-se para a situação fática, para a possibilidade de retornar-se ao *status quo ante*. Daí a impropriedade do termo legislativo *provimento*, no texto da lei utilizado como sinônimo de decisão.

Teori Albino Zavascki refere, neste sentido, que "à reversibilidade jurídica (revogabilidade da decisão) deve sempre corresponder o retorno fático ao *status quo ante*. Não foi feliz, como se percebe, a redação do dispositivo citado, ao falar em irreversibilidade do "provimento"" (2005, p. 100). Realmente não faria sentido um requisito que somente quisesse referir que a decisão deve ser reversível, já que o é porque dela cabe recurso e, ainda, porque a antecipação de tutela é provisória, será substituída pela sentença que poderá ou não confirmar os efeitos antecipados. Por outro lado, também não faria sentido confundir-se a reversibilidade com a possibilidade de indenização da parte eventualmente lesada pela concessão de uma medida faticamente irreversível, igualmente, porque se assim fosse, todas as medidas urgentes desta natureza seriam reversíveis.

Luiz Guilherme Marinoni traz entendimento diverso, entendendo que o dispositivo legal versa sobre a irreversibilidade do provimento e, portanto, referir-se-ia à impossibilidade de antecipação de declarações e constituições e não aos efeitos da tutela concedida (2006, p. 242). Para este autor, portanto, a lei não veda a antecipação de tutela de efeitos irreversíveis, o que não parece ser o objetivo da norma.

E é da diferença entre reversibilidade fática e possibilidade de indenização do réu quando a medida for faticamente irreversível, que decorre a classificação de Ovídio Araújo Baptista da Silva: se reversível, denomina-se tutela satisfativa provisional, em que as consequências da satisfatividade podem ser definitivamente eliminadas pela sentença final, sem que se forme situação fática irreversível para o futuro (2007a, p. 86); se irreversível faticamente, deixando ao réu como única possibilidade o recurso às perdas e danos, denomina-se tutela satisfativa autônoma (2007a, p. 76).

Mas como falar em uma tutela satisfativa autônoma, faticamente irreversível, se a legislação veda a sua concessão nestes casos? Esta questão será abaixo respondida no título IV deste artigo.

Na atual legislação, encontram-se hipóteses de antecipação de tutela que fogem aos requisitos gerais impostos para sua concessão. É o caso da antecipação de tutela fundada no abuso de direito ou propósito procrastinatório do réu (art. 273, II, do CPC) e daquela decorrente de pedido incontroverso (art. 273, § 6°, do CPC). Possuem em comum o traço da evidência do direito, que as torna diferenciadas da tutela antecipada de urgência.

No caso o inciso II do art. 273, a previsão de concessão da medida satisfativa está vinculada à conduta do réu, que age de modo procrastinatório ou abusa no direito de defesa. Para Teori Albino Zavascki, o legislador fez distinção entre *abuso do direito de defesa* e *manifesto propósito protelatório*. No primeiro caso, segundo ele, "o legislador está se referindo a atos praticados para defender-se, ou seja, *atos processuais*", portanto, "atos protelatórios praticados *no processo*". Já no que tange ao manifesto propósito protelatório, entende por aquele "que resulta do comportamento do réu – atos e omissões – *fora do processo*, embora, obviamente, com ele relacionados", exemplificando com a ocultação de prova, o não atendimento de diligência e a simulação de doença (2005, p. 79).

Para este doutrinador, é possível classificar a antecipação de tutela com fulcro no inciso II como punitiva, distinguindo-a daquela prevista no inciso I. Segundo ele,

Embora não se trate propriamente de uma punição, dado que sua finalidade tem um sentido positivo (de prestar a jurisdição sem protelações indevidas), a medida guarda semelhança, no que diz com as respectivas causas originantes, com as penalidades impostas a quem põe obstáculos à seriedade e à celeridade da função jurisdicional, previstas no Código de Processo Civil (v.g., arts. 15 e seu parágrafo único, 538, parágrafo único, e 601) (2005, p. 76).

Convém, no entanto, observar que, como o próprio autor refere, trata-se de uma forma de classificação e não propriamente de uma punição, não se confundindo com as hipóteses de litigância temerária e respectiva penalidade, previstas nos artigos 17 e 18 do Código de Processo Civil.

A propósito, refere Luiz Guilherme Marinoni:

> Não é possível confundir abuso de direito de defesa com litigância de má-fé. Para efeito de tutela antecipatória, é possível extrair do art. 17 do Código de Processo Civil alguns elementos que podem colaborar para a caracterização do abuso de direito de defesa. Isso não significa, porém, que as hipóteses do art. 17 possam servir de guia para a compreensão da tutela antecipatória fundada em abuso de direito de defesa (2006, p. 347).

Para o doutrinador, "não basta que o comportamento do réu configure a hipótese descrita no inciso IV ou no inciso VI do art. 17", pois "não é a indevida retenção dos autos, por exemplo, que autoriza a antecipação [...] que somente pode ter relação com a evidência do direito do autor e com a fragilidade da resistência do réu" (2006, p. 347).

Da doutrina de Ovídio Araújo Baptista da Silva também se extrai o entendimento de que esta forma de antecipar a tutela satisfativa "não teria caráter punitivo contra a litigância temerária" (2005, p. 131). E prossegue o autor:

> O que se dá, com a conduta do réu, nestes casos, é que o índice de verossimilhança do direito do autor eleva-se para um grau que o aproxima da certeza. Se o juiz já se inclinara por considerar verossímil o direito, agora, frente á conduta protelatória do réu, ou ante o exercício abusivo do direito de defesa, fortalece-se a conclusão de que o demandado realmente não dispõe de nenhuma contestação séria a opor ao direito do autor. Daí a legitimidade da antecipação de tutela (2005, p. 131).

Evidencia-se, pela posição de vários doutrinadores, que se trata de uma adequação ou redistribuição do ônus do tempo no processo (Silva, 2009, p. 236). Isso porque, apesar da repartição do ônus da prova entre autor e réu, consoante art. 333 do Código de Processo Civil, tal divisão não ocorre no que diz respeito ao tempo do processo, posto que, ainda que ao réu caiba o ônus de provar o fato impeditivo, modificativo ou extintivo, é o autor que suporta o tempo para que a respectiva prova seja produzida (Marinoni, 2006, p. 347).

A ideia, pois, é de que esta hipótese de antecipação da tutela satisfativa está atrelada à evidência do direito e não a um juízo de aparência.

Igualmente, o § 6º do art. 273 do Código de Processo Civil trata da antecipação de tutela da parcela incontroversa, distanciando-se da tutela de urgência para melhor adequar-se à ideia de satisfação de um direito evidente. Desde que inserida do art. 273 em 2002, a antecipação de tutela do pedido incontroverso é objeto de críticas quanto à natureza do provimento e à respectiva provisoriedade.

Teori Albino Zavascki, ao tratar do tema, esclarece a intenção do legislador de "não retardar a prestação jurisdicional de um direito manifestamente evidente que, por circunstâncias meramente processuais, está atrelado a outro direito controvertido" (2005, p. 106).

A evidência, no caso em tela, decorre da incontrovérsia de um dos pedidos da lide, o que não justificaria a demora na respectiva satisfação em face de outro ou outros pedidos ainda não suficientemente instruídos e, portanto, impedindo a prolatação da sentença final. Mais uma vez se apresenta a necessidade de equilibrar-se o tempo processual, melhor distribuindo o ônus deste entre autor e réu.

Porém, é preciso que se compreenda o significado a incontrovérsia, o que também tem sido objeto de debate na doutrina.

Teori Albino Zavascki não limita o conceito de pedido incontroverso à ausência de oposição da parte contrária (do réu). Esclarece que mesmo a ausência de contestação pode impedir a antecipação da tutela, desde que ao magistrado não se apresente verossímil. De igual modo, salienta que "será considerado como incontroverso o pedido, mesmo contestado, quando os fundamentos da contestação sejam evidentemente descabidos ou improcedentes", isto é, "quando não haja contestação séria" (2005, p. 109).

Luiz Guilherme Marinoni também trata da incontrovérsia de modo mais amplo do que a mera ausência ou insuficiência de contestação. Busca o significado de pedido incontroverso na dicção do § 2º do art. 331 do Código de Processo Civil, em que, "ao tratar da audiência preliminar, diz esse artigo que, se não for obtida a conciliação, o juiz *fixará os pontos controvertidos*, decidirá as eventuais questões pendentes, e determinará as provas a serem produzidas", de modo que "apenas a outra parte da demanda deverá ser fixada como controvertida e somente sobre ela deverá ser determinada a produção de prova". Isto é, o pedido incontroverso está pronto para julgamento, pois "o juiz apenas pode deixar de fixar parcela da demanda como controvertida quanto tiver, em relação a ela, convicção de verdade" (2006, p. 360).

É daí o tom de definitividade e não de provisoriedade da antecipação de tutela fundada no § 6º do art. 273 da lei processual. Em verdade, mais se aproxima de julgamento antecipado da lide do que de antecipação de tutela satisfativa, o que o sistema não permitiria pela impossibilidade de serem proferidas sentenças parciais de mérito, já que a sentença estaria vinculada à extinção do processo com ou sem julgamento de mérito.

Em 2005, com a reforma da lei processual para permitir a fase de cumprimento da sentença, em substituição à anterior ação de execução de sentença, modificou-se o conceito de sentença, extirpando-se do artigo 162 a expressão "extinção do processo" e, bem assim, desaparecendo a referência também do art. 269 do Código de Processo Civil. Igualmente, do art. 463 eliminou-se da sentença a ideia de que o juiz, ao proferi-la, cumpriria o ofício jurisdicional e, assim, a sentença deixou de estar vinculada à extinção da lide, o que poderia significar, então, a permissão para que sentenças parciais de mérito fossem proferidas.

Conclui-se, de qualquer sorte, que ambas as hipóteses, do inciso II e do § 6º do art. 273 do Código de Processo Civil, versam sobre tutelas de evidência, distanciando-se, portanto, da mera antecipação de tutela satisfativa de urgência.

III. Tutela de urgência e tutela de evidência no Projeto de Código de Processo Civil: nova sistemática

O Projeto de Lei 8.046/2010 traz algumas novidades no que tange às tutelas de urgência e também à tutela do direito evidente, também mantendo alguns entraves da atual legislação. Ao repensar um novo código, vale-se da ideia de que a cautelar contempla liminar que não deixa de ser uma antecipação de tutela, já que antecipa os efeitos da respectiva sentença. E apropriando-se desta ideia, o projeto trata de uma tutela antecipada de urgência, que pode ser satisfativa ou cautelar, e de outra tutela antecipada de evidência.

Daniel Mitidiero enunciara: "é claro que a tutela cautelar não se confunde com a tutela satisfativa antecipada. [...]. O problema agora está em perceber que a *técnica antecipatória* é apenas um *meio* para realização da tutela *satisfativa* ou da tutela *cautelar* e que essas formas de tutela jurisdicional devem ser pensadas a partir do direito material" (2011, p. 36-37). E segue dizendo que "a técnica antecipatória tanto serve para tutela satisfativa como para tutela cautelar, bem como para fazer frente à urgência ou para atender à evidência das posições jurídicas das partes no processo civil" (2011, p. 58).

Exatamente assim vem o Livro V no projeto de novo código, em sua última e atual versão, intitulado Da Tutela Antecipada e subdividido em dois Títulos: o primeiro, tratando das Disposições Gerais, da Tutela de Urgência e da Tutela de Evidência, cada um dos temas em capítulo próprio; o segundo, destinado ao Procedimento da Tutela Cautelar requerida em caráter antecedente.

Certamente muitas são as críticas que se poderá fazer e muito ainda será discutido a cerca dos erros e acertos que estão por vir, porém o que ora se pretende é expor algumas modificações e pensá-las também à luz dos princípios constitucionais em matéria processual.

Uma das relevantes alterações diz respeito à explícita forma de tratamento da tutela de evidência. Deixa claro o Projeto que se trata de tutela distinta da antecipação satisfativa de urgência, versada, inclusive, em capítulo em separado, modificação, em princípio, salutar, a permitir melhor esclarecimento aos operadores do direito.

Na redação original do projeto, quatro hipóteses eram arroladas, no art. 278, para concessão da tutela de evidência, isto é, sem a necessidade de demonstração do requisito então previsto, risco de dano irreparável ou de difícil reparação. Dentre elas, aquelas já presentes na codificação atual (art. 273, II, e § 6º, CPC).

Entretanto, após alterações implementadas no trâmite legislativo, a redação atual do Projeto prevê as hipóteses de tutela de evidência no art. 306, isto é, independentemente da demonstração do requisito agora alterado para *perigo na demora da prestação jurisdicional*, dentre as quais não se encontra mais a antecipação da parcela incontroversa. Aparecem aqui apenas as seguintes hipóteses:

I – ficar caracterizado o abuso de direito de defesa ou o manifesto propósito protelatório da parte; II – as alegações de fato puderem ser comprovadas apenas documentalmente e houver tese firmada em julgamento de casos repetitivos ou de súmula vinculante; III – se tratar de pedido reipersecutório fundado em prova documental adequada do contrato de depósito, caso em que será decretada a ordem de entrega do objeto custodiado, sob cominação de multa.

O Projeto traz, portanto, duas novas hipóteses para a tutela de evidência, consistindo, s.m.j., apenas a primeira genuína modalidade de antecipação de tutela. Isso porque, as duas hipóteses previstas nos incisos II e III, tal como a antecipação de tutela do pedido incontroverso, caracterizam-se mais como julgamentos antecipados da lide.

Veja-se: em verdade, ao alterar o projeto, o legislador bem andou em retirar das hipóteses de antecipação da tutela de evidência aquela que dizia respeito ao pedido incontroverso. Isso porque, como antes já observado, trata-se de verdadeiro julgamento antecipado da lide, que na codificação atual não encontra amparo – pelo menos não de modo claro, gerando inúmeras discussões, inclusive em relação aos requisitos para concessão e a definitividade do provimento. Assim, para pôr fim a esta problemática, vem prevista no projeto a possibilidade de concessão de sentença parcial, consoante se lê no art. 363: "O juiz decidirá parcialmente o mérito, quando um ou mais dos pedidos formulados ou parcela deles: I – mostrar-se incontroverso; II – estiver em condições de imediato julgamento, nos termos do art. 362".

Isto é, não há mais que se falar em antecipação de tutela da parcela incontroversa, já que reconhecida a possibilidade de um julgamento antecipado neste caso, cuja decisão de mérito será impugnável por agravo de instrumento (§ 4º do mesmo dispositivo).

Porém, perdeu-se oportunidade de avançar, ou pelo menos melhor esclarecer, também, ao manter dentre as hipóteses de antecipação de tutela evidente os incisos II e III do art. 306 do Projeto, pois ambos revelam, s.m.j, situação que autorizaria o julgamento antecipado da lide ou, se presentes dois ou mais pedidos, a resolução parcial de mérito.

Tal conclusão advém das hipóteses de julgamento antecipado da lide, tal como previstas no próprio Projeto, no art. 362, cujo inciso I estatui a hipótese de não haver necessidade de produção de outras provas. Ora, trata-se exatamente das situações arroladas no art. 306, incisos II e III, pois nelas pressupõe-se a prova documental suficiente e adequada para formar a convicção do magistrado, independentemente de dilação instrutória.

A fundamentar tais hipóteses no art. 306, apenas a regra do parágrafo único, que viabiliza a concessão liminar das hipóteses dos incisos III e IV. Pode-se argumentar, assim, que permitir a tutela antecipada de evidência liminarmente é mais do que o julgamento antecipado da lide. Porém, a partir de um contraditório prévio, isto é, da oitiva da parte contrária antes da apreciação do pedido de antecipação de tutela já não se justificaria tratar tais hipóteses como tutela antecipada de evidência, muito mais adequado parecendo o julgamento antecipado da lide, como previsto no art. 362 do Projeto.

Bem assim, em prol da previsão, poder-se-ia argumentar que, tratada como sentença, dará ensejo a recurso de apelação, cuja regra continua sendo o recebimento no efeito suspensivo (art. 1025 do Projeto). Neste caso, a concessão de tutela antecipada, inclusive na própria sentença, garantiria a imediata produção de efeitos, nos termos do inciso V do mencionado dispositivo do Projeto.

Esta é uma questão que se apresenta, pelo menos numa leitura inicial do Projeto, se mantida a sua atual redação.

Outra questão que surge da proposta é a que envolve o procedimento para a tutela antecipada de evidência. O capítulo que trata da tutela de evidência não versa qualquer regra de natureza procedimental, apenas arrolando as hipóteses que autorizam a concessão da tutela antecipada sem necessidade de se demonstrar o *periulum in mora*. Analisando-se sistematicamente o Livro V, seria possível afirmar que no Capítulo I – Disposições Gerais, do Título I (que trata das tutelas antecipadas de urgência e evidência), rege o procedimento da tutela de evidência, que traria em seu capítulo próprio (III), somente as hipóteses de cabimento.

A partir disso, algumas questões se põem: 1) aplicam-se-lhe as mesmas regras da tutela antecipada satisfativa de urgência, salvo o requisito do *periculum in mora*? Isto é, também se está diante da necessidade, por exemplo, de que seja reversível a medida? Aplica-se-lhe o procedimento abaixo referido da estabilização da tutela antecipada, consoante art. 305 do Projeto?

O ímpeto é responder que não, pois estas regras estão estabelecidas no Capítulo II e, portanto, exclusivamente para a tutela antecipada satisfativa de urgência, que não se confunde, como já visto, com a tutela de evidência, a esta aplicando-se exclusivamente o disposto do Capítulo I, que versa sobre as Disposições Gerais.

No que tange às tutelas de urgência, também algumas questões merecem ser observadas a partir do Projeto de novo Código.

Uma delas decorre da modificação do requisito específico para concessão da tutela de urgência: antes, falava-se em risco de dano, alterado no Projeto para perigo na demora. Apresenta-se como modificação importante, pois amplia as situações de urgência, já que deixa de versar sobre a necessidade de um dano iminente, abarcando também a tutela do ilícito. Entretanto, para quem faz a distinção entre cautelar e tutela antecipada satisfativa, sabe que para as cautelares o requisito da urgência é, sim, o risco de perecimento do bem da vida a ser protegido, de modo que o risco de dano é o requisito que melhor se adéqua à espécie (Silva, 2009, p. 35-36).

Além dela, evidenciam-se também algumas questões procedimentais de grande relevância. É o que se verifica, por exemplo, com o procedimento de estabilização da tutela antecipada satisfativa de urgência, previsto no art. 305 do Projeto, a partir da hipótese do art. 304, isto é, quando a urgência for contemporânea à propositura da ação. Neste caso, a petição inicial poderá estar limitada ao requerimento da tutela antecipada, indicando-se o pedido de tutela final, sumariamente exposto o direito alegado e explicitado o perigo na demora da prestação jurisdicional. Concedida a tutela, deverá o autor aditar a inicial, citando-se o réu para que responda a ação, com prazo a correr a partir da intimação do aditamento.

Porém, o art. 305 do Projeto refere que a tutela satisfativa de urgência, uma vez antecipada, tornar-se-á estável se não interposto recurso da decisão que a conceder, extinguindo-se o feito, restando permitido às partes demandar uma à outra para "rever, reformar ou invalidar a tutela antecipada satisfativa estabilizada". E este direito de rever a tutela antecipada extinguir-se-á no prazo de dois anos após a ciência da decisão que extinguiu o processo.

Tal previsão pode ser admitida como a adoção de um contraditório eventual, postergado, porém revela algumas dificuldades, pelo menos na forma do Projeto. Pois ainda que não tenha interposto recurso, o réu pode contestar a ação em que o pedido de tutela antecipada foi concedido, do que fica a dúvida sobre a referida estabilização. Estaria estabilizada a demanda mesmo quando contestada a lide, sujeita, portanto, a uma sentença que poderá ser de improcedência da ação? A estabilização seria possível apenas na hipótese de ausência de recurso e contestação?

No que tange à tutela antecipada de urgência, perdeu a oportunidade o legislador de eliminar o requisito da reversibilidade, já tratado no capítulo II deste artigo. Ainda comentando o §2º do art. 273 do Código de Processo Civil atual, contemporaneamente à sua criação, lecionou Luiz Fux:

> O ativismo judicial que hoje se apregoa faz da lei nova um diploma recheado de vetustez e covardia, sem prejuízo de afastar-se dos mais modernos postulados da efetividade do processo e dos direitos. Esse acanhamento do legislador foi tão longe que retirou praticamente com a outra mão a sedutora idéia da tutela antecipada, ao dispor no § 2º do art. 273, que, *verbis:* "Não se concederá a antecipação da tutela quando houver perito de irreversibilidade do provimento antecipado" (1996, p. 339).

E disse mais o doutrinador:

> É que não se atentou para o fato de que, na grande maioria dos casos da prática judiciária, as situações de urgência que reclamam a antecipação da tutela geram, inexoravelmente, situações irreversíveis, porque encerram casos em que a satisfação deve ser imediata, como, v.g., aquela em que é autorizada uma viagem, ou uma cirurgia, ou uma inscrição imediata em concurso, etc. (1996, p. 339).

Pois então, a partir de uma ampla reforma, perdeu o legislador a oportunidade de resolver esta incongruência, causando surpresa, inclusive, que tenha a Comissão que liderou o Projeto sido capitaneada pelo mesmo referido professor, hoje Ministro do Supremo Tribunal Federal.

Porém é preciso que, ao menos, não se amplie a interpretação da regra prevista no art. 302, já que aplicável, pela sistemática do Projeto, unicamente à tutela de urgência, não incidindo na tutela antecipada de evidência.

É preciso ainda referir que, no tocante ao pedido de antecipação de tutela urgente de natureza cautelar, quando requerida em caráter antecedente, mantém-se basicamente o procedimento das cautelares inominadas, previsto nos artigos 796 a 812 do Código de Processo Civil vigente, com alguns ajustes. Dentre eles: desnecessidade de ajuizamento de ação principal autônoma, bastando a apresentação do que chama de "pedido principal" nos mesmos autos, inclusive dispensando novas custas e a expressa previsão de audiência de conciliação após a apresentação do pedido principal, independentemente de nova citação (art. 310). Estabeleceu, também, a fungibilidade com a antecipação de tutela satisfativa, consoante se observa do parágrafo único do art. 307, que remete ao procedimento do art. 304 caso o pedido tenha natureza satisfativa.

No caso da fungibilidade, põe fim à antiga discussão sobre a aplicação do atual § 7º do art. 273 do Código de Processo Civil, posto que, pela literalidade deste, apenas no sentido inverso seria possível aplicar o princípio, isto é, quando postulada medida satisfativa como se cautelar fosse.

No mais, reprisam-se as regras do código vigente, como a liminar, a exigência de caução, a perda da eficácia da tutela concedida em caráter antecedente, algumas destas regras tratadas em conjunto, nas disposições gerais do Capítulo I do Título I.

Destaque-se que, ao tratar da antecipação das tutelas de urgência de modo conjunto, isto é, prevendo procedimento assemelhado para as tutelas satisfativa e cautelar, não significa que tenha o legislador eliminado as distinções entre ambas, versadas no início deste trabalho. Ao contrário, reforça que se tratam de medidas distintas, embora peque por não esclarecer as distinções, já que tão somente apresenta a classificação e unifica os requisitos que autorizam a antecipação de tutela num ou noutro caso. E tal distinção revela-se importante. Neste sentido, veja Daniel Mitidiero:

> Com o reconhecimento de que a técnica antecipatória tanto serve para tutela satisfativa como para tutela cautelar, bem como para fazer frente à urgência ou para atender à evidência das posições jurídicas das partes no processo civil, *resta claro que a disciplina legal do tema não pode ser a mesma*. Isso porque não se pode confundir o ato de satisfazer um direito com o de simplesmente acautelá-lo, ainda que se o faça, em ambos os casos, provisoriamente. Bem pode ocorrer de ser necessária *prova própria* à cognição do direito à cautela, cuja produção no processo ligado à dgnição para tutela do direito acautelado seja rigorosamente impertinente, a sugerir *procedimento próprio* para cognição do direito à segurança. Podem bem ocorrer, igualmente, que o *provimento cautelar* tenha que *sobreviver* à sentença de primeiro grau que declara inexistente o direito acautelado (nada obstante existente o direito à simples segurança), a determinar a perfeita separação entre os provimentos ligados à tutela jurisdicional de conhecimento e à tutela jurisdicional cautelar. Tudo aconselha, portanto, que dois problemas diferentes recebam tratamento diferente pela ordem jurídica. Tratar o assunto unitariamente dá lugar à confusão conceitual e, por conseguinte, a dificuldades pragmáticas. (2011, p. 59)

A preocupação é relevante e coerente, não tendo sido observada, ao que parece, pelo menos numa leitura inicial da última versão do Projeto.

IV. As garantias constitucionais de natureza processual: fundamentos para as tutelas de urgência e de evidência

A tutela de urgência e a tutela de evidência encontram-se atreladas às garantias de natureza processual previstas no art. 5º da Constituição Federal. Percebe-se a preocupação da doutrina em demonstrar, em especial no tocante à tutela antecipada, o fundamento constitucional que a legitima, face os primados da ampla defesa e contraditório, corolários do devido processo legal, todos preconizados no texto constitucional.

Luiz Guilherme Marinoni sustenta que a tutela antecipada é garantida pelo princípio da inafastabilidade, consoante preceito do art. 5º, inciso XXXV, da Constituição Federal. Segundo ele, o dispositivo "garante o direito fundamental à tutela jurisdicional efetiva, o qual obriga o Estado a instituir técnicas processuais idôneas à tutela dos direitos" (2006, p. 167). Assim sendo, a tutela antecipatória é um direito constitucional do cidadão, de modo que é deste princípio da inafastabilidade que:

> Decorre o direito ao devido processo legal, aí incluído, entre outros, o direito à adequada tutela jurisdicional, abrangendo o direito de petição, como "autêntico direito abstrato de agir", o direito à tutela urgente, e os direitos ao procedimento, à cognição ao provimento e aos meios executivos adequados (2006, p. 168).

Teori Albino Zavascki dedicou um capítulo do livro *Antecipação de Tutela* (2005) para o fundamento constitucional da tutela provisória. Principia discordando de que seja o princípio da inafastabilidade o fundamento constitucional da tutela antecipada (p. 61), entendendo que a questão gira em torno da tensão entre o *direito à efetividade da jurisdição* e o *direito à segurança jurídica*, ambos contemplados "no que genericamente se denomina 'devido processo legal'". O primeiro, consistente "no conjunto de direitos e garantias que a Constituição atribuiu ao indivíduo que, impedido de fazer justiça por mão própria, provoca a atividade jurisdicional para vindicar bem da vida de que se considera titular", fazendo jus, assim, ao julgamento da demanda em prazo razoável. Já o segundo, também resultado do contraditório e da ampla defesa, correspondendo ao direito de que "os bens em sentido amplo [...] hão de permanecer sob a disposição de quem os detém e deles se considera titular, até que se esgote o devido processo legal", fazendo jus *"à chamada cognição exauriente"* (2005, p. 65-66).

Trata-se, na verdade, da dificuldade em se aceitar as sentenças liminares, herança do ideal racionalista na busca da certeza do direito, aliada à desconfiança nos juízes como resultado da Revolução Europeia, culminando num *sistema burocrático de organização judiciária*, em que ao magistrado compete apenas declarar o direito sem qualquer poder de criação (Baptista da Silva, 2007b, p. 88-89).

E a tutela jurisdicional, de um modo geral, como antes já referido no tocante à distribuição do ônus do tempo do processo, é pródiga em penalizar o autor da demanda, que suporta os altos custos temporais da lide mesmo que ao réu cumpra fazer prova necessária para desconstituir direito evidente, tudo resultado desta cognição exauriente, do procedimento ordinarizado.

O que Teori Albino Zavascki apregoa é que "o decurso do tempo [...] é inevitável para a garantia plena do direito à segurança jurídica, mas é, muitas vezes, incompatível com a efetividade da jurisdição". E assim sendo, isto é, diante do conflito entre estes dois direitos fundamentais dos litigantes, a solução está na sua harmonização, na busca de uma solução conformadora que garanta a sobrevivência de todos os direitos colidentes, ainda que de modo relativizado. E tal solução conciliadora de direitos, a partir do dispositivo do art. 273 e seus pressupostos para concessão da tutela antecipada, resulta na atividade criadora do magistrado, formulando, "ele próprio, caso a caso, a solução mais adequada a manter vivos e concretamente eficazes os dois direitos fundamentais" (2005, p. 67-68).

Jaqueline Mielke Silva, ao tratar da antecipação de tutela *inaudita altera parte*, leciona que "os princípios não se submetem ao "tudo" ou "nada"" e que "um princípio não deve ter sua existência posta em dúvida só porque não se aplica a determinada situação concreta", podendo, no caso concreto ocorrer a "incidência de um e o afastamento de outro", o que não quer significar o comprometimento daquele que não foi circunstancialmente aplicado. Assim que, nos casos difíceis, devem os magistrados buscar a solução nos princípios, porém a ausência de hierarquia entre eles poderá acarretar que fundamentem decisões distintas. "O juiz, ante um caso difícil, deve balancear os princípios e decidir-se pelo que tem mais peso" (2009, p. 213-214).

O problema está, na verdade, naquelas situações em que parecem inconciliáveis ambos os direitos constitucionalmente garantidos aos litigantes, como no caso das tutelas de urgência de efeitos fáticos irreversíveis. Nestas hipóteses, terá o magistrado que decidir definitivamente a controvérsia, já que o contraditório postergado não garantirá ao réu a possibilidade de ver reposto o bem da vida já usufruído pelo autor em razão da tutela antecipada de natureza satisfativa concedida.

Nestes casos, tem-se verdadeira tutela sumária definitiva e que nalgumas vezes nem mesmo por via das perdas e danos poderá ser reposta, como sugere Ovídio Araújo Baptista da Silva na chamada tutela satisfativa autônoma.

É o que acontece no exemplo de Teori Albino Zavascki:

> Na Justiça Federal, por exemplo, não são incomuns pedidos para liberação de mercadorias perecíveis, retidas na alfândega para exame sanitário que, por alguma razão (greve dos servidores, por exemplo) não é realizado. Nesses casos, a concessão liminar da tutela pedida compromete irremediavelmente o direito à segurança jurídica a que faz jus o demandado (liberada e comercializada a mercadoria, já não há que se falar em seu exame fitossanitário; seu indeferimento torna letra morta o direito à efetividade do processo, porque deteriorando-se o produto, inútil será sua posterior liberação. Em casos dessa natureza, um dos direitos fundamentais colidentes será sacrificado, não por vontade do juiz, mas pela própria natureza das coisas. [...] A decisão que tomar, em tais circunstâncias, é, no plano dos fatos, mais que antecipação provisória: é concessão ou denegação da tutela em caráter definitivo (2005, p. 101).

Veja-se: o risco da irreversibilidade pode ocorrer como "conseqüência tanto da concessão quanto do indeferimento da medida antecipatória", pois "se a verossimilhança pesar significativamente em favor do autor, o magistrado estará autorizado a sacrificar o direito improvável, em benefício do direito que se mostre mais verossímil" (Baptista da Silva, 2000, p. 144).

No que tange à tutela da evidência, Luiz Fux também fundamenta a sua concessão antecipada no devido processo legal. Segundo ele, "o devido processo a que se está sujeito antes da perda dos bens da vida mencionados na Constituição impede a 'autotutela', por isso que o legislador constitucional excluiu-a ao dispor sobre o necessário processo devido e legal". Assim, "o devido processo é o adequado à luz da situação jurídico-material narrada, assim como a execução é devida diante do título executivo e a cognição ordinária diante da incerteza. A tutela sumária e rápida é a devida diante da '"evidência'" (1996, p. 319).

Teori Albino Zavascki menciona, neste sentido, que a antecipação de tutela do § 6º do art. 273 do Código de Processo Civil vigente, voltada ao direito evidente, "reveste-se, do ponto de vista constitucional, de natureza peculiar", pois,

> diferentemente das demais hipóteses previstas no art. 273 do Código de Processo Civil, cuja função é a de estabelecer condições de convivência entre os princípios da segurança jurídica e da efetividade do processo eventualmente em colisão, a nova espécie de antecipação, que ocorre em cenário onde não existe o citado conflito, representa simplesmente uma ação afirmativa em benefício do princípio constitucional da efetividade e, mais especificamente, do direito fundamental explicitado no art. 5º, LXXVIII, da Constituição (2005, p. 107).

A partir da Emenda Constitucional 45/2004, a efetividade do processo vem sendo tratada como estando contemplada no inciso LXXVIII do art. 5º da Constituição Federal, que estabelece o direito à duração razoável do processo (Silva, 2009, p. 213).

Marco Félix Jobim, em obra específica sobre o tema, leciona que o direito fundamental à duração razoável do processo deve "conquistar sua posição como direito fundamental autônomo, retirando as amarras de ser considerado como apenas uma subespécie e ser estudado como os princípios constitucionais do mesmo escalão, tais como o devido processo legal, o acesso ao Poder Judiciário, o do contraditório e o da ampla defesa". Defende que não pode "ser reduzido a um mero acessório do princípio da efetividade processual", até porque "pode-se falar na efetivação do direito do jurisdicionado, mesmo que ela tenha se concretizado intempestivamente o que, por si só, retiraria a subsidiariedade deste naquele" (2012, p. 70).

Para o tema aqui abordado, qual seja, as transformações procedimentais das tutelas de urgência e evidência da atual legislação processual no Projeto de CPC, revela-se oportuna a questão que extrai da redação do inciso LXXVIII do art. 5º da Constituição Federal: "a todos, no âmbito judicial e administrativo, são assegurados a razoável duração do processo e os meios que garantam a celeridade de sua tramitação". Refere:

> Da leitura do dispositivo conclui-se por sua subdivisão, sendo a primeira comportando o enunciado "a todos são assegurados a razoável duração do processo" e a segunda que a todos "são assegurados os meios que garantam a celeridade de sua tramitação" (Jobim, 2012, p. 91).

A relevância decorre da ideia de que, além do tempo processual, também ao legislador se atribui o dever de criação de leis que garantam esta celeridade procedimental. Neste sentido, leciona Luiz Guilherme Marinoni:

> Portanto, o legislador infraconstitucional tem a obrigação de construir procedimentos que tutelem de forma adequada e tempestiva os direitos, assim como o dever de instruir técnicas processuais que, atuando internamente no procedimento, permitam uma racional distribuição do tempo no processo (2007, p. 20).

Imagina-se, assim, que este direito fundamental à duração razoável do processo e às técnicas que garantam a maior celeridade, devam nortear a pretensão de uma nova codificação processual civil, em especial em se tratando de tutelas de urgência e evidência, objeto deste estudo.

Daí que, conforme observado anteriormente, algumas questões merecem ser observadas.

A vingar o texto atual do Projeto, perde-se muito com a manutenção da reversibilidade como requisito para concessão da tutela antecipada satisfativa de urgência. É verdade que, ao tratar em separado da antecipação da tutela de evidência, parece a esta não se aplicar a necessária reversibilidade da medida, o que se coadunaria com o direito fundamental constitucional da duração razoável e a celeridade na tramitação do feito, já que privilegia a tutela sumária independentemente dos efeitos irreversíveis que possa gerar.

Por outro lado, a previsão legal do julgamento antecipado parcial de mérito para a hipótese de parcela incontroversa da lide apresenta-se em grande avanço dentro do próprio Projeto, que originalmente previa a antecipação de tutela da parcela incontroversa como direito evidente. Tanto mais diante do recurso cabível ser o agravo de instrumento, o que atrai o efeito meramente devolutivo, permitindo a imediata produção de efeitos do julgado a garantir, portanto, talvez a única benesse que decorreria da técnica da antecipação de tutela, já que, no Projeto, a apelação permanece, como regra, sendo recebida no duplo efeito com exceções legais, dentre as quais se encontra a concessão da tutela antecipada.

Ainda no que tange à tutela do direito evidente, as hipóteses previstas nos incisos II e III do art. 306 do Projeto também parecem mais afeitas a verdadeiro julgamento antecipado da lide, nos moldes do art. 362 do próprio Projeto, o que por certo estaria em melhor consonância com a celeridade constitucionalmente garantida. Entretanto, observado a partir dos efeitos recursais, é possível que a previsão da tutela antecipada do direito evidente nestes casos possa permitir a sua concessão na sentença e, com isso, garantir a imediata produção de efeitos da decisão. Bem assim, a viabilidade de concessão liminar também justificaria a sua previsão no art. 306.

O tratamento dado ao direito evidente, em separado da tutela antecipada de urgência, também acarreta certo prejuízo no que tange à estabilização prevista no art. 305 do Projeto. Este dispositivo, como antes apresentado, viabiliza a tutela satisfativa sumária, garantindo o contraditório de modo postergado e eventual, tocando ao réu que não recorre da decisão o dever de ajuizar, no prazo de até dois anos, demanda para desconstituir a tutela concedida.

Em verdade, ao que parece, trata-se de técnica que atende a necessidade de uma jurisdição mais célere e que melhor distribua tal ônus do tempo entre autor e réu, de acordo com a versão mais verossímil.

Como defende Ovídio Araújo Baptista da Silva:

> Se [...] o sistema puder desdobrar as demandas *plenárias* ("processos totais", como chamava Carnelutti) numa pequena multidão de demandas sumárias, o inconveniente que tal opção poderia provocar seria apenas a *inversão do contraditório*, liberando o autor vitorioso no *sumário* de ter de ajuizar o *plenário*, sob pena de ver desfeito o resultado por ele conseguido (2002, p. 269).

Ainda que revele algumas incongruências, como antes apontado (III) é bem vinda a novidade, pelo menos como tentativa de propiciar um procedimento mais célere e, portanto, uma tutela jurisdicional tempestiva e justa.

Entretanto, é preciso que se diga, de um modo geral, parece tímida a reforma no que tange às tutelas sumárias. A sensação é de que permanecemos presos ao mesmo paradigma da codificação anterior, promovendo modificações que, em verdade, não tem o condão de superar velhos problemas que impedem a efetivação das garantias constitucionais de natureza processual.

V. Conclusão

Pretendeu-se, nestas poucas linhas, tratar de temas conhecidos em matéria de tutela de urgência e evidência, apontando modificações anunciadas no Projeto que altera o Código de Processo Civil.

A partir de uma breve análise da codificação atual e das novas propostas, buscou-se avaliar alguns avanços e identificar eventuais problemas delas decorrentes, sem descuidar da relevância constitucional do tema.

Assim, tratou-se da tutela antecipada de urgência e da tutela antecipada de evidência sob a ótica constitucional e a importância das modificações legislativas que se avizinham para adequação aos direitos fundamentais, em destaque o direito ao processo em tempo razoável.

A análise é singela e despretensiosa, de maneira alguma conclusiva, notadamente porque as modificações ainda não são definitivas e, ainda que o fossem, dependem de tempo para que se assentem suas possíveis e melhores interpretações.

Referências

BAPTISTA DA SILVA, Ovídio Araújo. *Curso de processo civil, vol. 1*. São Paulo: Revista dos Tribunais, 2000.

——. *Da sentença liminar à nulidade da sentença*. Rio de Janeiro: Forense, 2002.

——. *Sentença e coisa julgada (ensaios e pareceres)*. Rio de Janeiro: Forense, 2003.

——. *Curso de processo civil, vol. 1: processo de conhecimento*. Rio de Janeiro: Forense, 2005.

——. *Curso de processo civil*, vol. 2: processo cautelar (tutela de urgência). Rio de Janeiro: Forense, 2007a.

——. *Jurisdição e execução na tradição romano-canônica*. Rio de Janeiro: Forense, 2007b.

——. *Do processo cautelar*. Rio de Janeiro: Forense, 2009.

FUX, Luiz. *Tutela de segurança e tutela da evidência*: fundamentos da tutela antecipada. São Paulo: Saraiva, 1996.

JOBIM, Marco Félix. *O direito à duração razoável do processo*: responsabilidade civil do Estado em decorrência da intempestividade processual. Porto Alegre: Livraria do Advogado, 2012.

LUCENA, Clarissa Santos. Prova inequívoca da verossimilhança e reversibilidade do "provimento" antecipado: breves considerações sobre a tutela antecipada e a sua efetividade jurisdicional. In: ARMELIN, Donaldo (Coord.). *Tutelas de urgência e cautelares. Estudos em homenagem a Ovídio Araújo Baptista da Silva*. São Paulo: Saraiva, 2010.

MARINONI, Luiz Guilherme. *Antecipação de tutela*. São Paulo: Revista dos Tribunais, 2006.

——. *Abuso de defesa e parte incontroversa da demanda*. São Paulo: Revista dos Tribunais, 2007.

MITIDIERO, Daniel. Tendências em matéria de tutela sumária: da tutela cautelar à técnica antecipatória. *Revista de Processo*.vol. 197, p. 27. São Paulo: Revista dos Tribunais, julho 2011.

SILVA, Jaqueline Mielke. *Tutela de urgência*: de Piero Calamandrei a Ovídio Araújo Baptista da Silva. Porto Alegre: Verbo Jurídico, 2009.

ZAVASCKI, Teori Albino. *Antecipação de tutela*. São Paulo: Saraiva, 2005.

— 3 —

Regime semiaberto e facções organizadas

DIETER MAYRHOFER GAULAND[1]

Sumário: A problemática das fugas no regime semiaberto; O Instituto Penal de Viamão; Progressão de regime e facções organizadas; Conclusão; Referências.

O regime semiaberto, sistema de cumprimento da pena compatível com a pena de reclusão e detenção (Código Penal, art. 33, 1ª parte), caracteriza-se por ser uma etapa de transição entre o regime fechado e o aberto. O indivíduo cumpre a pena em colônia agrícola, industrial ou estabelecimento similar, ficando sujeito ao trabalho em comum durante o dia, não mais sendo necessário o isolamento durante a noite.[2]

Os estabelecimentos semiabertos possuem uma configuração arquitetônica e estrutura de funcionamento mais simples que as casas prisionais de regime fechado. Os cuidados com a segurança também são menores; muitas vezes, inexiste a guarda externa na instituição e a vigilância é mais discreta. Os apenados podem se movimentar com mais liberdade, possibilitando que interajam sem as privações e regras rígidas observadas no regime fechado.

O regime semiaberto funda-se no senso de responsabilidade e autocontrole do preso, que deverá submeter-se à disciplina e não fugir. O relato de um técnico do Instituto Penal de Viamão demonstra bem a autoconsciência que o preso deve manter no regime semiaberto:

---

[1] Advogado, Mestre em Ciências Criminais (PUCRS), Especialista em Ciências Penais (PUCRS) Professor das Faculdades Integradas São Judas Tadeu / Faculdade de Direito. Professor da Faculdade de Desenvolvimento do Rio Grande do Sul (Fadergs). Professor convidado do Programa de Pós--Graduação em Direito Penal e Processo Penal Com ênfase na Segurança Pública da UniRitter – Rede Laureate International Universities.

[2] Segundo o artigo Art. 91 da LEP: "A Colônia Agrícola, Industrial ou Similar destina-se ao cumprimento da pena em regime semiaberto. Art. 92: O condenado poderá ser alojado em compartimento coletivo, observados os requisitos da letra a, do parágrafo único, do artigo 88, desta Lei. Parágrafo único: São também requisitos básicos das dependências coletivas: a) a seleção adequada dos presos; b) o limite de capacidade máxima que atenda aos objetivos de individualização da pena". (Lei nº 7.210, de 1984).

[...] Quando eu saí do Presídio Central depois de três anos e vim trabalhar no semiaberto, eu senti uma leveza, sabe, é menos grade batendo; no fechado o clima é muito pesado. Aqui não, o cara vem, senta, ele circula, dá bom dia, boa tarde, não tem ninguém do lado dele monitorando. O IPV é uma casa prisional que não tem uma grade, é cercado por árvores, os presos que estão aqui, estão porque querem. Essa liberdade toda tem um trabalho emocional muito forte; ele está aqui porque quer estar aqui.[3]

Os presos não ficam em galerias fechadas no regime de semiliberdade; ao revés, possuem alojamentos que deverão assegurar condições de salubridade do ambiente (art. 88, parágrafo único, da LEP), atendendo aos limites de capacidade, e, dessa forma, respeitando os objetivos da individualização da pena.

No regime semiaberto, o recluso poderá realizar o trabalho externo bem como frequentar cursos profissionalizantes, de 1° e 2° graus ou superior, e demais atividades que possam contribuir para a sua reinserção social (arts. 35 do CP e 122 da LEP).[4]

É direito do apenado, depois de satisfeitos os requisitos previstos pela LEP, receber autorização para se afastar, temporariamente, do instituto onde cumpre a pena. A LEP divide o instituto da autorização de saída em permissão de saída e saída temporária.

A permissão de saída é utilizada para casos especiais – como o falecimento ou doença de familiares, necessidade de tratamento médico, etc. A saída temporária, por sua vez, é o instituto que permite a visita à família e a frequência aos cursos anteriormente mencionados.

Os requisitos para obter a autorização de saída estão previstos no art. 123, I, II e III, da LEP, sendo, respectivamente: possuir comportamento adequado, o cumprimento mínimo de 1/6 (um sexto) da pena, se o condenado for primário, e 1/4 (um quarto), se reincidente, e compatibilidade do direito com os objetivos da pena.[5]

---

[3] Entrevista obtida em grupo de discussão no Instituto Penal de Viamão. O projeto de pesquisa foi aprovado pelo Comitê de Ética em Pesquisa, da Pontifícia Universidade Católica do Rio Grande do Sul, Ofício n° 541/8 – CEP. O presente trabalho foi autorizado pelo Juiz da Vara de Execução Criminal, Comitê de Ética e Pesquisa da PUCRS e SUSEPE/RS.

[4] Artigo 122 da LEP: Os condenados que cumprem pena em regime semiaberto poderão obter autorização para saída temporária do estabelecimento, sem vigilância direta, nos seguintes casos: I – visita à família; II – frequência a curso supletivo profissionalizante, bem como de instrução do 2° grau ou superior, na Comarca do Juízo da Execução; III – participação em atividades que concorram para o retorno ao convívio social. (Lei n° 7.210, de 1984. Ibidem).

[5] A permissão de saída do preso está disposta no Art. 120 da LEP: Os condenados que cumprem pena em regime fechado ou semiaberto e os presos provisórios poderão obter permissão para sair do estabelecimento, mediante escolta, quando ocorrer um dos seguintes fatos: I – falecimento ou doença grave do cônjuge, companheira, ascendente, descendente ou irmão; II – necessidade de tratamento médico (parágrafo único do art. 14)Art. 125: O benefício da saída temporária será automaticamente revogado quando o condenado praticar fato definido como crime doloso, for punido por falta grave, desatender as condições impostas na autorização ou revelar baixo grau de aproveitamento do curso. Parágrafo único: A recuperação do direito à saída temporária dependerá da absolvição no processo

Os condenados as penas de detenção, qualquer que seja o montante (art. 33, *caput*, do CP), e os sentenciados a penas de reclusão, que não ultrapassem oito anos, podem ingressar, desde o início, no regime semiaberto. Se o apenado for reincidente, deverá cumprir a pena no regime fechado, com a exceção estabelecida pela Súmula 269 do STJ.[6]

As saídas temporárias, também chamadas de passeios, são extremamente relevantes para o alcance da reinserção social do preso, que não perde o vínculo com a família e amigos, reforçando, com isso, o senso de responsabilidade que o preso deve ostentar durante o cumprimento da pena privativa de liberdade.

Se o apenado, por inúmeros fatores, optar por não retornar à casa prisional onde cumpre a pena, poderá, após justificar a sua fuga em procedimento administrativo disciplinar (PAD), regredir ao regime fechado, o que caracteriza um desestímulo à evasão.

O Provimento 01/1999, estabelecido pela Vara de Execuções Criminais de Porto Alegre, refere: que os apenados que cumprem a pena em regime aberto podem ser dispensados, nos finais de semana, dos pernoites no albergue ou instituto onde cumpram as suas penas, desde que permaneçam em suas residências das 7h de sábado até as 19h de domingo.

A readaptação social do preso e a prevenção da reincidência criminal passam pelas oportunidades oferecidas aos condenados. Nesse ponto, o depoimento de um preso que cumpre pena no Instituto Penal de Viamão é esclarecedor:

> Como deveria funcionar o semiaberto? Tínhamos que chegar aqui hoje e, no máximo, em trinta dias, tínhamos que estar em uma firma trabalhando, recebendo um salário; aí tu tinhas chance de não voltar a delinqüir. Aí tu ficas dez anos no fechado, a tua família fica te sustentando [...].Tem pessoa que não trabalharia por um salário. Aqui seria fácil encostar um ônibus e levar vinte caras para trabalhar; aqui tem costura de bola, os caras trabalham que nem loucos tchê, ganham um real por bola. Eles fazem cinco, seis bolas por dia, ralam as mãos, detonam mesmo. Se tu procurares aqui nessa galeria, têm 300 caras, têm 100 querendo voltar para a sociedade numa boa, e 200 que estão mais ou menos, na corda bamba. Tem uns que não querem [...].[7]

Pela progressão de regime, o apenado também tem a possibilidade de cumprir a sua pena em regime semiaberto. Para tanto, deverá cumprir ao menos 1/6 (um sexto) da pena em regime anterior, manter bom com-

---

penal, do cancelamento da punição disciplinar ou da demonstração do merecimento do condenado. (Lei n° 7.210, de 1984. Ibidem).

[6] Súmula 269 do Superior Tribunal de Justiça: É admissível a adoção do regime prisional semiaberto aos reincidentes condenados à pena igual ou inferior a quatro anos, se favoráveis as circunstâncias judiciais. Em <http://www.dji.com.br/normas_inferiores/regimento_interno_e_sumula_stj/stj_0269.htm>.

[7] Entrevista realizada com preso no Instituto Penal de Viamão.

portamento e obter parecer favorável da Comissão Técnica de Classificação.[8]

Conforme as entrevistas realizadas com os presos e técnicos do sistema prisional, verificamos que não existe uma adequada preparação do preso que cumpre pena em regime fechado e que está prestes a obter a progressão de regime para o semiaberto.

O apenado, quando cumpre o tempo que lhe permite alcançar um regime mais brando, é contagiado por um sentimento de liberdade, de esperança, que, rapidamente, acaba perdendo ao ser transferido para uma colônia penal agrícola, industrial ou similar. Logo que o preso ingressa no regime semiaberto, depara-se com problemas muito parecidos com os que mantinha no regime fechado e também com outros, que irá descobrir ao longo de sua estada no instituto penal. Por meio da fala de um preso entrevistado, podemos perceber a realidade prisional nos regimes de semiliberdade:

> Como é cumprir a pena em regime semiaberto? "Eu estou um ano e meio aqui no semiaberto, estou me arrastando, ninguém me dá chance. Então, eu tenho que ficar aqui me arrastando até o momento de receber a condicional, alguma coisa. Vou empurrando com a barriga e tentando resolver tudo conversando [...]".[9]

A demora e as inúmeras dificuldades para receber suas saídas temporárias, a falta de trabalho, a incompatibilidade com as facções existentes na casa prisional, e a dificuldade do deslocamento de seus familiares até a prisão são alguns exemplos dessa nova realidade que o preso deverá suportar. Os depoimentos abaixo, obtidos em entrevista com presos do Instituto Penal de Viamão, refletem a realidade do regime semiaberto:

> Quais as principais diferenças do regime semiaberto para o regime fechado? Quando se está no fechado, tu não tens perspectiva de futuro, se vive o dia-a-dia. Quando se está no semiaberto, se tem uma perspectiva de futuro, ansiedade de liberdade. O que eu acho errado é que no semiaberto, para conseguir um passeio, tem que esperar dois meses, três meses. Vem pro semiaberto, tem que esperar o dia de visita; de repente o familiar mora lá longe, causa uma ansiedade. O que o preso faz? Acaba tendo que sair, tem preso que sabe que os passeios vão demorar, vou te falar, na real, uns três meses. Mais três meses que tu sabes que vai ter que ficar fechado, depois que tu já puxou cinco, seis, sete, oito anos, no fechado. Aí tu vais pro semiaberto, que tu vês a rua todo dia. O preso está aqui pela

---

[8] O art. 112 da LEP dispõe que: A pena privativa de liberdade será executada em forma progressiva com a transferência para regime menos rigoroso, a ser determinada pelo juiz, quando o preso tiver cumprido ao menos um sexto da pena no regime anterior e ostentar bom comportamento carcerário, comprovado pelo diretor do estabelecimento, respeitadas as normas que vedam a progressão. (Lei n° 7.210, de 1984, disponível em <http://www6.senado.gov.br/legislacao/ListaTextoIntegral.action?id=75616%20>. Redação dada pela Lei n° 10.792, de 1.12.2003). A Comissão Técnica de Classificação, existente em cada estabelecimento, será presidida pelo diretor e composta, no mínimo, por dois chefes de serviço, um psiquiatra, um psicólogo e um assistente social, quando se tratar de condenado à pena privativa de liberdade (art.7° da LEP).

[9] Entrevista realizada com preso no Instituto Penal de Viamão.

consciência. Eu já fui pro semiaberto cinco vezes, agora estou dando uma chance prá mim mesmo, mas só agora; eu ficava no máximo cinco dias e fugia [...].[10]

[...] São muitas diferenças, muitas coisas que acontecem no fechado, que no semiaberto não acontecem; a gente tem mais liberdade, que no fechado a gente não tem, mais livre-arbítrio. O fechado é um lugar que a gente fala que: "a gente chora e a mãe não vê, não escuta", é um inferno mesmo. Então as diferenças são muito grandes, aqui no semiaberto, a família da gente pode vir toda hora, aqui na frente visitar a gente quando quiser, principalmente no final de semana, sábado e domingo, passa o dia inteiro com a gente. No fechado tem hora pra tudo, o pátio é para uma galeria de manhã e de tarde para outra galeria, o banho de sol. Às vezes, tem que dividir o pátio com três, quatro galerias; aí são duas, três horas para cada galeria, logo tem que subir. E aí passa por conferência e, às vezes, tem que ficar ouvindo coisinhas de guri novo sem poder falar nada. E já no semiaberto não tem isso aí, temos mais liberdade, o contato é melhor, enfim o sistema é bem melhor [...].[11]

No próximo tópico, procederemos à análise da problemática das fugas no regime semiaberto.

A problemática das fugas no regime semiaberto

Nos primeiros meses de 2007, metade dos 7,2 mil presos que cumpre pena em regime semiaberto já havia fugido das prisões gaúchas, colocando o Estado no topo da lista do ranking nacional de fugitivos.

Conforme dados da SUSEPE, ocorreram 4.182 fugas nos primeiros oito meses de 2007 – a maior parte, dos regimes aberto e semiaberto. A fuga mais comentada de 2007 foi a protagonizada pelo assaltante de bancos e carros-fortes Cláudio Adriano Ribeiro, o Papagaio.[12]

Existe um descontrole crônico na fiscalização do regime semiaberto. No Rio Grande do Sul, fogem desse regime, diariamente, catorze presos, em média. A cada dia, sete apenados escapam dos 25 presídios situados na região de abrangência judicial da Grande Porto Alegre, segundo dados da SUSEPE; outros sete presos, das demais casas prisionais espalhadas pelo Estado.[13]

De acordo com a reportagem sobre as mazelas do sistema penitenciário, publicada no dia 02 de novembro de 2008, no jornal Zero Hora, praticamente todas as fugas no sistema penitenciário gaúcho ocorrem no

---

[10] Entrevista realizada com preso no Instituto Penal de Viamão.
[11] Idem.
[12] Disponível na edição eletrônica do Jornal Zero Hora <http://www.clicrbs.com.br/zerohora/jsp/default2.jsp?uf=1&local=1&source=a1660716.xml&template=3898.dwt&edition=8689&section=69>.
[13] Disponível na edição eletrônica do Jornal Zero Hora <http://www.clicrbs.com.br/zerohora/jsp/default2.jsp?uf=1&local=1&source=a2279227.xml&template=3898.dwt&edition=11023&section=1001>.

regime semiaberto. As evasões são observadas em instituições profissionalizantes ou colônias agrícolas.[14]

Segundo o referido jornal, o maior número de fugas verifica-se no Instituto Penal de Mariante (IPM), em Venâncio Aires, de onde fugiram, neste ano, 540 presos. Em segundo lugar, o Instituto Penal de Viamão (IPV), com 327 fugas, seguido do Instituto Penal Escola Profissionalizante (IPEP), em Charqueadas, com 233 evasões.[15]

A média das evasões diárias no regime semiaberto, por exemplo, era de oito apenados por dia no ano de 2000, nove em 2002, dez em 2006, treze no ano de 2007 e, em 2008, passou a catorze fugas por dia.[16]

Do total de 28 mil presos que cumprem penas no Rio Grande do Sul, aproximadamente 5 mil, ou 17%, são do semiaberto. Essa parcela foi responsável por cerca de 22 mil fugas entre os anos de 2010 e 2012.[17]

Fugir de um estabelecimento prisional não é crime; entretanto, possui o caráter de infração administrativa e constitui falta disciplinar durante o cumprimento da pena.

A LEP elenca, em seu art. 49, as faltas disciplinares que se dividem em leves, médias e graves. As faltas de natureza leve e média são regulamentadas pela legislação local. No Rio Grande do Sul, o Regimento Disciplinar Penitenciário dispõe, no art. 10, parágrafo único, que a apuração das faltas disciplinares leves, médias e graves ficará a cargo do Conselho Disciplinar, que deverá assegurar ao preso acusado a ampla defesa e o contraditório.[18] As faltas graves serão devidamente apuradas e logo comunicadas ao juiz da execução penal, podendo implicar regressão de regime, perda de parte dos dias remidos, impedimento de saída temporária e ainda outros.[19]

A fuga, muitas vezes, é consequência da facilidade que o preso tem em sua movimentação no interior do estabelecimento prisional, bem como

---

[14] Disponível na edição eletrônica do Jornal Zero Hora <http://www.clicrbs.com.br/zerohora/jsp/default2.jsp?uf=1&local=1&source=a2279227.xml&template=3898.dwt&edition=11023&section=1001>.

[15] Idem.

[16] Disponível na edição eletrônica do Jornal Zero Hora <http://zerohora.clicrbs.com.br/zerohora/jsp/default2.jsp?uf=1&local=1&source=a2023400.xml&template=3898.dwt&edition=10198&section=69>.

[17] http://www.radiocaxias.com.br/portal/noticias/juiz-propoe-extincao-do-regime-semiaberto-em-audiencia-publica-na-camara-de-vereadores-31398.

[18] Regimento Disciplinar Penitenciário do Estado do Rio Grande do Sul. Disponível em <http://www.ssp.rs.gov.br/edtlegis/11473721231106765123Port014.doc>.

[19] Art. 48 da LEP: Na execução das penas restritivas de direitos, o poder disciplinar será exercido pela autoridade administrativa a que estiver sujeito o condenado. Parágrafo único: Nas faltas graves, a autoridade representará ao Juiz da execução para os fins dos artigos 118, inciso I, 125, 127, 181, §§ 1º, letra d, e 2º desta Lei. (Lei nº 7.210, de 1984, disponível em <http://www6.senado.gov.br/legislacao/ListaTextoIntegral.action?id=75616%20>).

nas saídas temporárias ou passeios, autorizados pelos juízes da Vara de Execuções Penais, cujo direito é previsto na LEP, conforme dito anteriormente. A manifestação de um apenado em entrevista gravada no Instituto Penal de Viamão ilustra bem esse aspecto: "[...] Ô Doutor, não é por nada, só não foge daqui quem está em sã consciência e com o espírito bem forte, dizendo assim: 'todo final de semana vai vir a minha mulher e meu filho, graças a Deus' [...]".[20]

No regime de semiliberdade não existe, dentro de um estabelecimento penal, a mesma divisão de um regime fechado; isso acaba por gerar um ambiente inseguro para presos não pertencentes à facção dominante. Conforme ensina Miriam Guindani:

> Por exemplo a CPA – Colônia Penal Agrícola está sob o comando dos Manos, o Instituto Penal de Mariante e a Casa Miguel Dario estão sob o comando dos Brasas. Porém, o regime semiaberto não está estruturado para atender a essa pseudo-individualização, o que se tornou um fator motivador dos altos índices de fuga que vêm acontecendo neste regime.[21]

O fato de facções adversárias conviverem muito próximas nos pavilhões do regime semiaberto explica grande parte das evasões. Os apenados temem ser mortos pelos grupos rivais. Como são ameaçados e mandados embora, acabam fugindo. Sobre a problemática das fugas, o depoimento de outro apenado é expressivo:

> [...] Aí a Juíza disse: Por que tu fugiste? Eu respondi: Doutora, eu não vim aqui dizer para a senhora que a casa é ruim, que a comida é ruim e que eu estava com saudade da minha família. Eu vou dizer a verdade, uma verdade, se a senhora tiver que me penalizar, estou perante a senhora. Foram injustos comigo lá (o preso se refere à casa em regime semi-aberto onde cumpre pena), e a senhora quer me mandar de volta pra lá? Eu pedi um "seguro" lá no Presídio Central e não queria voltar, certo; aí, no caso, a senhora me retornou para lá. Aí, já estou há dez meses naquela casa. A senhora, nesses dez meses, nem sabe o que se passou comigo ou o que se passa. Eu pedi para a juíza não me mandar pra cá [...].[22]

No regime semiaberto, a mistura dos presos de facções rivais acirra desavenças e estimula a evasão. Por causa da precariedade das instalações e, via de regra, ausência de obstáculos e guarda externa, metade dos presos foge por buracos na tela ou por janelas, como fez papagaio ao deixar o albergue da Penitenciária Estadual do Jacuí ao se reapresentar, disse que fugiu por medo.[23]

---

[20] Entrevista realizada com preso no Instituto Penal de Viamão.
[21] GUINDANI, Miriam Krenziguer. *Violência e Prisão*: uma viagem na busca de um olhar complexo. Tese (Doutorado em Serviço Social)–Faculdade de Serviço Social da Pontifícia Universidade Católica do Rio Grande do Sul, Porto Alegre: Pucrs, 2002.p.110.
[22] Entrevista realizada com preso no Instituto Penal de Viamão.
[23] Disponível na edição eletrônica do Jornal Zero Hora <http://www.clicrbs.com.br/zerohora/jsp/default2.jsp?uf=1&local=1&source=a1660716.xml&template=3898.dwt&edition=8689&section=69>.

Sobre a temática das fugas no regime semiaberto, a declaração de um funcionário da comissão disciplinar permanente é reveladora:

> O que contribui para os altos índices de fuga que vem ocorrendo no regime semiaberto? "Em um primeiro momento são as facções. Eles não são aceitos quando chegam em determinadas casas e são expulsos. Isso é o que mais se repete, sem dúvida".[24]

No mesmo sentido, o relato de outro funcionário reforça que a influência das facções organizadas nas fugas dos presos é expressiva: "[...] Muitos fogem pelas pendengas da cadeia, e também tem a facção. Agora eu atendi um rapaz que era da facção dos Abertos e estava no meio dos Brasas; ele estava desesperado, por ser representante dos Abertos, ele não pode ficar".[25]

Ainda sobre o tema, é importante transcrever a fala de um funcionário da Comissão Disciplinar Permanente:

> A questão das facções é uma coisa muito forte. Na realidade, muitos são ameaçados e dizem assim: "eles disseram para fugir". Mas eles te ameaçaram? Eu nem paguei para ver, não era para eu ficar, não paguei para ver. Então, existe um respeito por essas lideranças, existe uma hierarquia. Então, realmente é uma coisa forte, é um poder que as facções tem sobre eles e eles obedecem por temor ou até por entenderem que é assim que funciona [...].[26]

A inadaptação ao regime semiaberto, por falta de preparação dos apenados, também pode ser considerada um fator que contribui significativamente para a evasão:

> [...] Inadequação às regras. Eles só sobrevivem ao fechado porque tem a contensão; eles são contidos pelos agentes. Quando chegam no semiaberto, saem mesmo. Muitos trazem brigas da rua. A facção é o reflexo, é o microcosmos, nada mais é do que acontece fora, só repete. Não é feita essa preparação do regime fechado para o semiaberto. É muita ansiedade, ficam um tempão no regime fechado e tal, uns chegam a dizer "bah, fulano, eu vi a rua e saí". Eu já estava no fechado três anos, aí fui pro semiaberto, vi a rua e fui em casa". Outra questão que eu considero é que eles não tem, no semiaberto, um acompanhamento técnico devido. Eles não entendem que aquele regime é embasado em responsabilidades, em autodisciplina, domínio próprio sobre as suas vontades, vontade de ir embora. Eles não

---

[24] Grupo de discussão na Comissão Disciplinar Permanente – Superintendência dos Serviços Penitenciários.

[25] Entrevista gravada com técnico da Superintendência dos Serviços Penitenciários. Os presos falam abertamente sobre os motivos das fugas? "Eles falam, até porque acredito eu que a comissão já é conhecida, eles já sabem que é importante pra eles, para que eles possam retornar para o semi-aberto É o momento de justificar a fuga, e sabem também que o acesso é direto ao juiz. Eu considero que são raríssimos, só aqueles que tem advogado é que fazem floreio. Eles falam, mas vemos que, às vezes, um ou outro, dize o que o anterior disse. Percebe-se que eles se combinaram, mas isso é muito pouco. Mesmo aquele que diz, que conta uma história parecida com o anterior, ele começa dizendo que: a minha mãe estava doente, mas aí a gente vai conversando, conversando, aí ele vai dizendo: naquele dia eu saí, mas na realidade nesse dia eu briguei com o fulano, alguma coisa a gente percebe que é combinado mas, via de regra, eles falam [...]". (Grupo de discussão na Comissão Disciplinar Permanente).

[26] Grupo de discussão na Comissão Disciplinar Permanente/SUSEPE.

tem essa compreensão; e pra isso, quando eles saem do fechado, deveriam ter um acompanhamento técnico. O que tem não é adequado, suficiente.[27]

Vinícius Sallin, em pesquisa realizada sobre os motivos preponderantes do alto índice de fugas no regime semiaberto, observa que, juntamente com o problema financeiro da família, a separação da companheira, o sentimento de abandono pela falta de visitas e a ocorrência de doenças familiares são os fatores principais que contribuem para a fuga no regime de semiliberdade. O autor também relaciona a falta de segurança e as ameaças decorrentes dos envolvimentos com as facções existentes no Presídio Central. Segundo Sallin: "Conclui-se que estas formas de organização, as facções, ramificam-se pelo regime semiaberto e, juntamente com a característica de menor vigilância destes estabelecimentos, possibilitam que ocorram perseguições, desavenças e, consequentemente, recorrentes evasões [...]".[28]

Outro dado interessante é que os presos que optam por realizar atividade laboral dentro da casa prisional não são bem vistos pela massa carcerária.

Durante o acompanhamento das audiências nos procedimentos administrativos disciplinares por fugas, dentro do Presídio Central de Porto Alegre e Penitenciária Modulada de Montenegro, observamos que um grande número de presos sofre discriminação ao exercer algum trabalho. Quando esses trabalhadores progridem de regime passam a sofrer retaliações por parte dos outros apenados, o que também fundamenta as fugas no regime semiaberto. Os presos que não trabalham consideram os que laboram delatores em potencial pelos privilégios que estes adquirem. Segundo o relatório realizado pelo juiz Sidinei José Brzuska, que assumiu a fiscalização dos presídios da região metropolitana: "Hoje, no IPEP, a maior parte dos condenados pertence à facção dos Abertos – tem restrições ao trabalho. Logo, impõem limites aos trabalhadores".[29]

---

[27] Grupo de discussão na Comissão Disciplinar Permanente. [...] Não existe muita variedade de motivos pelos quais eles fogem, eles fogem por questões de necessidade da família, e a gente sabe que na maioria dos apenados a família passa por necessidade mesmo. E aí o que eles vão fazer para ajudar a família: vão cometer um assalto. Sabem que a família estava com problemas, não tinham nada para comer em casa, e aí são recapturados. Eles fogem por questões de saúde, questões de falta de adequação às regras. Eles saíram do fechado para o semiaberto e, na realidade, eles não entendem aquilo como semiaberto, eles acham que é um semifechado, porque eles acham que vão sair do fechado e ter uma liberdade que, chegando lá, eles não têm. Tem várias regras e critérios que tem que ser observados; na cabeça deles é um semifechado, não é um semiaberto. Ou então aqueles que entendem que no semiaberto podem sair para ir em casa ver a situação do pai e depois voltar; eles não entendem que isso é uma fuga. Eles relatam "eu não tinha intenção de fugir, mas o meu pai teve uma parada cardíaca, e aí ele sofre de HIV" [...]. (Grupo de discussão na Comissão Disciplinar Permanente).

[28] SALLIN, Vinícius. Motivos Preponderantes do Alto Índice de Fugas no Regime Semi-Aberto. Revista Transdisciplinar de Ciência Penitenciária. Pelotas: EDUCAT, 2003, pp. 94-95.

[29] Disponível na edição eletrônica do Jornal Zero Hora <http://zerohora.clicrbs.com.br/zerohora/jsp/default.jsp?uf=1&local=1&section=Geral&newsID=a2278124.xml>.

Ainda de conforme aos relatos dos presos, as evasões estão relacionadas com a falta de perspectivas de oferta de trabalho. A instituição prisional não possui número suficiente de trabalho interno para abranger toda a população. Nesse ponto, o relato obtido em grupo de discussão na Comissão Disciplinar Permanente:

> [...] Um dos motivos fortes para que eles fujam é o preso que opta por ser trabalhador. Então eles são considerados inimigos da massa carcerária; e quem trabalha "pra polícia", se vende pra guarda e, portanto, são inimigos, não são aceitos [...].[30]

O Instituto Penal de Viamão

O Instituto Penal de Viamão (IPV), casa prisional destinada a presos em regime semiaberto e aberto, está localizado na Avenida Senador Salgado Filho, n° 2265, no bairro Santa Isabel, na cidade de Viamão.

Em 2003 ocorreu a transformação da FEBEM (Fundação Estadual do Bem-Estar do Menor) em FASE (Fundação de Atendimento Socioeducativo),[31] deixando aos municípios o encargo de resolver os problemas dos menores abandonados.

O IPV possui suas instalações distribuídas em um prédio de dois andares que pertencia à antiga Febem e abrigava menores abandonados, não infratores. Essas crianças e adolescentes eram, na grande maioria, provenientes da região de Porto Alegre. Com o processo de municipalização da FASE, foram sendo, gradativamente, realizadas as transferências desses menores para os municípios de origem.

O prédio da antiga Fundação Estadual do Bem-Estar do Menor, que havia ficado sem destinação, foi repassado para a Superintendência dos Serviços Penitenciários e, depois de reformado, foi transformado em um Instituto Penal.

---

[30] Grupo de discussão com a Comissão Disciplinar Permanente/SUSEPE. No mesmo sentido, o relatório do juiz Sidinei José Brzuska: "O número de presos trabalhando é pequeno, sendo minoria em relação à quantidade de detentos que cumprem a pena no local. A quantidade reduzida de apenados trabalhadores deve-se muito em razão do perfil da facção de presos que ocupa o estabelecimento. O Estado parece sem forças ou vontade de modificar esse quadro, que também se verifica em outras unidades". (Disponível na edição eletrônica do Jornal Zero Hora <http://zerohora.clicrbs.com.br/zerohora/jsp/default.jsp?uf=1&local=1&section=Geral&newsID=a2278124.xml>).

[31] A Fundação de Atendimento Socioeducativo (FASE-RS) é o órgão responsável pela execução das medidas socioeducativas de internação e de semiliberdade, aplicadas judicialmente aos adolescentes que cometem ato infracional. Foi criada a partir da Lei Estadual n° 11.800, de 28 de maio de 2002, em substituição à Lei n° 5.747, de 17 de janeiro de 1969. Disponível em <http://www.fase.rs.gov.br/portal/index.php?menu=secretaria&subitem=1>.

Em março de 2004, a administração do IPV, sob a direção de Jorge Rogério Alves de Araújo Rego, assumiu o prédio; em abril do mesmo ano, já estava oficializado o Instituto Penal de Viamão.[32]

O custo da reforma foi de, aproximadamente, R$ 3,8 mil, e as obras foram executadas por 12 presos que cumpriam a pena em regime semiaberto no Instituto Miguel Dario. Os apenados realizaram as reformas sempre com a supervisão de três agentes da SUSEPE.[33] Em um primeiro momento, o IPV abrigava cerca de 75 presos, oriundos do Instituto Miguel Dario e da Casa do Albergado Padre Pio Buck.

Em fevereiro de 2001, a cidade de Viamão foi arrasada por um temporal. Na época, a direção do Instituto Miguel Dario e da Casa do Albergado Pio Buck entrou em contato com o prefeito de Viamão e conseguiu o apoio da mão de obra dos presos na recuperação da região de Águas Claras.

A reconstrução das casas populares destruídas ou que sofreram alguma avaria foi executada por 28 detentos que, sob a supervisão de dois agentes penitenciários que ficaram na cidade por nove meses, pernoitando em alojamentos improvisados na localidade de Águas Claras. Os presos ficavam de segunda à sexta-feira na região, retornando no final de semana para as casas prisionais de origem. Com este trabalho, acabaram recebendo uma homenagem da Câmara de Vereadores daquele município.[34]

Dessa parceria nasceu o protocolo de ação conjunta (PAC) com a prefeitura de Viamão.[35] O PAC destinava 100 vagas para a atividade laboral dos presos – na época, havia cerca de 65 apenados trabalhando em conjunto com a prefeitura de Viamão.

Depois de uma avaliação, o prédio que faz frente a um extenso pátio sem muros, circundado por árvores, foi considerado apto para a instalação de um Instituto Penal; a prioridade foi trazer os presos que já trabalhavam no município de Viamão, apesar da grande maioria dos apenados ser de Porto Alegre.

O Instituto Penal de Viamão foi fundado, oficialmente, em abril de 2004, com 65 reclusos exercendo o trabalho por intermédio do protocolo de ação conjunta, e os outros 10 presos restantes, realizando o trabalho interno na manutenção das instalações da casa prisional.

---

[32] O decreto de criação da casa prisional para regime semiaberto e aberto foi publicado na edição de 22/04/04 do Diário Oficial do Estado do Rio Grande do Sul.

[33] Disponível em <http://www.ssp.rs.gov.br/portal/principal.php?action=imp_noticias&cod_noticia=4091>.

[34] Idem.

[35] Os Protocolos de Ação Conjunta regulamentam o trabalho remunerado, não sendo abrangidos pela Consolidação das Leis Trabalhistas (CLT).

Nessa época, ainda não existiam problemas envolvendo facções organizadas no IPV. Os presos oriundos do Instituto Miguel Dario para cumprir a pena no IPV não estavam organizados em falanges, e não existia propriamente uma prefeitura constituída. De acordo com o relato de um funcionário do IPV: "[...] vieram alguns presos com essas ideias, mas conseguimos que não fossem formadas essas prefeituras [...]".[36]

Trabalhavam na casa prisional cerca de quatro funcionários por dia: o diretor, o chefe de segurança e a guarda; com o tempo, o IPV conseguiu trazer mais funcionários para as áreas administrativas. Quem realiza a parte administrativa e de segurança, das guardas diárias são os agentes das outras casas prisionais, que permanecem quinze dias no IPV e recebem diárias.

O IPV começou a lotar suas instalações em outubro e novembro de 2007. Foi entregue à direção do IPV um outro prédio que já estava construído para funcionar como um hospital, porém não fora utilizado, sendo, finalmente, repassado, no final do ano de 2007, para a SUSEPE.

O prédio hospitalar foi destinado ao Instituto Penal de Viamão para que houvesse um aumento significativo das vagas, sendo que, em fevereiro de 2008, o instituto já tinha capacidade para 300 vagas. Posteriormente, ocorreu uma nova recuperação das instalações que culminou na criação de mais 100 vagas; possibilitando uma lotação efetiva de 400 presos.

As vagas no IPV foram criadas pela necessidade da SUSEPE de liberar os presos que já possuíam o direito à progressão de regime para o semiaberto, e, ainda se encontravam cumprindo pena em regime fechado em outras casas.

Progressão de regime e facções organizadas

O STF julgou inconstitucional, em 2006, por seis votos a cinco, o parágrafo 1°, do art. 2°, da Lei 8.072/90 (Lei dos Crimes Hediondos). Desse modo, os ministros derrubaram a regra que proibia a progressão de regime para condenados por crimes hediondos no julgamento do Habeas Corpus n° 82.959, de Oseas de Campos, condenado por atentado violento ao pudor.[37]

Com a decisão do STF em alcançar a progressão de regime nos mesmos moldes de 1/6 para os apenados que cometeram crimes hediondos,[38]

---

[36] O termo "prefeitura" é utilizado no Rio Grande do Sul para designar a organização da facção ou Falange em um conjunto de papéis que os presos desempenham. Já abordamos mais especificamente o tema no capítulo anterior.

[37] Disponível em <http://www.stf.jus.br/portal/inteiroTeor/pesquisarInteiroTeor.asp#resultado>.

[38] Progressão de regime nos crimes hediondos e equiparados: o § 1° do art. 2° da Lei 8.072/1990 dizia que a pena nos crimes hediondos e equiparados deveria ser cumprida integralmente em regime

o regime fechado ficou superlotado de presos com o direito à progressão para o semiaberto. Nesse contexto, após uma negociação da SUSEPE com a Secretaria da Saúde, o prédio em que deveria ter funcionado um hospital, foi doado ao IPV para resolver o problema das outras casas prisionais que abrigavam presos em regime fechado e estavam infladas de apenados com o direito ao regime semiaberto.

Com a referida decisão do STF foram, inicialmente, enviados para o IPV presos que cumpriam pena na Penitenciária Modulada de Charqueadas e alguns detentos do Presídio Central de Porto Alegre.

O Instituto Penal Escola Profissionalizante (IPEP), casa prisional que abrigava presos da facção dos Brasas, com capacidade na época para 249 presos, estava lotado e interditado pelo Judiciário. No mesmo sentido, havia, na Penitenciária Estadual do Jacuí (PEJ), quase 200 presos com direito à liberação legal para o regime semiaberto; esses presos não tinham onde ser colocados.[39]

A facção dos Brasas comandava alguns presos na Penitenciária Estadual de Charqueadas (PEC), com direito à progressão de regime, e que também não tinham condições de ser deslocados para o IPEP por causa da interdição do estabelecimento prisional e das vagas esgotadas. Esses presos precisavam progredir para o semiaberto.

Como o Instituto Penal de Viamão possuía vagas disponíveis – na época, com 80 presos, a transferência dos apenados para o IPV resolveria o problema dos presos da Penitenciária Estadual de Charqueadas (PEC) que teriam direito ao semi-aberto.

Para resolver a situação, o Departamento de Segurança e Execução (DESEPE) da Superintendência dos Serviços Penitenciários, em uma articulação estratégica, retirou os reclusos pertencentes à facção dos Brasas do Instituto Penal Escola Profissionalizante (IPEP) e os colocou no Instituto Penal de Viamão. Dessa forma, os presos da PEC, pertencentes à mesma facção predominante no instituto – os Brasas, puderam ser transferidos para Viamão.[40] O depoimento a seguir ilustra a recepção de um preso, pela facção:

---

fechado. Com a nova redação do § 1º, a pena privativa de liberdade será cumprida inicialmente em regime fechado; a nova redação da lei permite a progressão de regime nos crimes hediondos e equiparados. A súmula 698 do STF, entretanto, proibia a progressão em relação aos demais crimes hediondos. Com a Lei 11.464/2007, a referida súmula perdeu a eficácia. O § 2º do art. 2º da Lei 8.072/1990, introduzido pela Lei 11.464/2007, exige, para a obtenção da progressão de regime, nos crimes hediondos e equiparados, o cumprimento de 2/5 da pena, se o apenado for primário, e de 3/5, se reincidente. <http://www.planalto.gov.br/CCIVIL_/_Ato2007-2010/2007/Lei/L11464.htm>. A regra geral para a progressão de regime continua estipulada pelo art. 112 da Lei de Execução Penal (1/6 de cumprimento da pena). Essa regra geral continua vigente e válida para todas as situações de progressão, ressalvados os crimes hediondos e equiparados por causa da regra especial.

[39] Entrevista gravada com funcionário da Superintendência dos Serviços Penitenciários.
[40] Idem.

> Como foi a tua recepção aqui no IPV? Quando eu cheguei aqui, já conhecia uns xarás, aí tu vais chegando, tinha quarenta de cada lado; quarenta, quarenta, uns oitenta daquele lado e desse lado tinha uns vinte. Aí depois veio todo pessoal do IPEP, nós tínhamos 300 caras do IPEP lá e a maioria veio pra cá. [...] O IPEP era nosso, conseguimos uma galeria no IPEP, depois virou tudo [...].[41]

O Instituto Penal Escola Profissionalizante (IPEP) acabou recepcionando os presos da Penitenciária Estadual do Jacuí (PEJ), que também tinham o direito à progressão de regime. Resolveu-se, assim, o problema da PEJ mediante a operação idealizada entre IPEP, DESEPE e IPV. Sobre o tema, o relato de um funcionário do IPV:

> Como foi a recepção de presos organizados no IPV? [...] Em um primeiro momento, foi difícil recepcionar presos já organizados em facções, no IPV. Eles vieram com alguns vícios, facções, lideranças, representantes; eles se achavam com muito poder e chegaram aqui querendo dominar, inclusive, a administração da casa. Eles queriam ocupar todo o espaço da casa prisional; tivemos muitos confrontos com eles [...].[42]

Em 2008, um pouco antes da metade do ano, foi criada a Vara de Execução Regional de Novo Hamburgo. Até esse momento, não existiam maiores problemas na recepção dos presos no IPV, pois, normalmente, ingressavam na casa prisional apenados da região de Viamão que não pertenciam a facções organizadas. Nesse diapasão, o fragmento da entrevista com um técnico da SUSEPE é elucidativo:

> [...] Muitos apenados que chegaram no Instituto Penal de Viamão demonstraram que não eram totalmente envolvidos com as facções. Se formos analisar quem realmente é envolvido com a facção e quem trabalha para a facção, mais ou menos, dos 200 e poucos presos, são uns 80. Os outros estão ali, mas não são Brasas, não são embolados [...].[43]

Depois da implantação da VEC Regional em Novo Hamburgo, o Instituto Penal de Viamão começou a recepcionar apenados pertencentes a outras facções contrárias e rivais à facção dominante em Viamão: os Brasas. O IPV passou a fazer parte da Vara de Execução Regional de Novo Hamburgo, o que acabou por modificar o cotidiano de funcionamento do instituto. Isso, porque algumas casas de regime fechado como a PEJ, Montenegro, Osório, casas prisionais maiores, de onde os presos têm progredido de regime, abrigavam, em sua maioria, reclusos das facções dos Abertos e dos Manos, facções inimigas da facção dos Brasas. Esses reclu-

---

[41] Entrevista com preso do IPV. A veracidade da fala do preso pode ser comprovada pela reportagem do Jornal Zero Hora, de 02 de novembro de 2008: "A influência dos *Brasas* é conhecida das autoridades. Em 8 de novembro de 2005, em vistoria ao Instituto Penal Escola Profissionalizante (IPEP), um promotor descobriu que um alojamento havia sido entregue aos *Brasas*. Gozando de privilégios, eles ocupavam seis alojamentos, com mais ou menos 30 homens cada. Outros 103 presos dormiam amontoados em duas dependências". Disponível na edição eletrônica do Jornal Zero Hora <http://zerohora.clicrbs.com.br/zerohora/jsp/default.jsp?uf=1&local=1&section=Geral&newsID=a2278124.xml#viamao>.

[42] Entrevista gravada com funcionário da Superintendência dos Serviços Penitenciários.

[43] Idem.

sos acabaram progredindo para o Instituto Penal de Viamão, tornando as relações mais tensas e conflitantes. A fala de um preso da facção dos Brasas ilustra a dinâmica de interação entre as facções e a administração prisional: "[...] Talvez no dia em que a gente não estiver mais aqui (Brasas), eles (administração do IPV) vão sentir saudades da gente. Eu falo, se vier Aberto, Mano pra cá, a viagem vai ser bem diferente, com certeza" [...].[44]

Com o aumento do efetivo carcerário do IPV e, por via de consequência, a problemática da incompatibilidade de alguns presos com as facções já existentes no local, começou a ocorrer o aumento das fugas.

Muitos presos, ao serem transferidos para o Instituto Penal de Viamão, não se identificavam com a facção dos Brasas e, por conseguinte, acabavam fugindo. Nesse sentido, é ilustrativa a entrevista de um agente da SUSEPE:

> [...] outros que têm mais medo. Muitas vezes ele nem é tão visado pela facção, mas só porque ele morou no Presídio Central na galeria dos Manos, ele já chega com medo e acaba não pagando para ver. Eles têm medo mesmo [...].[45]

Os presos da facção dos Brasas convivem e moram com outros presos de facções rivais. As falas, a seguir, demonstram que a aceitação de um apenado no pavilhão comandado por determinado grupo depende de inúmeros fatores, não apenas o fato de o recluso pertencer formalmente a uma facção:

> Como é a relação de vocês com os outros presos? A gente convive com Duque aí, né. Se a gente achar que o cara não vai trazer problema, nós deixamos, tem até Mano, ex-Mano; no caso, se eu vir que vai trazer problema, eu lanço pra guarda. Se for inimigo e quiser entrar, não vai entrar, né, se o cara sabe que estamos aí, o pessoal todo, não vai entrar [...].[46]
>
> Como funciona a recepção do preso na facção? Têm diversas facções no sistema, os Abertos, os Brasas, tem a facção do Paulão que é do Pio Buck, mas aí tudo depende da personalidade do preso que passou por este tipo de facção. Uma comparação, eu puxei na facção dos Brasas, quando fui preso, estive na galeria deles; não fui "embolado", – é o cara que virou do meio deles, trabalha no meio deles, enfim se molda com eles, está sempre com eles. Felizmente eu fazia só a minha parte, nunca soube de nada, para resumir a conversa, "nunca fui embolado com ninguém". Daqui a pouco eu fui transferido lá para baixo e fui pro meio dos Abertos, aí cheguei lá e fui bem recebido, mas só fui bem recebido porque eu nunca fui embolado com ninguém. Uns que estavam lá também pediram para sair dos Brasas e foram para outra facção, a dos Abertos. E apontavam pra mim "esse cara é gente fina, puxou na dele só". Agora têm uns ali que é horrível, né, já procuram se embolar, já fazem maldade, matam, já acham que são os tais. Se a pessoa já está atrapalhada, embolada, aí vai ser cobrado, Eu cansei de ver acontecer isso aí, cansei de ver [...].[47]

---

[44] Entrevista gravada com preso no IPV.
[45] Entrevista gravada com funcionário da Superintendência dos Serviços Penitenciários.
[46] Entrevista com preso do Instituto Penal de Viamão.
[47] Idem.

O Instituto Penal de Viamão era a única casa prisional ainda com vagas disponíveis dentro da comarca regional que abrange várias cidades, o que, naturalmente, desencadeou uma série de transferências de apenados com direito à progressão de regime, mas pertencentes às facções dos Manos e Abertos.

No primeiro prédio do IPV, foram recepcionados os detentos das facções dos Manos e Abertos, contrárias à facção do Brasas. Sobre o tema, é esclarecedor o depoimento do funcionário do IPV:

> [...] Os Manos com os Abertos não têm muita briga, já as duas facções são contra os Brasas. Isso, porque essas facções, quando foram criadas, não tinham identificação com a polícia. Já os Brasas foram criados pela polícia, então é uma briga forte, pois os Brasas são para eles um braço da polícia [...].[48]

O depoimento de um preso da facção dos Brasas faz o contraponto ao relato do funcionário do IPV anteriormente transcrito: "Vocês convivem bem aqui? Daquele lado a direção fez uma mistura (o recluso se refere ao pavilhão que abriga Manos e Abertos), não é mais nosso agora, é tudo com eles lá, aí os caras estão se pegando lá [...]".[49] Ainda sobre o tema, podemos verificar, a partir da fala abaixo, que a divisão dos presos muitas vezes não obedece aos critérios de segurança:

> Como foi a tua recepção aqui no IPV? Vieste direto para esse alojamento? Doutor, é a polícia quem sabe, tem que passar lá pelo outro lado igual; e se eu cair na mão de alguém que é de outra facção? Eu puxei nos Brasas no fechado. Então, não se tem nenhuma preocupação com o apenado, lá é tudo misturado, qualquer dia eles vão se matar lá; aqui é bem melhor [...].[50]

O Instituto Penal de Viamão possui, no primeiro prédio, quatro alojamentos grandes, todos eles com capacidade para 40 presos, totalizando em média 160 vagas. Nesse prédio estão localizadas a direção, o chefe de segurança, o setor administrativo, biblioteca e sala de aula, almoxarifado, setor de manutenções envolvendo a marcenaria, elétrica e mecânica, e um setor de reciclagem de lixo.[51]

Os presos que se identificaram com a facção dos Brasas e que não tinham problema de morar com eles ficaram no outro prédio. O relato do funcionário do IPV demonstra que a divisão dos presos por facções é medida corriqueira na casa prisional "[...] a gente procura ir separando, a própria guarda, quando recebe o presos, realiza a identificação e a

---

[48] Depoimento obtido em entrevista com funcionário da SUSEPE.
[49] Entrevista gravada com preso no IPV.
[50] Depoimento obtido em entrevista com preso do Instituto Penal de Viamão.
[51] LAZZARON, Leandra Regina. *Jovem Aprisionado em Regime Semi-Aberto: um estudo transdisciplinar*. (Mestrado em Ciências Criminais) – Faculdade de Direito da Pontifícia Universidade Católica do Rio Grande do Sul, Porto Alegre, 2008, p.67.

separação. O supervisor já tem essa autonomia [...]".⁵² Nesse diapasão, o depoimento abaixo:

> Como é a disposição dos presos nos alojamentos? Existe algum critério para conduzir um preso para um determinado alojamento? Eles já vêm sabendo que ali é o alojamento dos trabalhadores, que ali são Brasas, que ali são Abertos, eles já sabem ou são informados. Os Abertos têm esse nome porque são compostos por presos que se "abriram", tanto dos Brasas, como dos Manos, e fundaram uma nova facção; são mais da linha Brasa do que da linha Manos. Esses Abertos, eles têm seus regramentos mais para a limpeza e a ordem, mas sem a violência que tem nas outras. Os Manos são os mais levados, são os que são do contra, são os que quebram, os que sujam, e não trabalham.⁵³

Em cada pavilhão, observamos regras próprias de convívio.⁵⁴ Exemplo desses códigos informais pode ser percebido no relato a seguir:

> [...] eu não sou embolado, mas aqui só apanha quem desrespeitou a visita do próximo. O cara sabe que eu estou aqui tirando uma íntima com a minha esposa e vem naquelas de que não viu, entrou correndo e acaba vendo minha mulher [...]. Aqui também ninguém rouba, ninguém mete, porque isso aí, esse tipo de coisa, bah! entendeu? Aqui não tem essas coisas porque apanha [...].⁵⁵

Os presos realizam a manutenção das instalações e também cozinham. Dentro da estrutura das facções, alguns presos não são aceitos, conforme se depreende do relato a seguir: "Aqui na facção, aceitamos os caras dos Abertos, dos Manos, dos Primos, aceitamos Duque, só não aceitamos bicha. Acho que a convivência com eles dá briga [...].⁵⁶ Os presos de um pavilhão não entram em contato com os apenados do outro por motivos de segurança:

> Como funciona o convívio entre as facções? Eles convivem com alguns e não convivem, em hipótese alguma, com outros. Tipo assim: os Duque 13, eles não querem eles, mas também convivem com os "213" do lado de lá. Ou tu te submetes à facção deles ou tu não serves para aquele lugar [...].⁵⁷

---

⁵² Entrevista gravada com funcionário do Instituto Penal de Viamão.

⁵³ Idem. O relato de outro técnico aponta no mesmo sentido: "Eles perguntam se o cara é de alguma facção ou se tem alguma bronca que não possa conviver, ele diz: olha, eu não posso ficar em tal lugar, pois eu sou prometido por esse, por aquele [...]".

⁵⁴ Sobre o código de conduta informal dos presos, salienta um técnico da Superintendência dos Serviços Penitenciários: "Eles têm a lei deles. Ontem um preso me pediu para fazer contato com a família dele, pois ele era do lado de lá e veio para o lado de cá. Levou uma surra da facção, porque ele pegou uma corrente de ouro que não era sua. Na verdade, o menor disso na cadeia se chama vassourão, uma espécie de ladrão de galinha, que passa a mão no que não é seu, ele é considerado um sujeito dos mais desqualificados entre a hierarquia. Ali da facção e dentro da cadeia fechada eles mandam sair daquela galeria e batem, batem, batem até que o sujeito peça isolamento [...]." (Entrevista gravada com funcionário do Instituto Penal de Viamão).

⁵⁵ Depoimento de um preso do Instituto Penal de Viamão.

⁵⁶ Depoimento obtido em entrevista gravada com preso.

⁵⁷ Depoimento de um técnico do Instituto Penal de Viamão: "[...] não é possível não reconhecer as facções, não é possível misturar Abertos com *Brasas*; um não aceita o outro e o outro não aceita o um. Segunda-feira fizeram um quebra-quebra porque não queriam ficar nessa cadeia, então tem que levar em consideração. Não é possível ignorar as facções. O servidor público é responsável pela integri-

As facções mantêm uma estrutura hierarquizada. Essa disciplina acaba regrando a vida cotidiana, a rotina e tarefas diárias, permitindo uma espécie de equilíbrio orgânico que, de maneira silenciosa, corresponde às necessidades de ordem na galeria, formadora de uma regulamentação espontânea sem questionamentos.[58] A fala de um preso pertencente a uma facção ilustra, de uma maneira geral, a rede de papéis que os reclusos desempenham no ambiente prisional: "[...]a força da facção está em nós, nós temos três caras de cada lado, auxiliares, que cuidam das mudas, do pessoal que está doente, essas coisas assim; temos dez faxineiros de cada lado, tem o pessoal da cozinha também [...]".[59]

No regime semiaberto, essa organização pode ser percebida nos alojamentos e pavilhões onde transitam os presos, desempenhando diferentes papéis hierarquizados.[60] A esse respeito, é importante citar a descrição do funcionário do Instituto Penal de Viamão:

> [...] Quando o líder da facção vai ali, tem sempre uma constelação em volta dele, que são os guardas dele; no alojamento, tu enxergas de longe no corredor dois capangas na porta. Ele não anda sozinho. Em janeiro vieram aqui na frente e encheram de bala no lado de lá, pararam o carro, atiraram e foram embora às três da manhã[...].[61]

O processo de interação entre as facções e a relação com a administração carcerária pode ser percebida pelo relato de um líder de facção:

> Qual é a responsabilidade de ser a liderança aqui? Na cadeia tem que ter alguém para fazer esse papel, né. Não que eu me orgulhe de estar aqui agora, quem manda nesse momento sou eu. Já saí fora, já deixei tudo com eles, só que chega o momento em que eu tenho que voltar a intervir. A coisa tá ficando feia, porque (o preso refere o nome da facção) tão indo, mas é tudo gurizada; por eles, querem botar fogo, bater de frente com a guarda. Eu não, eu tento passar pra eles que temos que resolver as coisas conversando, que o tempo de bater de frente com a polícia era antigamente, botando fogo nos colchões. Mas, se batermos, de frente, o que estamos fazendo? Ai estamos diminuindo o nosso espaço, sem fazer nada já diminuiu.[62]

---

dade física das pessoas, o sujeito amanhece com a boca cheia de formiga e aí tem que prestar contas [...]."

[58] GUINDANI, Miriam Krenziguer, *passim*, p. 211.

[59] Depoimento obtido em entrevista gravada com preso. No mesmo sentido, o depoimento de outro recluso: "[...] O pessoal que cozinha aqui é o mesmo que cozinha lá? Não, aqui é separado de tudo, é outro mundo, o outro lado é o outro lado, não tem nada a ver. Aqui tem a faxina, a cozinha, o pessoal sabe o que tem que fazer, é sempre a mesma coisa. Ali na cela, cada uma tem um "mestre" que cuida da faxina do banheiro. Aqui a convivência é boa, é tudo organizado, não tem roubo entre a gente, não tem brigas, se tiver brigas né, o cara chega lá e a gente bota cada um pro seu lado, bota cada um num alojamento, vão se entendendo, temos que conviver. Pior é estar no "fechado", aquilo ali é o pior de tudo, aqui nós vamos levando [...]".

[60] "Vocês convivem bem aqui desse lado? Doutor, no caso aqui desse lado a gente tem a união, a gente tenta se ajudar. Lá do outro lado é outra facção. Aqui nós respeitamos os funcionários, não falamos palavrão, não brincamos. Se o senhor for lá do outro lado é tudo diferente [...]". (Depoimento obtido em entrevista gravada com preso).

[61] Depoimento de um técnico do Instituto Penal de Viamão.

[62] Entrevista gravada com um preso do IPV.

Ao ingressar no Instituto Penal de Viamão, o preso é submetido a entrevistas com a equipe técnica, formada por psicólogos, assistentes sociais, advogados e pelo chefe de segurança. Leandra Lazzaron salienta que, nessas entrevistas, são verificadas as demandas dos presos, normalmente relacionadas a questões familiares, saúde, trabalho, renda e situação jurídica processual. Da mesma forma, são expostas algumas normas e regras institucionais.[63] Nesse ponto, Leandra Lazzaron descreve o processo de ingresso do preso no IPV:

> [...] Para o ingresso na instituição, é feita a abertura do "prontuário carcerário". Se for reingresso, realiza-se uma confrontação dos dados existentes, visando à atualização de informações. Posteriormente, procede-se a uma primeira escuta administrativa, realizada pelos agentes penitenciários. Nessa ocasião, são fornecidas as orientações sobre o funcionamento e o regulamento do local, e informados os direitos e os deveres preconizados pela lei de execução penal (LEP). Em seguida, os presos são encaminhados ao alojamento e apresentados para os companheiros com os quais vão compartilhar a área física.[64]

Depois de um período de adaptação, que dura em média 30 dias, os apenados do Instituto Penal de Viamão podem ser encaminhados para trabalho externo, por intermédio de convênios que disponibilizam vagas por meio dos protocolos de ação conjunta. Esses encaminhamentos são protocolados através de "Carta-Emprego". Os familiares procuram trabalhos formais ou informais para os presos na comunidade; dessa maneira, o apenado pode sair da instituição durante o dia para realizar a atividade laboral e resgatar sua cidadania.[65]

Os familiares dos presos são recepcionados nos finais de semana e, nessa ocasião, trazem sacolas com mantimentos para os entes queridos. Segundo o código informal de conduta dos presos, os indivíduos que não recebem visitas não podem permanecer nos alojamentos, devendo aguardar no pátio.[66]

Podemos perceber, durante as entrevistas com os apenados, que, muitas vezes, eles mascaram a realidade existente no local para que, dessa forma, seus familiares não sofram. A entrevista a seguir é elucidativa:

> Tu recebes visitas aqui no IPV? A minha família vem, Doutor, mas agora a minha mulher está trabalhando e às vezes não dá. Digo pra ela sempre que está tudo bem, sempre tento

---
[63] LAZZARON, Leandra Regina. *Jovem Aprisionado em Regime Semi-Aberto*: um estudo transdisciplinar. (Mestrado em Ciências Criminais) – Faculdade de Direito da Pontifícia Universidade Católica do Rio Grande do Sul, Porto Alegre, 2008, p. 68.

[64] Idem.

[65] Idem, p. 70.

[66] Sobre o tema, a fala de um preso do IPV esclarece o funcionamento do dia de visita: "Como é o dia de visita? "Doutor, só fica no alojamento quem recebe visita, ou doente, caso contrário, não pode ficar, fica no pátio. Essa norma já é de bastante tempo; preso que não tem visita, em dia de visita fica no pátio. Aí no alojamento temos conversas íntimas com a esposa. [...] Quando a visita vem, ela traz produtos de higiene, comida, etc. Vocês dividem esses materiais lá no alojamento? Não que seja obrigado a dividir, né, têm uns que não são unidos [...]".

passar tranqüilidade, senão sofre ela, sofre ela entendeu. A gente sofre igual, mas temos que aprender a guardar o nosso sofrimento para a gente, pra gente lutar, pra gente aprender a sentir sozinho. Mas também tem o outro lado da moeda, vou te dar um exemplo: tem preso que diz pro familiar "olha preciso de R$ 50,00 reais. Bah, por que tu precisas de R$ 50,00 filho? Preciso pagar ali, pois fumei tanto. Olha, Doutor, a cadeia...eu nunca mais quero voltar aqui. Se for para voltar, prefiro então que Deus não me dê a liberdade, que Deus me leve, porque lá em cima eu vou servir mais do que aqui embaixo [...].[67]

Conforme ressalta Lazzaron, o IPV possui pouca movimentação de apenados nos dias úteis durante o dia. Já no período da noite, existe um trânsito maior de presos retornando do trabalho para dormir no instituto.[68]

Conclusão

Quando o Estado não é capaz de assegurar os requisitos básicos para o encarceramento dos indivíduos, e a maior parte dos reclusos, por serem provenientes das camadas menos abastadas, não têm condições financeiras de contratar defensores, surge, no interior das prisões, uma rede complexa de solidariedade entre os presos. As prisões brasileiras possuem pouca ou nenhuma assistência material, ocasionando um sem número de fugas, rebeliões e motins diários gerados pela revolta.

No ambiente prisional convivem milhares de homens que acabam por se agrupar em diversas comunidades. Essa coexistência gera todo um sistema social com leis morais e informais denominadas "código de honra", uma espécie de regimento interno a que os presos terão de, obrigatoriamente, se adaptar.

Nas casas prisionais brasileiras, encontramos a formação de grupos denominados facções ou falanges. As facções, dentro das prisões, são caracterizadas pela constituição de uma comunidade carcerária com sua própria estratificação social, formação de grupos informais, lideranças, costumes e mecanismos próprios de controle social. Essas facções opõem-se entre si ou aliam-se quando estrategicamente se torna conveniente.

Ao ingressar no cárcere, o preso se submete a um processo de transformação pessoal de assimilação da cultura prisional denominado "prisionização". Esse processo é responsável pela aceitação de um papel inferior, o desenvolvimento de novos hábitos, adoção de um linguajar local, etc.; é, também, absolutamente necessário para que o preso aprenda a viver na prisão e, dessa forma, preserve a sua vida. Todo o dia na prisão é um dia de sobrevivência e incerteza, tendo o recluso que lançar mão de

---

[67] Depoimento de preso no IPV.
[68] LAZZARON, Leandra Regina, op. cit., p.68.

ajustamentos, adaptações e táticas psicológicas para burlar a desfiguração da identidade.

A instituição total absorve toda a individualidade do preso que, naturalmente, será socializado pelo regulamento institucional formal e todo um conjunto de regras e comandos informais como o código moral ou, também chamado, código de cela/honra. Dessa maneira, o detento tentará adaptar-se à nova realidade que lhe é imposta.

Para sobreviver à superlotação nas carceragens, os presos montaram uma estrutura política paralela ao poder das autoridades institucionais. Desse modo, existe, na realidade das prisões brasileiras, uma hierarquia disposta em papéis formais e informais.

O processo de interação social é bem visualizado no interior das prisões mediante os diversos papéis formais que os reclusos desempenham no cumprimento da pena privativa de liberdade, tais como: plantonistas, pessoal do núcleo jurídico, paneleiros e faxineiros. Os papéis informais são dispostos em: prefeitos, robôs, laranjas, mulas e aviões.

A distribuição e a separação dos presos, por facções, em galerias, no regime fechado, e em alojamentos, no regime semiaberto, obedece a critérios de segurança e é medida preventiva, tendo em vista a rivalidade dos diversos grupos existentes nos estabelecimentos prisionais.

No Presídio Central de Porto Alegre e no Instituto Penal de Viamão, a estrutura de funcionamento interno é organizada pelos próprios presos. Em cada galeria ou pavilhão há o que eles mesmos chamam de uma prefeitura. Tanto nas galerias como nos pavilhões, a negociação com a administração prisional é feita pelo prefeito.

Conforme as entrevistas realizadas com os presos e técnicos do sistema prisional, concluímos que não existe uma adequada preparação do preso que cumpre pena em regime fechado e que está prestes a obter a progressão de regime para o semiaberto. O apenado, quando cumpre o tempo necessário que lhe permite alcançar um regime mais brando, é contagiado por um sentimento de liberdade, de esperança, que rapidamente acaba perdendo ao ser transferido para uma colônia penal agrícola, industrial ou similar.

A demora e as inúmeras dificuldades para receber suas saídas temporárias, a falta de trabalho, a incompatibilidade com as facções existentes na casa prisional e a dificuldade do deslocamento de seus familiares até a prisão são alguns exemplos dessa nova realidade que o preso deverá suportar.

A fuga, muitas vezes, é consequência da falta de preparação do preso para o ingresso no regime semiaberto. A inadaptação ao regime semiaberto, também pode ser considerada um fator que contribui significativamente para a evasão. Infelizmente, ao deixar o regime fechado, após cumprir vários anos de pena e alcançar a progressão, muitos desconhecem e não são informados das regras do novo regime.

Conforme se verifica nos depoimentos, concluímos que o sentimento de ansiedade e a facilidade que o preso tem de se movimentar no interior do estabelecimento prisional, bem como a demora no recebimento das saídas temporárias ou "passeios" são fatores que estimulam a evasão. Por causa da precariedade das instalações e, via de regra, ausência de obstáculos e guarda externa, muitos presos acabam fugindo.

No regime de semiliberdade não existe, dentro de um estabelecimento penal, a mesma divisão de um regime fechado; isso acaba por gerar um ambiente inseguro para presos não pertencentes à facção dominante.

No regime semiaberto a mistura dos presos de facções rivais acirra desavenças e estimula a evasão. O fato de facções adversárias conviverem muito próximas nos pavilhões explica grande parte das fugas. Pelo fato de os apenados temerem ser mortos pelos grupos rivais e de serem ameaçados e mandados embora, acabam fugindo.

Durante o acompanhamento das audiências nos procedimentos administrativos disciplinares por fugas, dentro do Presídio Central de Porto Alegre e Penitenciária Modulada de Montenegro, observamos que um grande número de presos sofre discriminação por exercer atividade laboral. Quando esses trabalhadores progridem de regime, passam a sofrer retaliações por parte dos outros apenados, o que também fundamenta as fugas no regime semiaberto. Ainda, conforme os relatos dos presos, as evasões estão relacionadas com a falta de perspectivas de oferta de trabalho. Comumente, as casas prisionais não possuem número suficiente de trabalho interno para abranger toda a população.

Depois da implantação da VEC Regional em Novo Hamburgo, o Instituto Penal de Viamão começou a recepcionar apenados pertencentes a outras facções contrárias e rivais à facção dominante em Viamão – os Brasas. As casas prisionais maiores abrigavam, em sua maioria, reclusos das facções dos Abertos e dos Manos, facções inimigas da facção dos Brasas. Esses reclusos acabaram progredindo para o Instituto Penal de Viamão, tornando as relações mais tensas e conflitantes.

O Instituto Penal de Viamão era a única casa prisional com vagas disponíveis dentro da comarca regional que abrange várias cidades, o que, naturalmente, desencadeou uma série de transferências de apenados com direito à progressão de regime, mas pertencentes às facções dos Manos e Abertos. Esses presos, ao serem transferidos para o Instituto Penal de Viamão, não se identificavam com a facção dos Brasas e acabavam fugindo.

Conforme se depreende dos dados obtidos na pesquisa, constatamos que a maior parte das fugas no Instituto Penal de Viamão, foi resultante de incompatibilidade com as facções Esses dados são reforçados pelos depoimentos obtidos pelas entrevistas com os técnicos, agentes e demais funcionários da SUSEPE.

No andamento do trabalho de campo, constatamos que a redução do alto índice de evasão no regime semiaberto passa, em um primeiro momento, por uma triagem e separação específica dos presos pertencentes às diversas facções.

Na prática, verifica-se que esses procedimentos são realizados; no entanto, considerando os depoimentos dos presos, observamos que, muitas vezes, não o são de forma efetiva.

Em algumas situações, os apenados de diferentes facções são alojados conjuntamente, criando um ambiente hostil, de animosidade.

Em um segundo momento, propomos uma preparação efetiva e psicológica do preso que ingressa no regime semiaberto. É absolutamente necessário que ele seja informado das regras a serem respeitadas, sob pena de não se adaptar convenientemente ao instituto penal.

Muito embora o regime semiaberto se estruture na autoconsciência do preso, atualmente, diante dos inúmeros casos de evasão, uma fiscalização consistente faz-se necessária.

Ao contrário de um senso comum que se popularizou – tanto no plano acadêmico como midiático – o preso não foge do regime semiaberto apenas pelas facilidades proporcionadas e com o intuito de cometer outros crimes, mas, sim, fundamentalmente, consoante os dados e as informações obtidas, por uma realidade muito mais complexa e dinâmica – táticas de sobrevivência, articuladas com as redes formadas pelas facções organizadas.

O senso comum nunca considerou este tema sob esse aspecto; tornou-se, inclusive, consenso, nos meios de comunicação, o regime semiaberto representar um acesso para as fugas restringindo-se a apreciá-lo sem prudência.

Referências

GUINDANI, Miriam Krenziguer. *Violência e Prisão: uma viagem na busca de um olhar complexo*. Tese (Doutorado em Serviço Social)–Faculdade de Serviço Social da Pontifícia Universidade Católica do Rio Grande do Sul, Porto Alegre: PUCRS, 2002.

LAZZARON, Leandra Regina. *Jovem Aprisionado em Regime Semi-Aberto: um estudo transdisciplinar*. (Mestrado em Ciências Criminais) – Faculdade de Direito da Pontifícia Universidade Católica do Rio Grande do Sul, Porto Alegre, 2008.

SALLIN, Vinícius, SEMINOTTI, Nédio. Facções na Prisão sob o Olhar da Complexidade. *Revista Transdisciplinar de Ciências Penitenciárias*. Pelotas: EDUCAT v. 4, n.1, 2005.

——. *Motivos Preponderantes do Alto índice de Fugas no Regime Semi-Aberto*. Revista Transdisciplinar de Ciência Penitenciária. Pelotas: EDUCAT, 2003.

— 4 —

O interrogatório protetivo no processo penal: proteção constitucional e necessária modificação do CPP

PAULO FAYET[1]
FELIPE HILGERT MALLMANN[2]

Sumário: 1. Anotações pontuais: modificações legislativas na matéria do interrogatório; 2. Procedimentos comuns e especiais: a *dança* do interrogatório; 3. Do interrogatório protetivo; 3.1. Proteção constitucional ampla; 3.2. Necessária modificação do CPP quanto ao momento de realização do interrogatório; Bibliografia.

1. Anotações pontuais: modificações legislativas na matéria do interrogatório

Quando são postas em análise as últimas modificações sobre o instituto do interrogatório em matéria processual penal, verifica-se que uma das mais significativas ocorreu há dez anos, quando da publicação da Lei 10.792/2003. Já a partir daquele momento, o interrogatório deixou de ser um ato bilateral – entre o magistrado e o réu –, passando a ser palco fértil para que também as partes pudessem lançar os seus questionamentos ao acusado sobre fatos a serem esclarecidos, tal qual preconiza o art. 188 do Código de Processo Penal. A redação do referido artigo determina que "após proceder ao interrogatório, o juiz indagará das partes se restou algum fato para ser esclarecido, formulando as perguntas correspondentes se o entender pertinente e relevante", situação que não ocorre na prática, na medida em que, depois dos questionamentos do art. 187, o juiz presidente abre às partes a possibilidade de perguntas direcionadas ao

---

[1] Advogado criminalista. Doutor em Direito (Roma/Itália). Professor de Processo Penal e Diretor da Escola de Formação Jurídica da Fadergs *Laureate International Universities*.

[2] Advogado criminalista. Especialista em Direito Penal e Processual Penal pela FMP.

acusado, de forma direta, sem interferência (se a indagação for livre de qualquer mácula de linguagem ou induzimento).³

Com essa alteração de dinâmica, bem se pode dizer que, existindo a ampliação das vias de perguntas, o juiz deve realizar os esclarecimentos em razão do direito do réu em permanecer em silêncio (art. 186, *caput* e parágrafo único, do Código de Processo Penal), após o momento de qualificação e de ciência das imputações assacadas pela acusação pública na denúncia – e, aqui, deve-se referir que, o mais correto será a realização de pergunta ao acusado se conhece a acusação e se teve acesso à denúncia: caso contrário, a narrativa da peça inicial de imputação deverá ser lida ao réu, para que ele tenha a dimensão do fato pelo qual responde à ação penal, e, inclusive, se existe a necessidade de conversa prévia com o defensor da causa (art. 185, § 5º, do Código de Processo Penal), a fim de que sejam preservados, na integralidade, os princípios da mais ampla defesa e do devido processo legal –, *ut* redação dos arts. 186 e 187 do Código de Processo Penal.

Houve, de forma esclarecida e para além de tudo, a superação da discussão sobre a consideração do interrogatório como *meio de defesa* ou *meio de prova*, passando a ser um ato processual solene de *fusão* entre as duas coisas,⁴ justamente pela possibilidade de indagações *pluridirecionais* na audiência, sendo hoje um importante momento de realização de defesa, de construção de teses e de esclarecimento de fatos para todos os sujeitos envolvidos (Ministério Público, Defesa, Assistência e Juiz), ainda que a palavra do réu não receba da avaliação do *giudizio* sentenciante o compromisso com a verdade.⁵

---

³ Sobre esse ponto, inclusive, merece referência o posicionamento da Suprema Corte do País, quando decidiu que, "nos termos do que assentado pelo Supremo Tribunal Federal, a presença do defensor do réu no interrogatório faz-se necessária apenas após a entrada em vigor da Lei 10.792/2003" (STF, HC 104.462/SP, Relatora Min. Cármen Lúcia, Primeira Turma, DJe 28/06/2011), justamente porque, a partir dessa modificação legislativa, o ato de interrogatório passou a ser um meio de defesa e de prova, com permissão de perguntas dirigidas ao acusado pela acusação (Ministério Público e assistente) e pela defesa, além das intervenções eventuais do juiz.

⁴ Esse é o ensinamento de Eugenio Florian: "Aquí debemos considerar al acusado como órgano de prueba y sus declaraciones como medio de prueba. En esta forma se nos presenta en verdad como una fecunda e indispensable fuente de prueba y de convicción. La manifestación más significativa y sintética de tal posición del acusado y el modo como este demuestra su propia eficacia probatoria por este aspecto, es el interrogatorio, que en su contenido múltiple, al paso que asume la función de fundamental instrumento de defensa, se convierte también en medio de prueba." (FLORIAN, Eugenio. *De las Pruebas Penales*. Bogotá: Temis, 1982, p. 32.)

⁵ É de ser lembrada a expressão de Hélio Tornaghi, aqui, no sentido de que "o réu pode até mentir. Não se trata de um direito de mentir, nem há que falar em direito (subjetivo) neste caso sem gravíssima impropriedade. O que há é que a mentira do réu não constitui crime, não é ilícita: o réu é livre de mentir porque, se o fizer, não sofrerá nenhuma sanção. Mas, convém que se explique: o réu é livre para mentir para se defender, não para se acusar." (TORNAGHI, Hélio. *Instituições de Processo Penal*. Vol. IV. Rio de Janeiro: Forense, 1978, p. 377.) Sobre esse tema, indica-se também: PACELLI, Eugênio; FISCHER, Douglas. *Comentários ao Código de Processo Penal e sua jurisprudência*. 5. ed. São Paulo: Atlas, 2013, p. 401-402.

A outra modificação significativa, por assim dizer, foi aquela sobre a possibilidade do interrogatório por meio de videoconferência [*ou outro recurso tecnológico de transmissão de sons e imagens em tempo real*, de acordo com o art. 185, § 2º, do Código de Processo Penal], e todas as suas consequências e procedimentos, como forma excepcional de realização do ato, quando se tratar de réu preso, de acordo com a redação trazida pela Lei 11.900/2009, quando servir para *prevenir risco à segurança pública, quando exista fundada suspeita de que o preso integre organização criminosa ou de que, por outra razão, possa fugir durante o deslocamento* (inc. I), ou *viabilizar a participação do réu no referido ato processual, quando haja relevante dificuldade para seu comparecimento em juízo, por enfermidade ou outra circunstância pessoal* (inc. II), ou *impedir a influência do réu no ânimo de testemunha ou da vítima, desde que não seja possível colher o depoimento destas por videoconferência, nos termos do art. 217 deste Código* (III), ou, por fim, para *responder à gravíssima questão de ordem pública* (inc. IV). Por ser ato de exceção, deverá ser a decisão devidamente motivada, dentro dos limites estabelecidos em lei, devendo as partes ser intimadas com, no mínimo, 10 dias de antecedência da realização do ato, em obediência ao prazo estipulado pelo § 3º do art. 185 do mesmo Código processual penal.

Diante dessas determinações, discussão nova passou a existir sobre a viabilidade de realização da audiência por meio de videoconferência para o ato de interrogatório de réu solto, tendo em vista a ausência de previsão legal em face desse tema. A situação seria aquela, por exemplo, em que o réu reside fora da comarca na qual tramita a ação penal e, além disso, não possui condições financeiras para custear as despesas para ser ouvido pelo juiz natural da causa, abrindo-se apenas duas vias de resolução: ou deve-se determinar a expedição de carta precatória à realização do interrogatório na comarca em que se encontra o acusado, ainda que ausente de previsão no Código de Processo Penal essa medida, cumprindo-se essa etapa em audiência própria na comarca deprecada; ou, por outro lado, em razão da Lei 11.900/2009, realizar-se o ato por meio de videoconferência, mesmo no caso de réu que responde solto ao processo, atitude processual para a qual não existe qualquer impedimento, desde que inexistente prejuízo eminente às partes, o que deverá ser analisado caso a caso. Aliás, sobre essa viabilidade, já existe decisão da Corte Regional Federal da 3ª Região, no seguinte sentido: "(...) 2. A Primeira Seção desta Corte Regional, por ocasião do julgamento do *Habeas Corpus* nº 2008.03.00.001008-7, decidiu que o sistema de videoconferência para interrogatório não ofende as garantias constitucionais do réu e não configura, por si só, nulidade processual, dependendo da demonstração do efetivo prejuízo. 3. No caso, não foram ofendidas as garantias constitucionais do requerente, o qual teve a oportunidade de comunicar-se com seu advogado, de ouvir o depoimento das testemunhas, e o ato judicial foi devidamente traduzido para o respectivo idioma".[6] Repita-se, por comodidade, que eventual falha na construção e efetivação do ato por meio de videoconferência (por exemplo: falha no áudio ou no vídeo, mesmo que instantânea, mas que tenha prejudicado a perfeita compreensão da fala), ou outro recurso tecnológico de transmissão, acarretará a nulidade da audiência, devendo ser requerida pela parte no ato, e demonstrando o prejuízo, sob pena de preclusão.[7]

Além dessas duas legislações, merece destaque — para o presente estudo — a publicação da Lei 11.719/2008, regramento no qual existiu o deslocamento do marco do interrogatório dentro dos procedimentos comuns ordinários e sumários para o final da *linha temporal de realização dos atos do processo* (art. 400 do CPP, com a previsão da audiência *una*), em homenagem às reinvindicações dos especialistas em face da necessidade de aguardo da construção das provas, acusatória e defensiva, para a realização da fala do réu, a fim de que ele, como pólo sensível da relação, conhecesse toda a gama probatória contra si existente.

Com essa determinação do legislador, o interrogatório passou a ser a última construção probatória em audiência, salvo se as partes ainda perquirirem sobre a intenção de realização de últimas diligências na própria solenidade, quando, então, poderá o juiz proceder a realização dos debates orais, ou mesmo substituí-los pelos memoriais escritos substitutivos.

Por certo, nos casos em que o acusado morar fora do *locus* da marcha processual, haverá necessidade de expedição de carta precatória para esse fim (ou de aprazamento do ato por meio de videoconferência[8]), obrigan-

---

[6] TRF/3ª Região, RCr. 0025345-94.2010.4.03.0000/SP, Primeira Seção, Relator Des. Federal José Lunardelli, DJF de 22/05/2012.

[7] Nesse sentido, por todas, veja-se a seguinte decisão do STF: "(...) 1. O processo penal rege-se pelo princípio da instrumentalidade das formas, do qual se extrai que as formas, ritos e procedimentos não encerram fins em si mesmos, mas meios de se garantir um processo justo e equânime, que confira efetividade aos postulados constitucionais da ampla defesa, do contraditório e do devido processo legal. 2. É cediço na Corte que: a) o princípio que vige no processo penal é o de que a nulidade de um ato processual somente deve ser declarada quando há a efetiva demonstração de prejuízo, nos termos do que dispõe o art. 563 do CPP, *verbis*: Nenhum ato será declarado nulo, se da nulidade não resultar prejuízo para a acusação ou para a defesa; b) o enunciado da Súmula nº 523 do Supremo Tribunal Federal é nesse mesmo sentido, *verbis*: No processo penal, a falta de defesa constitui nulidade absoluta, mas a sua deficiência só o anulará se houver prova de prejuízo para o réu; c) precedentes: HC 93.868/PE, Rel. Ministra Cármen Lúcia, Primeira Turma, Julgamento em 28/10/2008; HC 98.403/AC, Rel. Ministro Ayres Britto, Segunda Turma, Julgamento em 24/8/2010, HC 94.817, Rel. Ministro Gilmar Mendes, Segunda Turma, Julgamento em 3/8/2010." (STF, HC 111.472/MG, Relator Min. Luiz Fux, Primeira Turma, DJe 14/08/2013).

[8] Nesse aspecto, é de ser esclarecido o seguinte: com a alteração legal oriunda da redação da Lei 11.719/2008, a prioridade é no sentido de que o réu seja interrogado pelo juiz da causa (identidade física), permitida a carta

do-se a expedição de nota de intimação para os prazos subsequentes de diligências e de memoriais escritos, direcionando-se o processo, em ato contínuo, ao momento de prolação da sentença.

2. Procedimentos comuns e especiais: a *dança* do interrogatório

Com essa alteração processual, inegavelmente agravou-se uma antiga situação existente entre as avaliações dos procedimentos comuns e especiais: a diferença entre os momentos de realização do interrogatório do acusado na *linha temporal dos atos do processo*, sem qualquer lógica legislativa na determinação dessa escolha, na medida em que, para alguns delitos, por exemplo, o ato permaneceu ocorrendo no início do procedimento, enquanto que, noutros, passou a ser realizado ao final de toda a construção de prova testemunhal (reservada a viabilidade de construção de prova por meio das últimas diligências).

---

precatória ou mesmo a videoconferência para essa finalidade, desde que devidamente motivada pelo magistrado essa necessidade, e dentro dos limites legais previamente estabelecidos. É da jurisprudência: "A Lei n. 11.719, de 20.06.08, publicada no DOU de 23.06.08 e que entrou em vigor 60 (sessenta) dias depois, em 23.08.08, acrescentou o § 2º ao art. 399 do Código de Processo Penal, dispondo que o juiz que presidiu a instrução a instrução deverá proferir sentença. Foi portanto introduzido no processo penal o princípio da identidade física do juiz, anteriormente instituído no art. 132 do Código de Processo Civil, que por sua vez dispõe mais pormenorizadamente a respeito, ressalvando as hipóteses em que o juiz estiver convocado, licenciado, afastado por qualquer motivo, promovido ou aposentado, além de prever que, em qualquer hipótese, o juiz que proferir a sentença, se entender necessário, poderá mandar repetir as provas já produzidas". (TRF/3ª Região, ACr. 0009650-21.2009.4.03.6181/SP, Quinta Turma, Relatora Juíza Convocada Louise Filgueiras, DJF 10/08/2011, p. 1.185.) E, em casos excepcionais, o ato poderá ser realizado por carta precatória: "1. Com as alterações introduzidas pela Lei 11.719/2008, com previsão de que os atos instrutórios sejam concentrados em uma única audiência, recomendável que o acusado seja ouvido perante o juiz da causa. 2. Entretanto, dependendo do caso concreto, é possível o abrandamento da exigência, realizando-se o ato processual via carta precatória, mesmo que não haja previsão específica no CPP, visando não obstar a realização de um dos mais importantes meios de defesa, especialmente quando o réu reside em local distante do juízo da causa e alega não ter condições financeiras para o deslocamento, sob pena de ofensa à ampla defesa e em prejuízos financeiros desnecessários. Precedentes jurisprudenciais." (TRF/4ª Região, HC 0017997-95.2010.404.0000/RS, Rel. Des. Federal Tadaaqui Hirose, Sétima Turma, por unanimidade, DJF de 20/07/2010.) Ainda: "(...) 1. Sendo o interrogatório o meio pelo qual o réu exerce a sua autodefesa, a realização deste ao final garante de forma mais eficaz o direito de ampla defesa. 2. O interrogatório do denunciado, via de regra, deve ser realizado perante o magistrado da causa. Situações excepcionais, todavia, tais como o fato de o imputado residir em local distante da sede do Juízo e, sobretudo, matéria fática da causa não se revestir de maior complexidade, recomendam o abrandamento da exigência, realizando-se o ato processual mediante a expedição de carta precatória." (TRF/4ª Região, HC nº 0003446-42.2012.404.0000/SC, Rel. Des. Federal Victor Luiz dos Santos Laus, Oitava Turma, D.E. de 09/05/2012.) Ou mesmo por videoconferência, como se passa a demonstrar a partir da seguinte decisão: "(...) 2. A Primeira Seção desta Corte Regional, por ocasião do julgamento do *Habeas Corpus* nº 2008.03.00.001008-7, decidiu que o sistema de videoconferência para interrogatório não ofende as garantias constitucionais do réu e não configura, por si só, nulidade processual, dependendo da demonstração do efetivo prejuízo. 3. No caso, não foram ofendidas as garantias constitucionais do requerente, o qual teve a oportunidade de comunicar-se com seu advogado, de ouvir o depoimento das testemunhas, e o ato judicial foi devidamente traduzido para o respectivo idioma." (TRF/3ª Região, RCr. 0025345-94.2010.4.03.0000/SP, Primeira Seção, Rel. Des. Federal José Lunardelli, DJF 22/05/2012.)

Para que se tenha uma ideia, serão apresentados, a partir desse momento, alguns exemplos dessa *dança* do interrogatório entre os diversos procedimentos em matéria processual penal.

Nos procedimentos comuns, ordinários e sumários, por força da modificação advinda com a Lei 11.719/2008, o interrogatório ocorre ao final da realização da prova acusatória e defensiva, de acordo com a redação do art. 400 do CPP (toda a prova, pela redação desse artigo, deveria acontecer num mesmo ato, quando assenta que "na audiência de instrução e julgamento, a ser realizada no prazo máximo de 60 dias, proceder-se-á à tomada de declarações do ofendido, à inquirição das testemunhas arroladas pela acusação e pela defesa, nesta ordem, ressalvado o disposto no art. 222 deste Código, bem como aos esclarecimentos dos peritos, às acareações e ao reconhecimento de pessoas e coisas, interrogando-se, em seguida, o acusado", o que se mostra impossível de cumprimento, *ipso facto*, na instância prática).

Quanto ao procedimento especial do Tribunal do Júri (arts. 406/497 do CPP), existiu o deslocamento do interrogatório, na esteira dos procedimentos comuns citados, para o final da *linha temporal*, independentemente da condição de réu preso ou solto, circunstância que pode ser considerada facilitadora, ou não, para a defesa do acusado (dependendo, para essa avaliação, qual a tese a ser implementada pela defesa quanto à imputação do fato). E essa alteração ocorreu por força da Lei 11.689/2008, que alterou a redação do art. 411 do CPP, passando a vigorar o seguinte: "Na audiência de instrução, proceder-se-á à tomada de declarações do ofendido, se possível, à inquirição das testemunhas arroladas pela acusação e pela defesa, nesta ordem, bem como aos esclarecimentos dos peritos, às acareações e ao reconhecimento de pessoas e coisas, interrogando-se, em seguida, o acusado e procedendo-se o debate."

Dessa forma, tal qual preconiza o art. 400 do CPP – cuja alteração, como já analisado, se realizou pela redação nova da Lei 11.419/2008, para as audiências dos procedimentos comuns ordinários e sumários –, houve a inversão do momento do interrogatório, mas algumas situações podem ser problemáticas, como por exemplo:

(*i*) o sujeito que é denunciado por homicídios e tentativas de homicídios, e que tem a sua prisão preventiva decretada no despacho de recebimento da inicial acusatória, somente terá a possibilidade de ser ouvido perante a autoridade judiciária competente ao final da instrução, o que se apresenta como prejudicial, na medida em que, eventuais circunstâncias favoráveis, como uma possível revogação da prisão preventiva, e essa seria a hipótese, teriam de aguardar o interrogatório, como último evento da solenidade instrutória; e, ainda, (*ii*) o sujeito que é denunciado por tentativa de homicídio, e deseja explicar o álibi ao magistrado que preside a causa, terá se esperar da realização de todo o procedimento de instrução para falar, situação que, da mesma forma, também é desfavorável ao acusado no processo penal. Nas duas hipóteses, sim, poderia existir o pedido formal da defesa, no sentido de ser realizado o interrogatório antes da construção da prova, mas será um requerimento dependente, por certo, da chancela do Poder Judiciário.

No procedimento especial da legislação de combate às drogas (Lei 11.343/2006), por outro lado, o interrogatório ainda permaneceu como a primeira demarcação de prova na *linha temporal*, conforme indica o art. 57: "Na audiência de instrução e julgamento, após o interrogatório do acusado e a inquirição das testemunhas, será dada a palavra, sucessivamente, ao representante do Ministério Público e ao defensor do acusado, para sustentação oral, pelo prazo de 20 (vinte) minutos para cada um, prorrogável por mais 10 (dez), a critério do juiz". No referido procedimento especial, deve-se indicar, apenas por curiosidade, que a composição do parágrafo único do art. 57 fez expressa referência à viabilidade de perguntas *pluridirecionais* ao réu, assim como sustentado, ao depois, na redação do art. 188 do Código de Processo Penal aos procedimentos comuns ordinário e sumário, com o advento da Lei 11.719/2008. A reforma do processo penal, trazida pela Lei 11.719/08, não deve afetar o procedimento descrito na Lei de Drogas, em razão de que a lei especial afasta a aplicação da lei geral (CPP); de qualquer modo, o art. 394, § 2º, do CPP, prevê a aplicação do procedimento comum a todos os processos, "*salvo disposições em contrário deste Código ou de lei especial*".[9]

---

[9] Nesse sentido, decisões dos Tribunais Superiores, *in verbis*: "(...) 2. A regra prevista no art. 400 do Código de Processo Penal, a qual determina que o interrogatório seja realizado após a produção das provas testemunhais e periciais, é excepcionada no art. 394, § 2º, do referido diploma legal, que estabelece a todos os processos o procedimento comum, salvo disposições em contrário do próprio Código de ritos ou de lei especial. 3. Agravo regimental a que se nega provimento. (STJ, AgRg no HC 267.702/MG, Rel. Ministro Marco Aurélio Bellizze, Quinta Turma, julgado em 24/09/2013, DJe 02/10/2013.); "(...) 1. Para o julgamento dos crimes previstos na Lei nº 11.343/06 há rito próprio, no qual o interrogatório inaugura a audiência de instrução e julgamento (art. 57). Desse modo, a previsão de que a oitiva do réu ocorra após a inquirição das testemunhas, conforme disciplina o art. 400 do Código de Processo Penal, não se aplica ao caso, em razão da regra da especialidade (art. 394, § 2º, segunda parte, do Código de Processo Penal). 2. A Terceira Seção desta Corte Superior de Justiça, após o julgamento do EREsp nº 1.154.752/RS, pacificou o entendimento no sentido da inexistência de preponderância entre a agravante da reincidência e a atenuante da confissão espontânea, a teor do art. 67 do Código Penal, pelo que é cabível a compensação dessas circunstâncias. 3. *Writ* denegado. Ordem de *habeas corpus* concedida de ofício para, no tocante à dosimetria da pena, reduzir a repri-menda da Paciente para 05 (cinco) anos e 10 (dez) meses de reclusão e 583 (quinhentos e oitenta e três) dias-multa, mantido o regime inicial fechado. (STJ, HC 260.795/DF, Rel. Ministra Laurita Vaz, Quinta Turma, julgado em 19/02/2013, DJe 28/02/2013.) E, por fim: "(...) I – Se a paciente foi processada pela prática do delito de tráfico ilícito de drogas, sob a égide da Lei 11.343/2006, o procedimento a ser adotado é o especial, estabelecido nos arts. 54 a 59 do referido diploma legal. II – O art. 57 da Lei de Drogas dispõe que o interrogatório ocorrerá em momento anterior à oitiva das testemunhas, diferentemente do que prevê o art. 400 do Código de Processo Penal. III – Este Tribunal assentou o entendimento de que a demonstração de prejuízo, 'a teor do art. 563 do CPP, é essencial à alegação

Nas ações penais originárias do Superior Tribunal de Justiça, de acordo com o Regimento Interno, o ato de interrogatório será a primeira providência da instrução, após o ato de recebimento da denúncia ou da queixa (art. 223), existindo prazo de 5 dias para a defesa prévia após esse ato (art. 224), sendo que a instrução do processo, naquilo que for possível, será idêntica àquela prevista aos procedimentos comuns do CPP (art. 225). O mesmo acontece nas ações penais originárias de competência do Supremo Tribunal Federal, nas quais o ato de interrogatório ocorre como primeira medida de instrução do processo, após o ato de recebimento da denúncia ou da queixa, de acordo com a redação do art. 235 do Regimento Interno/STF.

Recentemente, o STF proferiu decisão dizendo, em síntese, que o interrogatório é um instrumento de defesa do réu, devendo ser alocado ao final do procedimento, inclusive na composição procedimental das as ações originárias, considerando a nova sistemática mais favorável às defesas. O argumento foi o seguinte: "(...) *não se pode negar que se trata de um tema de altíssima relevância dado o reflexo que a referida inovação legal exerce sobre o direito constitucional, a ampla defesa (...) parece-me relevante constatar que se a nova redação do artigo 400, do CPP, possibilita ao réu exercer de modo mais eficaz a sua defesa, tal dispositivo legal deve suplantar o estatuído no artigo 7°, da Lei 8038, em homenagem aos princípios constitucionais que são aplicáveis à espécie*". Em continuação, referiu que "*a norma especial prevalece sobre a geral apenas nas hipóteses em que estiver presente alguma incompatibilidade manifesta insuperável entre elas, nos demais casos, considerando a sempre necessária aplicação sistemática do direito, cumpre cuidar para que essas normas aparentemente antagônicas convivam harmonicamente*",[10] deslocando o momento do interrogatório, nessa ação, para o final da *linha temporal*. E, aqui, a argumentação derradeira para essa permissão, seria a própria previsão de subsidiariedade do CPP, no art. 9°, para todos os pontos da própria Lei 8.038/90.

---

de nulidade, seja ela relativa ou absoluta, eis que (...) o âmbito normativo do dogma fundamental da disciplina das nulidades *pas de nullité sans grief* compreende as nulidades absolutas' (HC 85.155/SP, Rel. Min. Ellen Gracie). IV – Recurso ordinário improvido." (STF, RHC 116.713, Relator Min. Ricardo Lewandowski, Segunda Turma, julgado em 11/06/2013, DJe de 24/06/2013.)

[10] Essa a ementa: "PROCESSUAL PENAL. INTERROGATÓRIO NAS AÇÕES PENAIS ORIGINÁRIAS DO STF. ATO QUE DEVE PASSAR A SER REALIZADO AO FINAL DO PROCESSO. NOVA REDAÇÃO DO ART. 400 DO CPP. AGRAVO REGIMENTAL A QUE SE NEGA PROVIMENTO. I – O art. 400 do Código de Processo Penal, com a redação dada pela Lei 11.719/2008, fixou o interrogatório do réu como ato derradeiro da instrução penal. II – Sendo tal prática benéfica à defesa, deve prevalecer nas ações penais originárias perante o Supremo Tribunal Federal, em detrimento do previsto no art. 7° da Lei 8.038/90 nesse aspecto. Exceção apenas quanto às ações nas quais o interrogatório já se ultimou. III – Interpretação sistemática e teleológica do direito. IV – Agravo regimental a que se nega provimento." (STF, AP 528, Relator Min. RICARDO LEWANDOWSKI, Tribunal Pleno, julgado em 24/03/2011, DJe-109, publicado em 08/06/2011.) Em sentido contrário, na própria excelsa Corte, foi o entendimento no "caso Mensalão", na ação penal originária 470/DF, quando do julgamento da Oitava Questão de Ordem, da Relatoria do Ministro Joaquim Barbosa, DJe de 07/10/2010.

Verifica-se, nessa linha, a existência de diferenças entre os momentos de realização dos atos de interrogatório nos diversos procedimentos, comuns e especiais, em situação de extrema confusão procedimental; como se sabe, o processo penal tem de ser regido pelos resguardos constitucionais, com interpretações a favor da possibilidade de defesa da pessoa imputada (inclusive quando se trata de estabelecer o momento mais adequado de realização do interrogatório), com a perfeita equidade de prazos e oportunidades entre as partes, e recebendo do órgão jurisdicional uma resposta isenta e distante dos entraves de discussão da prova.

Essa *dança* do interrogatório na linha do tempo, nos diferentes procedimentos, apenas gera uma dissonância inócua, sem sentido para o desenrolar do processo penal, em desrespeito ao próprio estabelecimento de uma estratégia por parte da defesa, ou mesmo um isolamento/distanciamento desnecessário do acusado frente ao Poder Judiciário quando nos casos de réu preso (nessa hipótese, o réu apenas será ouvido em juízo ao final de toda a construção da prova, sem ser oportunizada a ele a fala perante o juiz condutor da causa até aquele instante final do procedimento, obstruindo do magistrado um importante momento de intelecção e ciência sobre a pessoa que está sendo processada na esfera criminal).

3. Do interrogatório protetivo

Diante dessas diferenças entre os momentos de realização dos atos de interrogatório na *linha do tempo* do processo, existentes entre os procedimentos (comuns e especiais), é que se permite a elaboração do seguinte ponto: em face dos princípios da mais ampla defesa e do devido processo legal, e a partir da imputação do fato pelo agente da acusação pública, deve ser do réu-imputado a discricionariedade de realizar a sua fala de defesa no momento em que entender mais adequada, seja no início ou mesmo no final do procedimento, em razão de que essa *scelta* dependerá do estabelecimento da estratégia de defesa, a ser imposta caso a caso (seja em função da prova a ser consolidada, da condição de preso do acusado, da movimentação de pedidos de perícia, da prova a ser realizada por corréu na ação, etc.).

Para a superação dessa desavença entre procedimentos, passo adiante, passa-se a sustentar que a escolha do momento mais adequado para o ato de ser interrogado em juízo deve ser esclarecido pelo réu, quando da apresentação da sua *resposta escrita à acusação*, e com isso se estará dando guarida ao interrogatório protetivo, em obediência à defesa que se pretenderá realizar ao longo do processo penal.

E, nessa medida, é protetivo em razão de que será a defesa técnica, aliada à defesa pessoal, que irá decidir *quando* pretende ajustar esse importante meio de prova e de defesa na linha temporal do processo: se no início, antes da oitiva das testemunhas da acusação, como já ocorre com o procedimento da Lei de drogas, por exemplo, ou se ao final dos atos de instrução, apenas antes da viabilidade das últimas diligências (art. 402 do CPP), após a oitiva de todas as testemunhas de defesa (na obediência ao princípio do contraditório constitucional, quando, por certo, já estará superado o momento de oitiva das testemunhas de acusação), como ocorre, hoje, em audiências de instrução dos procedimentos comuns (ordinário e sumário).

3.1. Proteção constitucional ampla

E o respaldo para essa mudança é de ordem constitucional, justamente para que se preste homenagem ao princípio do devido processo legal[11] (englobado o da mais ampla defesa e o do contraditório), na medida em que a defesa técnica, com essa nova possibilidade de escolha do momento do interrogatório no processo penal, posaria a decidir, juntamente como o acusado, uma estratégia a ser imposta naquele processo, para aquele processo, com as necessidades oriundas daquela ação penal,

---

[11] "(...) – O exame da cláusula referente ao *due process of law* permite nela identificar alguns elementos essenciais à sua configuração como expressiva garantia de ordem constitucional, destacando-se, dentre eles, por sua inquestionável importância, as seguintes prerrogativas: (a) direito ao processo (garantia de acesso ao Poder Judiciário); (b) direito à citação e ao conhecimento prévio do teor da acusação; (c) direito a um julgamento público e célere, sem dilações indevidas; (d) direito ao contraditório e à plenitude de defesa (direito à autodefesa e à defesa técnica); (e) direito de não ser processado e julgado com base em leis *ex post facto*; (f) direito à igualdade entre as partes; (g) direito de não ser processado com fundamento em provas revestidas de ilicitude; (h) direito ao benefício da gratuidade; (i) direito à observância do princípio do juiz natural; (j) direito ao silêncio (privilégio contra a auto-incriminação); (l) direito à prova; e (m) direito de presença e de "participação ativa" nos atos de interrogatório judicial dos demais litisconsortes penais passivos, quando existentes. – O direito do réu à observância, pelo Estado, da garantia pertinente ao *due process of law*, além de traduzir expressão concreta do direito de defesa, também encontra suporte legitimador em convenções internacionais que proclamam a essencialidade dessa franquia processual, que compõe o próprio estatuto constitucional do direito de defesa, enquanto complexo de princípios e de normas que amparam qualquer acusado em sede de persecução criminal, mesmo que se trate de réu estrangeiro, sem domicílio em território brasileiro, aqui processado por suposta prática de delitos a ele atribuídos. O INTERROGATÓRIO JUDICIAL COMO MEIO DE DEFESA DO RÉU. – Em sede de persecução penal, o interrogatório judicial – notadamente após o advento da Lei nº 10.792/2003 – qualifica-se como ato de defesa do réu, que, além de não ser obrigado a responder a qualquer indagação feita pelo magistrado processante, também não pode sofrer qualquer restrição em sua esfera jurídica em virtude do exercício, sempre legítimo, dessa especial prerrogativa. Doutrina. Precedentes. POSSIBILIDADE JURÍDICA DE UM DOS LITISCONSORTES PENAIS PASSIVOS, INVOCANDO A GARANTIA DO *DUE PROCESS OF LAW*, VER ASSEGURADO O SEU DIREITO DE FORMULAR REPERGUNTAS AOS CO-RÉUS, QUANDO DO RESPECTIVO INTERROGATÓRIO JUDICIAL. – Assiste, a cada um dos litisconsortes penais passivos, o direito – fundado em cláusulas constitucionais (CF, art. 5º, incisos LIV e LV) – de formular reperguntas aos demais co-réus, que, no entanto, não estão obrigados a respondê-las, em face da prerrogativa contra a auto-incriminação, de que também são titulares. O desrespeito a essa franquia individual do réu, resultante da arbitrária recusa em lhe permitir a formulação de reperguntas, qualifica-se como causa geradora de nulidade processual absoluta, por implicar grave transgressão ao estatuto constitucional do direito de defesa. Doutrina. Precedente do STF. (STF, HC 94.601/CE, Relator Min. Celso de Mello, Segunda Turma, DJe 11/09/2009.)

relevando circunstâncias que auxiliariam a indicar qual o mais adequado espaço para a realização dos esclarecimentos do acusado em consonância às características da acusação a ser enfrentada pelo cidadão.

A escolha do melhor momento para se proceder ao ato de interrogatório, se no início ou no final do procedimento, seja ele comum ou especial, seria mais uma adequação dos procedimentos existentes na legislação ao princípio do devido processo legal, seja naqueles exemplos em que, mesmo solto, o réu necessita conhecer todo o cenário de provas para realizar a sua fala, ao final do procedimento, seja naquelas hipóteses nas quais, por exemplo, existindo a decretação de prisão preventiva, a necessidade é a de prestar de imediato o interrogatório perante ao juiz da causa, a fim de que possa realizar a sua defesa e os seus esclarecimentos, apresentar justificativas em relação às suas testemunhas, realizar suas justificativas, e até mesmo juntar documentos em contrapartida à acusação.[12]

Por essas razões, a protcção constitucional deve ser ampla quando o imputado está sob a pressão do processo penal (*l'imputato è fra i locutori più importanti*, nas palavras de *Franco Cordero*[13]), e sobre ele [aliado à defesa técnica] tem de recair a viabilidade de ferramentas seguras de defesa (nesse ponto, por exemplo, poderia ser regra no processo penal a apre-

---

[12] Evidentemente, o estudo aqui apresentado não se direciona à análise dos casos de delações, ou "colaborações premiadas", nos quais existe manifesto desvirtuamento da fala do acusado no ambiente do processo penal. Em exemplo recente: na Lei 12.850/2013, a qual trouxe o conceito de "organização criminosa" ao universo legislativo brasileiro, revogando a Lei 9.034/95, dedicou esforços para ajustar os procedimentos para a conquista das chamadas delações/colaborações premiadas, chegando a estabelecer, no § 14 do art. 4º que "nos depoimentos que prestar, o colaborador renunciará, na presença de seu defensor, ao direito ao silêncio e estará sujeito ao compromisso legal de dizer a verdade", como se fosse possível dimensionar a verdade, como se fosse viável acreditar na verdade em matéria processual penal. Esse parágrafo, sob todos os ângulos, já nasce gravado com a risca da inconstitucionalidade, e deverá ser desconsiderado por julgadores e partes no processo. Sobre o tema, segue a indicação de alguns textos: FAYET, Paulo. *Criminalidade organizada*. Porto Alegre: Núria Fabris, 2012; CALAMANDREI, Iolanda. *La collaborazione processuale di imputati e testimoni nei sistemi di common law*. Rivista Italiana di Diritto e Procedura Penale. Milão: Giuffrè, 1986. *Nuova Serie, Anno XXIX* [p. 240-261]. CERESA-GASTALDO, Massimo. *Premesse allo studio dele dichiarazioni spontanee rese ala polizia giudiziaria dalla persona sottoposta alle indagini*. Rivista Italiana di Diritto e Procedura Penale. Milão: Giuffrè, 2000. Fasc. 2, *aprile-giugno, Anno XLIII* [p. 544-583]. DOTTI, René Ariel. *A atenuante da confissão*. Escritos em homenagem a Alberto Silva Franco. São Paulo: RT, 2003 [p. 349-363]. MIEDICO, Melissa. *La confessione del minore nella <sospensione del processo e messa ala prova>*. Rivista Italiana di Diritto e Procedura Penale. Milão: Giuffrè, 2000. Fasc. 4, *ottobre-dicembre, Anno XLIII* [p. 1292-1311]. MOCCIA, Sergio. *'Legalità' e 'flessibilità' dell'intervento penale*. Revista Brasileira de Ciência Criminais, n. 42, Ano 11, janeiro-março de 2003 [p. 133-147]. MOSCARINI, Paolo. *Il solenzio dell'imputato sul fato próprio secondo la Corte di Strasburgo e nell'esperienza italiana*. Rivista Italiana di Diritto e Procedura Penale. Milão: Giuffrè, 2006. Fasc. 2, *aprile-giugno, Anno XLIX* [p. 611-647]. NUCCI, Guilherme de Souza. *O valor da confissão como meio de prova no processo penal*. São Paulo: RT, 1997. PAOLO, Grabriella Di. *Testimonianza indiretta, confidenze stragiudiziali a contenuto confessorio degli imputati e chiamata in reità del collaboratori di giustizia: un mosaico di difficile composizione*. L'Indice Penale. Nuova Serie. Padova: Cedam, 2003. *Maggio-agosto, Anno VI, n. 2* [p. 713-757]. SCHIAVO, Nicolás. *El juicio abreviato: Otra búsqueda de confesión en el processo penal?* Cuadernos de Doctrina y Jurisprudencia Penal. Ano 2001, Vol. 7, n. 12 [p. 459-493]. SOLAZ SOLAZ, Esteban. *La circunstancia atenuante de confesión*. La Ley Penal. Informe de Jurisprudencia, n. 14, 2005 [p. 713-757].

[13] CORDERO, Franco. *Procedura Penale*. 8. ed. Milão: Giuffrè, 2006, p. 247.

sentação de defesa escrita antes do ato de recebimento da denúncia, para qualquer procedimento), de escolhas de melhores estratégias em face da narrativa (justamente, a primeira escolha poderia ser o mais adequado momento para prestar o interrogatório no processo, da maneira mais protetiva possível).[14]

3.2. Necessária modificação do CPP quanto ao momento de realização do interrogatório

A partir de todos os pontos trabalhados no presente estudo, a modificação que se sugere é a de adequação da redação do art. 396-A do CPP, passando a vigorar com as previsões no sentido de que, "na resposta, o acusado poderá arguir preliminares e alegar tudo o que interesse à sua defesa, oferecer documentos e justificações, especificar as provas pretendidas e arrolar testemunhas, qualificando-as e requerendo sua intimação, quando necessário", *bem como indicar o momento em que pretende a realização do interrogatório*, a fim de que o juiz e as demais partes do processo possam, desde o início do procedimento, saber qual a forma eleita pelo réu-imputado.

Da mesma forma, haverá de ser alterada a redação do art. 400 do Código de Processo Penal, quando da previsão da audiência *una*, de acordo com a redação advinda a partir da Lei 11.719/2008, na medida em que, conforme tenha sido a manifestação da defesa na resposta escrita, optando pela realização do ato de interrogatório antes ou depois da construção da prova, o juiz deverá organizar o andamento da solenidade processual. Isto é, se tiver o acusado, por meio de sua defesa, na resposta à inicial, indicado a vontade de ser ouvido antes da construção do manancial probatório, deverá ser interrogado como primeira circunstância da audiência, logo ao iniciar o ato, a fim de que, a partir da sua fala, vítima (se houver) e demais testemunhas sejam ouvidas pelo juiz da causa.

Por fim, merece referência que, sobre a matéria ora analisada, o art. 196 do Código de Processo Penal determina que "a todo tempo o juiz poderá proceder a novo interrogatório de ofício ou a pedido fundamentado de qualquer das partes", sendo justamente essa uma base de permissibilidade para que se garanta um interrogatório protetivo no ambiente processual, realizado no momento mais adequado ao acusado e à defesa

---

[14] No Direito processual penal italiano, a atuação técnica de defesa tem sido ressaltada, como referiu Gilberto Lozzi, esclarecendo que "è importanti, altresì, ricordare che il nuovo codice ha voluto una sollecita attuazione del diritto di difesa in senso tecnico" (LOZZI, Gilberto, *Lezioni di procedura penale*. Turim: G. Giappichelli, 2010, p. 127), a fim de que o cidadão-imputado possa receber a proteção necessária para estabelecer a sua ampla defesa, e para ver obedecida a sua vontade como estratégia, sempre sob os cuidados técnicos.

técnica, dependente, sob todos os aspectos, da estratégia a ser imposta no cenário de defesa do réu na demanda criminal.

Bibliografia

CALAMANDREI, Iolanda. *La collaborazione processuale di imputati e testimoni nei sistemi di common law*. Rivista Italiana di Diritto e Procedura Penale. Milão: Giuffrè, 1986. *Nuova Serie, Anno XXIX* [p. 240-261].

CERESA-GASTALDO, Massimo. *Premesse allo studio dele dichiarazioni spontanee rese ala polizia giudiziaria dalla persona sottoposta alle indagini*. Rivista Italiana di Diritto e Procedura Penale. Milão: Giuffrè, 2000. Fasc. 2, *aprile-giugno, Anno XLIII* [p. 544-583].

CORDERO, Franco. *Procedura Penale*. 8. ed. Milão: Giuffrè, 2006.

DOTTI, René Ariel. *A atenuante da confissão*. Escritos em homenagem a Alberto Silva Franco. São Paulo: RT, 2003 [p. 349-363].

FLORIAN, Eugenio. *De las Pruebas Penales*. Bogotá: Temis, 1982.

LOZZI, Gilberto, *Lezioni di procedura penale*. Turim: G. Giappichelli, 2010.

MIEDICO, Melissa. *La confessione del minore nella <sospensione del processo e messa ala prova>*. Rivista Italiana di Diritto e Procedura Penale. Milão: Giuffrè, 2000. Fasc. 4, *ottobre-dicembre, Anno XLIII* [p. 1292-1311].

MOCCIA, Sergio. *'Legalità' e 'flessibilità' dell`intervento penale*. Revista Brasileira de Ciência Criminais, n. 42, Ano 11, janeiro-março de 2003 [p. 133-147].

MOSCARINI, Paolo. *Il solenzio dell'imputato sul fato próprio secondo la Corte di Strasburgo e nell'esperienza italiana*. Rivista Italiana di Diritto e Procedura Penale. Milão: Giuffrè, 2006. Fasc. 2, *aprile-giugno, Anno XLIX* [p. 611-647].

NUCCI, Guilherme de Souza. *O valor da confissão como meio de prova no processo penal*. São Paulo: RT, 1997.

PACELLI, Eugênio; FISCHER, Douglas. *Comentários ao Código de Processo Penal e sua jurisprudência*. 5. ed. São Paulo: Atlas, 2013.

PAOLO, Grabriella Di. *Testimonianza indireta, confidenze stragiudiziali a contenuto confessorio degli imputati e chiamata in reità del collaboratori di giustizia*: un mosaico di difficile composizione. L'Indice Penale. Nuova Serie. Padova: Cedam, 2003. Maggio-agosto, Anno VI, n. 2 [p. 713-757].

SCHIAVO, Nicolás. *El juicio abreviado: Otra búsqueda de confesión en el processo penal?* Cuadernos de Doctrina y Jurisprudencia Penal. Ano 2001, Vol. 7, n. 12 [p. 459-493].

SOLAZ SOLAZ, Esteban. *La circunstancia atenuante de confesión*. La Ley Penal. Informe de Jurisprudencia, n. 14, 2005 [p. 713-757].

TORNAGHI, Hélio. *Instituições de Processo Penal*. Vol. IV. Rio de Janeiro: Forense, 1978.

— 5 —

A tutela constitucional do crédito rural: (i)licitude da securitização de ativos à União Federal

GERALDO JOBIM[1]

Sumário: 1. Introdução; 2. Da atividade rural no Brasil; 2.1. Do crédito rural; 2.2. Do financiamento rural; 2.3. Do alongamento do crédito rural; 2.4. Da cessão do crédito; 2.5. Da dívida ativa do crédito privado; 2.6. Da invalidade do crédito viciado; Considerações finais; Referências.

1. Introdução

A presente pesquisa tem por objetivo verificar a posição constitucional do crédito rural enquanto política pública constitucionalmente amparada. Para tanto, buscou-se verificar de forma breve a evolução da atividade rural no Brasil e o surgimento do crédito rural.

Após, foi necessário buscar a natureza do crédito rural e seu amparo legal, demonstrando a complexa rede de normas que dão efetividade à norma programática do artigo 187 da Constituição Federal.

É analisado o crédito e o sistema de financiamento à atividade rural, desenvolvido após a criação do sistema financeiro nacional e criação do Banco Central do Brasil, na década de 1960. Após a criação de política pública específica, esta foi recepcionada pelo texto constitucional de 1988.

As oscilações econômicas atravessadas pelos produtores elevou a taxa de endividamento, o que resultou no crescimento dos ativos rurais do Banco do Brasil, mas que representou também a gestão de um passivo considerável pela instituição bancária.

Em face do crescente endividamento do setor rural e aumento dos ativos não resgatáveis do Banco do Brasil, a União federal cria sistema de

---

[1] Mestre em Direitos Fundamentais pela Universidade Luterana do Brasil, Especialista em Direito Público pela Universidade Federal do Rio Grande do Sul, Professor da FADERGS, Advogado.

securitização dos créditos, cedendo o banco tais créditos, agora repactuados.

A cessão do crédito cria, então, um entrave, pois o crédito cedido não se desnatura no ato jurídico, permanecendo privado, mas agora em titularidade do público. Contudo, tal crédito, uma vez inadimplido, é perseguido através da execução fiscal, instrumento este que ampara os créditos tributários e não tributários. Tal crédito sequer é não tributário, pois não representa receita originária do Estado.

A situação se torna pitoresca no momento em que o crédito é cedido, pois há na constituição do mesmo diversas irregularidades, que lhe viciam o conteúdo e forma.

A pesquisa procura verificar a real mácula que transforma o crédito de privado em público e seus vícios, que demandam ao agente público revoga-lo por ser ilegítimo.

A posição dos tribunais ainda é incipiente no trato do tema, pois admite a tutela do Estado através da execução fiscal, sem contudo dar tratamento a todo o processo de securitização dos créditos rurais.

2. Da atividade rural no Brasil

Impende, inicialmente, uma digressão histórica sobre a atividade rural no Brasil. Este país continental possui peculiaridades que lhe são próprias quando se trata de agricultura e pecuária. Estima-se que o Brasil possua hoje cerca de 200 milhões de hectares para pastagem, encontrando-se área de plantio com dimensão de 60 milhões de hectares.[2] Para Rogério Furtado, o Brasil, desde os primórdios do século XV, aproximou-se de seu horizonte histórico alicerçado pelos portugueses.[3] Utilizaram os portugueses sua experiência com o cultivo da cana na Madeira, não olvidando que a tarefa foi desempenhada exclusivamente por escravos. Inicialmente foi produzido no país cachaça, tabaco, algodão e cacau.

O Brasil colônia não viu cenário diverso, pois a especialização de sua atividade extrativista mostrou-se evidente. A produção nacional era, então, voltada à expansão capitalista do reino, que através das colônias "engordava" os cofres reais.[4] Os ciclos de produção foram se alocando de forma quase natural, pois após a exploração do pau-brasil, pois quase três

---

[2] BARROS, José Roberto e BARROS, Alexandre Lahoz Mendonza de. Agricultura Brasileira: Um caso de Sucesso no Trópico. In: BURANELLO, Renato (org.). *Direito do Agronegócio*: Mercado, Regulação,Tributação e Meio Ambiente. São Paulo: Quartier Latin.V.1, p. 66.

[3] FURTADO, Rogério. *Agrobusiness Brasileiro*. São Paulo: Evoluir Cultural, 2002, p. 18.

[4] PAGE, Martin. *A primeira aldeia global*: como Portugal mudou o mundo. Lisboa: Casa das Letras, 2009, p. 211.

séculos, veio o país em direção do açúcar, vindo a ser líder em produção no século XIX.⁵

O café acabou por suplantar o açúcar, mantendo sua hegemonia até 1930. Não há como olvidar da exploração da borracha, atividade esta que desenvolveu a região norte do país de forma extravagante.⁶

A industrialização do país durante as décadas de 1930 a 1980, após sucessivas incursões políticas, em especial após a queda da bolsa em 1929, a economia brasileira viu-se transformar através da forte atuação do Estado.⁷

A entrada na agricultura nos planos governamentais ocorreu somente na década de 1960, com a criação do Sistema Financeiro Nacional e Banco Central.

2.1. Do crédito rural

O Crédito Rural brasileiro possui história controvertida no palco nacional.

Foi a partir de 1964, com a criação do Banco Central do Brasil, que as metas políticas de financiamento agrícola obtiveram um aval das políticas monetárias. Com o advento da Lei n° 4.829/65 o sistema financeiro foi alçado ao papel de financiador da produção rural no país.

O Sistema Financeiro Nacional (SNF) tem sido definido pela doutrina como sendo um conjunto de instrumentos que organizam e gerem a poupança pública, estabelecendo o artigo 192 da Constituição Federal que esse tem a função de promover o desenvolvimento do País e servir aos interesses da coletividade.⁸ Foi conferido ao Estado a função de agente normativo e regulador da economia. Ficou este afastado da atividade direta no setor privado e conferiu-se o papel de agente regulador e normativo.⁹

A criação do SNCR (Sistema Nacional de Crédito Rural), em 1965 tinha, à época, nítida feição de política econômica. Os objetivos da Lei supra citada foram, então, o de estimular a produção rural, favorecer o

---

⁵ BRUNANELLO, Renato M. *Sistema Privado de Financiamento do Agronegócio* – Regime Jurídico. São Paulo: Quartier Latin, 2011, p. 33.

⁶ Ibid, p. 35.

⁷ FREYRE, Gilberto. Nomo mundo nos trópicos. São Paulo: Nacional, 1971, p.8.

⁸ BRUNANELLO, Renato M. Economia das Crises e a Regulação do Mercado Financeiro. *Direito do Agronegócio*: Mercado, regulação, tributação e meio ambiente. São Paulo: Quartier Latin, 2013, v.2, p. 34.

⁹ OLIVEIRA, Fernando A. Albino de. *Poder regulamentar da Comissão de Valores Mobiliários*. 1989. 221p. (tese de doutorado)Faculdade de Direito da Universidade de São Paulo, p. 188/9.

custeio, fortalecer economicamente os produtores e incentivar o aumento de produtividade rural no país.[10]

Desta forma, a política monetária nacional encontrou respaldo legal para o financiamento da atividade rural no Brasil. A cargo do Conselho Monetário Nacional ficou o desenvolvimento e controle de tais créditos de forma exclusiva. Em seus objetivos precípuos, o Banco Central do Brasil avocou, legalmente, a gestão dos créditos rurais de forma a incentivar o desenvolvimento da produção brasileira. A mesma lei, ao criar o Banco Central, instituiu o Conselho Monetário Nacional e determina, em seu artigo 54, que o Poder Executivo, com base em parecer do Conselho, institucionalize o regramento do crédito rural. De tal ato é editada a Lei nº 4.829/65 já citada.

A Lei nº 4.829/65 estabelece que os objetivos do Programa de Crédito Rural são, dentre outros, financiar o custeio e a comercialização de produtos agrícolas. O crédito rural é, nos termos da lei, distribuído e aplicado conforme política de desenvolvimento da produção rural brasileira, tendo como princípio básico o bem-estar do povo (art. 1º).[11] A lei ainda define que tais créditos só possam ser utilizados nas atividades enquadradas por ela, exclusivamente. Tais recursos são provenientes das entidades públicas e estabelecimento de crédito vinculados ao sistema.

A finalidade do crédito rural está determinada, de forma cogente, na norma reguladora para "custeio", "investimento", "comercialização" e "industrialização" da produção (Lei nº 4.829/65, art. 9º).

Com o advento da Constituição de 1988, a política de incentivo à produção rural obteve status constitucional através do artigo 187 que instituiu os princípios orientadores da atividade rural brasileira. Os instrumentos de crédito e financiamento encabeçam tais comandos normativos, fazendo transparecer a intenção do constituinte originário.[12] A norma do artigo 187 é tipicamente programática, remetendo ao legislador ordinário a confecção de instrumentos hábeis à efetivação de seu conteúdo.[13]

---

[10] Art. 3º São objetivos específicos do crédito rural: I – estimular o incremento ordenado dos investimentos rurais, inclusive para armazenamento beneficiamento e industrialização dos produtos agropecuários, quando efetuado por cooperativas ou pelo produtor na sua propriedade rural; II – favorecer o custeio oportuno e adequado da produção e a comercialização de produtos agropecuários; III – possibilitar o fortalecimento econômico dos produtores rurais, notadamente pequenos e médios; IV – incentivar a introdução de métodos racionais de produção, visando ao aumento da produtividade e à melhoria do padrão de vida das populações rurais, e à adequada defesa do solo;

[11] Art. 1º O crédito rural, sistematizado nos termos desta Lei, será distribuído e aplicado de acordo com a política de desenvolvimento da produção rural do País e tendo em vista o bem-estar do povo.

[12] Art. 187. A política agrícola será planejada e executada na forma da lei, com a participação efetiva do setor de produção, envolvendo produtores e trabalhadores rurais, bem como dos setores de comercialização, de armazenamento e de transportes, levando em conta, especialmente: I – os instrumentos creditícios e fiscais;

[13] Merece destaque a posição de Paulo Bonavides quando leciona, buscando em Crisafulli: *"programáticas se dizem aquelas normas jurídicas com que o legislador, ao invés de regular imediatamente um certo objeto, preestabelece a si mesmo um programa de ação, com respeito ao próprio objeto,*

A importância do Direito Agrário, então, foi reconhecida constitucionalmente sob a denominação *Da Política Agrícola e Fundiária e da Reforma Agrária* (arts. 184 a 191), competindo exclusivamente à União Federal legislar sobre o tema (art. 22, I).

Ademais, a Lei n° 8.171, de 17 de janeiro de 1991, dispõe sobre a política agrícola brasileira. A norma institui que o setor agrícola é constituído pelos segmentos da produção, insumos, agroindústria, comércio, abastecimento, respondendo estes de forma diferenciada às políticas públicas e mercado (art. 2°).

Desta forma, a fundamentação constitucional do direito agrário visa à concretização da justiça social.[14] Compete, portanto, ao Estado produzir um sistema normativo que atenda ao objetivo do desenvolvimento projetado pela Constituição de 1988. Retoma-se à competência privativa da União em legislar sobre a matéria Direito Agrário. Mesmo tratando-se de atividade ligada a livre iniciativa, forte regulamentação sofre em virtude de sua natureza publicista, pois vinculado à políticas econômicas de crescimento e desenvolvimento.

A regulamentação do crédito rural deriva, então, da sistematização de projetos e políticas públicas de fomento e desenvolvimento econômico do setor, publicando o Banco Central do Brasil o Manual de Crédito Rural – MCR

Desta forma, a política de financiamento rural possui uma natureza constitucional, subsidiando a produção e comercialização através de créditos geridos pelo Banco Central do Brasil e Conselho Monetário Nacional.

2.2. Do financiamento rural

O sistema de financiamento do crédito rural no Brasil decorre do disposto no artigo 192 da Constituição Federal. O objetivo do instituído pelo

---

obrigando-se a dele não se afastar sem um justificado motivo. Com referência àquelas postas não numa lei qualquer, mas numa Constituição do tipo rígido, qual a vigente entre nós, pode e deve dar-se um passo adiante, definindo como *programáticas* as normas constitucionais, mediante as quais um programa de ação é adotado pelo Estado e cometido aos seus órgão legislativos, de direção política e administrativa, precisamente como programa que obrigatoriamente lhes incumbe realizar nos modos e formas da respectiva atividade. Em suma, um programa político, encampado pelo ordenamento jurídico e traduzido em termos de normas constitucionais, ou seja, provido de eficácia prevalente com respeito àquelas normas legislativas ordinárias: subtraindo, portanto, às mutáveis oscilações e à variedade de critérios e orientações de partido e de governo e assim obrigatoriamente prefixados pela Constituição com fundamentos e limites destes. Vezio Crisafulli *apud* BONAVIDES, Paulo. *Curso de Direito Constitucional.* 24. ed. São Paul: Malheiros, p. 236.

[14] GISCHKOW, Emílio Alberto Maya. *Princípios do Direito Agrário*: desapropriação e reforma agrária. São Paulo: Saraiva, 1988, p. 15.

constituinte originário foi justamente a promoção do desenvolvimento equilibrado, sempre voltado aos interesses da coletividade.

O artigo 187, I, da Constituição Federal é resultado da orientação programática do constituinte que, tem como metas a disponibilização de instrumentos de crédito e fiscais. Do comando constitucional foi editada a Lei n° 8.171/91 – Política Agrícola. Portanto, cabe aos legisladores infraconstitucionais a edição de normas que viabilizem as pretensões constituintes, introduzindo instrumentos que realizem a vontade e objetivos da Carta Constitucional.

Pelo texto constitucional, artigo 174, o Estado aparece como agente normativo e regulador da atividade econômica. Resta claro, portanto, a responsabilidade do Estado na regulação e fiscalização da economia. Assim, tal função surge através de atos sancionatórios e de estímulo à economia/mercado.[15]

Neste passo, criou o Estado brasileiro o Conselho Monetário Nacional, regulado pela Lei n° 4.595/64, e estruturado através do Conselho Monetário Nacional, Banco Central do Brasil, Banco do Brasil, Banco Nacional de Desenvolvimento Econômico e Social (BNDS) e as demais instituições financeiras públicas e privadas. Na formação do Conselho Monetário Nacional a norma jurídica reguladora criou quatro comissões consultivas: Bancária, Crédito Rural e Industrial. O artigo 2° da Lei n° 4.595/64 disciplina as atividades de intermediação do crédito, gestão e aplicação do capital, captação de recursos.

O Banco do Brasil surge neste cenário com a função de agente financeiro do Governo Federal e principal agente na execução das políticas públicas vinculadas ao crédito rural. O inciso X do artigo 19 da Lei n° 4.595/64 estabelece que compete ao Banco do Brasil *financiar as atividades industriais e rurais, estas com favores previstos em lei*.

Compete, portanto, ao Conselho Monetário Nacional formular a política de crédito aplicável ao Sistema Nacional de Crédito Rural (SNCR). O sistema possui representação além da concessão de crédito, mas de instrumento de realização de política pública no espaço rural. Assim, adquire o crédito rural uma qualificação única, pois possui sujeito determinado-produtor rural- e vinculação específica do crédito à produção. Os fundos originários dos créditos são decorrentes de investimentos públicos e privados.

Foi a partir de 1965, através da Lei n° 4.829/65, que o crédito rural passou a ser vinculado à Política Nacional de Desenvolvimento da Produção Agropecuária (art. 1°).

---

[15] GRAU, Eros Roberto. *Planejamento Econômico e regra jurídica*. São Paulo: Revista dos Tribunais, 1978, p. 218.

Atualmente, a política de crédito rural é determinada pelo Poder Executivo Federal, assumindo o Conselho Monetário Nacional a gestão das políticas. Em auxilio ao programa de crédito rural o Banco Central do Brasil editou o Manual de Crédito Rural, codificando as normas relativas ao financiamento rural e, em especial, a vinculação dos beneficiários e das instituições financeiras vinculadas ao sistema.

Compete ao Estado, segundo o artigo 174 da Constituição Federal, ser o principal agente normativo e regulamentador da atividade agrícola. Exerce o Estado, segundo a Constituição Federal, a fiscalização, incentivo e planejamento das políticas econômicas, incluída a política de crédito rural.

Neste contexto de controle e regulamentação dos atores econômicos é que ingressa o Banco do Brasil S.A., agindo como ator principal na execução das políticas de crédito rural e industrial. É sociedade de economia mista com competência determinada pela Lei nº 4.565/64, em especial a relativa ao financiamento do crédito rural.[16]

As instituições financeiras públicas, aqui incluído do próprio Banco do Brasil, funcionam como agentes na execução das políticas públicas de crédito. Assim, não é outra a função do Banco Nacional de Desenvolvimento Econômico e Social (BNDES) e de outras instituições públicas como o objetivo comum, ou seja, de órgãos auxiliares no fornecimento de crédito para a consecução das políticas econômicas. Neste momento ingressam as entidades privadas na ceara do crédito rural, pois segundo a norma da alínea "c" do inciso II, do artigo 7º da Lei nº 4.829/65, são participantes do sistema integrado as instituições financeiras privadas, caracterizados como órgãos auxiliares.[17]

Em que pese a vinculação espontânea das instituições financeiras, sua recusa importa e importante restrição aos depósitos compulsórios, pois estes são automaticamente retidos pelo Banco Central para posterior direcionamento ao crédito rural.[18] Percebe-se, portanto, que a gestão

---

[16] Art. 19. Ao Banco do Brasil S. A. competirá precipuamente, sob a supervisão do Conselho Monetário Nacional e como instrumento de execução da política creditícia e financeira do Governo Federal: (...) X – financiar as atividades industriais e rurais, estas com o favorecimento referido no art. 4º, inciso IX, e art. 53, desta lei;

[17] Art. 7º Integrarão, bàsicamente, o sistema nacional de crédito rural: (...) II – como órgãos auxiliares, desde que operem em crédito rural dentro das diretrizes fixadas nesta Lei: (...) c) Bancos privados.

[18] Art. 21. As instituições de crédito e entidades referidas no art. 7º desta Lei manterão aplicada em operações típicas de crédito rural, contratadas diretamente com produtores ou suas cooperativas, percentagem, a ser fixada pelo Conselho Monetário Nacional, dos recursos com que operarem. § 1º Os estabelecimentos que não desejarem ou não puderem cumprir as obrigações estabelecidas no presente artigo, recolherão as somas correspondentes em depósito no Banco Central da República do Brasil, para aplicação nos fins previstos nesta Lei. § 2º As quantias recolhidas no Banco Central da República do Brasil na forma dêste artigo, vencerão juros à taxa que o Conselho Monetário Nacional fixar. § 3º A inobservância ao disposto neste artigo sujeitará o infrator à multa variável entre 10% (dez por cento) e 50% (cinquenta por cento) sôbre os valores não aplicados em crédito rural.

do Banco Central do Brasil no controle das políticas econômicas voltadas ao crédito rural é efetiva e que condiciona a aplicação dos recursos dos agentes que não se vinculam ao sistema à concessão exclusiva de crédito rural.

Assim, o Banco Central do Brasil, de posse dos recursos financeiros oriundos dos depósitos compulsórios, tem a determinação legal de vinculá-los ao sistema de crédito rural. Ademais, frisa-se que tais depósitos são remunerados (§ 2º), não vindo a sofrer a instituição financeira qualquer ônus relativo ao crédito depositado. Percebe-se, então, o total controle estatal em relação às fontes de financiamento do crédito rural.

Sendo o Conselho Monetário Nacional o ator de função política, compete ao Banco Central do Brasil o papel executivo das políticas públicas de crédito rural, tendo como auxiliar a Comissão Consultiva de Crédito Rural (art. 7ª, III, da lei nª 4.595/64).

A ingerência do Estado nas políticas de crédito rural deve-se, muito, ao afastamento das instituições privadas. Até pouco tempo os recursos foram oferecidos principalmente pelo Banco do Brasil e BNDES. Tal intervenção do Estado deu-se, principalmente, em razão da ausência dos bancos privados,[19] receosos do alto risco do mercado. A ausência de *players* no cenário de financiamento rural tem origem justamente no acréscimo de risco ao setor financeiro privado.

Nota-se, portanto, que o Estado avocou constitucionalmente a responsabilidade pela gestão do sistema de crédito rural, publicizando seu conteúdo em face da preponderância do interesse público.

É sabido que após a criação do Sistema Nacional de Crédito Rural em 1966, o modelo que o País se apropriou foi o de intervenção do Estado no desenvolvimento das políticas de financiamento da atividade rural. Contudo, somente em 1994, através da criação da Cédula de Crédito Rural (CPR), novos instrumentos de fomento do crédito foram colocados à disposição do setor. Em 2004, com a edição da Lei nº 11.076, novos instrumentos foram criados com o objetivo de alavancagem do setor. Buscou o Estado atrair novos investidores ao sistema através da criação de novos títulos de crédito especiais à atividade rural.

Assim, não é outra a atual posição do Brasil no cenário mundial senão a de grande exportador de *commodities* agrícolas, justamente pelo papel decisivo que o Estado desempenha, coordenando e dirigindo tal atividade.

---

[19] BRUNANELLO, Renato M. (coord.); CASTRO, Raphael Velly de. Captação, intermediação e aplicação no mercado financiamento bancário do agronegócio. In: *Direito do Agronegócio*: Mercado, regulação, tributação e meio ambiente. v.2. Quartier Latin: São Paulo, 2013, p. 34.

Não se pode olvidar, contudo, que a atividade rural sofre de sazonalidade, o que lhe atribui características peculiares. A oscilação do mercado de financiamento da atividade sofre desde sua criação em 1966, buscando o Estado e os produtores novas saídas para o fomento da atividade que não seja exclusivamente público. Em especial é necessária a lembrança da crise financeira de 2008, que gerou escassez do crédito no setor.[20] Deste fato romperam ações judiciais tanto na busca de satisfação dos créditos inadimplidos como para garantir direitos.

2.3. Do alongamento do crédito rural

Partindo-se da premissa que o crédito rural decorre do aporte financeiro necessário à produção rural no País, atento à tutela constitucional do produtor rural e das políticas públicas voltadas ao financiamento da produção agrícola nacional, a concessão de financiamento possui imbricada logística legal e formal.

Como já dito, o crédito rural é gerenciado pelo Conselho Monetário Nacional através do Banco Central e do sistema financeiro privado. Em seu auxilio há, como já referido, o Manual de Crédito Rural, instrumento necessário ao fiel cumprimento das diretrizes nacionais ao custeio da produção rural.

Com a sucessiva rolagem das dívidas agrárias e direcionamento a um cenário de inadimplemento, editou a União Federal a Lei nº 9.138, de 29 de novembro de 1995. Este ato normativo instituiu a possibilidade de rolagem das dívidas agrárias no país.[21] A criação do sistema de Securitização e Pesa, segundo entendimento do Superior Tribunal de Justiça é de que este representa direito subjetivo do devedor, tendo inclusive sumulado no verbete de nº 298.[22]

Tal procedimento determina que as regras para sua concretização, em especial o saldo devedor, será ele apurado em conformidade com as normas fixadas pelo Conselho Monetário Nacional.[23] Assim é o entendimento do STJ:

---

[20] BRUNANELLO, Renato; BARBOSA, Ana Silvia Neves Comodo. *Execução dos instrumentos Financeiros de Crédito no Agronegócio*. v.1. Quartier Latin: São Paulo, 2011, p. 687.

[21] Art. 5º São as instituições e os agentes financeiros do Sistema Nacional de Crédito Rural, instituído pela Lei nº 4.829, de 5 de novembro de 1965, autorizados a proceder ao alongamento de dívidas originárias de crédito rural, contraídas por produtores rurais, suas associações, cooperativas e condomínios, inclusive as já renegociadas, relativas às seguintes operações, realizadas até 20 de junho de 1995:

[22] "O alongamento de dívida originada de crédito rural não constitui faculdade da instituição financeira, mas, direito do devedor nos termos da lei".

[23] Art. 5º São as instituições e os agentes financeiros do Sistema Nacional de Crédito Rural, instituído pela Lei nº 4.829, de 5 de novembro de 1965, autorizados a proceder ao alongamento de dívidas originárias de crédito rural, contraídas por produtores rurais, suas associações, cooperativas e condomí-

Pelo que se tem da norma transcrita, a securitização de dívida rural deve fazer-se pelo valor do saldo devedor, apurado na conformidade do art. 5º da Lei 9.138/1995, cabendo ao agente financeiro apresentar ao mutuário extrato consolidado de sua conta gráfica, com respectiva memória de cálculo, segundo as normas fixadas pelo Conselho Monetário Nacional.[24]

A par de dar efetividade ao procedimento de alongamento das dívidas rurais, em especial ao disposto na Lei nº 9.138/95, editou o Banco Central do Brasil, em 31 de janeiro de 1996, a Resolução nº 2.238, ditando os requisitos e procedimentos a serem efetuados entre devedores e instituições credoras.

Em 21 de fevereiro de 1998, o Banco Central do Brasil publicou a Resolução nº 2.471, que dispõe sobre a renegociação dos débitos rurais na forma do artigo 5º da Lei nº 9.138/95, fazendo incidir sobre os negócios jurídicos as regras lá inseridas e atualizando a Resolução nº 2.238.

A Resolução nº 2.238/96 prescreve, anteriormente à Medida Provisória nº 2.196/01, a possibilidade de cessão dos créditos à União e, inclusive, a constituição de garantidor, por parte da instituição financeira, dos créditos cedidos.[25] Já a Resolução nº 2.471/98 possui dispositivo peculiar, pois prescreve que o Tesouro Nacional emitirá Títulos destinados a garantir o crédito, e que estes serão cedidos à instituição financeira credora.[26]

Assim, manifestando o devedor sua intenção em alongar a dívida decorrente do crédito rural, poderá este, no exercício de direito potestativo, aderir à securitização. Ao requerer o alongamento da dívida, esta será composta segundo as normas impostas pela Resolução nº 2.471/98, relativamente aos prazos, encargos, garantias, reembolso e pagamento antecipado.

Com a edição da Medida Provisória nº 2.196/01, autorizando a cessão dos créditos securitizados à União,[27] as garantias acima descritas fo-

---

nios, inclusive as já renegociadas, relativas às seguintes operações, realizadas até 20 de junho de 1995: (...) § 2º Nas operações de alongamento referidas no *caput*, o saldo devedor será apurado segundo as normas fixadas pelo Conselho Monetário Nacional.

[24] RECURSO ESPECIAL Nº 930.487 – GO. Rel. Ministro Raul Araújo, Quarta Turma, DJe 27/09/2011.

[25] Resolução nº 2.238/96. Anexo (...) V- modalidade: negociável, observando-se que: Art. 14. Na formalização da operação de alongamento, o agente credor da operação cederá o respectivo crédito ao Tesouro Nacional figurando a instituição financeira, no contrato de cessão, como garantidor, autorizando, para tanto, expressa e irrevogavelmente o Banco Central do Brasil a debitar em sua conta Reservas Bancárias para efetivação da cobertura da referida garantia, em favor do Tesouro Nacional, quando por este solicitado.

[26] Resolução nº 2.471/98. a) os títulos serão cedidos à instituição financeira credora da operação de renegociação da dívida, em garantia do principal, com cláusula resolutiva, os quais deverão permanecer bloqueados enquanto constituírem garantia e não houver manifestação do Tesouro Nacional acerca do exercício da opção de recompra.

[27] Art. 2º Fica a União autorizada, nas operações originárias de crédito rural, alongadas ou renegociadas com base na Lei nº 4.829, de 5 de novembro de 1965, pelo BB, pelo BASA e pelo BNB, a: I – dispensar a garantia prestada pelas referidas instituições financeiras nas operações cedidas à União; II

ram suprimidas, mantida a cessão dos referidos créditos. Contudo, em seu artigo 15 autoriza a emissão de títulos públicos como instrumento de garantia do crédito.[28] A leitura do dispositivo juntamente com a resulução nº 2.471/98 expõe o intrincado sistema criado na cessão, pois vincula a efetividade do procedimento à aquisição, pelo devedor, de títulos do tesouro nacional e que estes ficarão na guarda da instituição financeira como garantia do principal.[29] O Banco Central, em maio de 2002, editou a Resolução nº 2963, disciplinando o procedimento de securitização e mantendo suas bases inalteradas.

2.4. Da cessão do crédito

Os creditos absorvidos através da cessão entabulada entre as instituições financeiras e a União tem origem, então, no crédito rural, assim como todos os encargos advindos desta relação contratual. A transferência do crédito à União restou autorizada pela Medida Provisória nº 2.169-3-2001. Ao operar-se a cessão, incidente então o disposto nos artigos 286 e seguintes e 349, relativamente à sub-rogação, todos do Código Civil Brasileiro.[30]

Uma vez repassados à União os créditos oriundos de relações obrigacionais derivadas do crédito rural, resta enfrentar sua natureza jurídica.

Os recursos financeiros incorporados ao patrimônio da União, sob a rubrica de receitas, é disciplinado pela Lei nº 4.320/64, que em seu artigo 9º determina quais recursos possuem qualidade para ingressar na esfera pública.[31]

Quanto ao ato de cessão, patente é a notificação ou ciência do devedor para que haja eficácia. Sua inexistência configura, então, ineficácia do ato perante o devedor, forte no artigo 290 do Código Civil Brasileiro.

– adquirir, junto às empresas integrantes do Sistema BNDES, os créditos decorrentes das operações celebradas com recursos do Fundo de Amparo ao Trabalhador ou com outros recursos administrados por aquele Sistema; III – receber, em dação em pagamento, os créditos contra os mutuários, correspondentes às operações a que se refere o inciso II; IV – *adquirir os créditos correspondentes às operações celebradas com recursos das referidas instituições financeiras*; e V – receber, em dação em pagamento, os créditos correspondentes às operações celebradas com recursos do Tesouro Nacional. (grifamos)

[28] Art. 15. Nas operações a que se refere esta Medida Provisória, poderão ser utilizados títulos de emissão do Tesouro Nacional, cujas características serão definidas pelo Ministro de Estado da Fazenda.

[29] § 2º A renegociação está condicionada à aquisição, pelos devedores, por intermédio da instituição financeira credora, de títulos do Tesouro Nacional, tipificados no anexo desta Resolução, com valor de face equivalente ao da dívida a ser renegociada, os quais devem ser entregues ao credor em garantia do principal.

[30] Art. 349. A sub-rogação transfere ao novo credor todos os direitos, ações, privilégios e garantias do primitivo, em relação à dívida, contra o devedor principal e os fiadores.

[31] Art. 9º Tributo e a receita derivada instituída pelas entidades de direito publico, compreendendo os impostos, as taxas e contribuições nos termos da constituição e das leis vigentes em matéria financeira, destinado-se o seu produto ao custeio de atividades gerais ou especificas exercidas por essas entidades.

Neste ponto, merece ressalva a natureza do crédito, visto tratar-se de cessão e vindo o novo credor a sub-rogar-se em todos os direitos do cedente. Nesse sentido é a posição do Superior Tribunal de Justiça ao julgar o Resp. 1153702/MG, relatado pelo Ministro Paulo de Tarso Sanseverino:

> Em suma, o regime jurídico aplicável é o do sucedido, e não o do sucessor; o do cedente, e não o do cessionário.
>
> (...)
>
> Ademais, o fato de ter sido a Cédula Rural cedida, deixando o banco de ser credor e transmitindo o seu status para um ente federado, tem o mesmo sentido jurídico de a cessão de crédito dar-se entre dois particulares, não implicando na transmudação do regime jurídico material, permanecendo hígido o sistema legal acerca desse título cambial, portanto, incidentes as normas de quando pactuada a relação jurídica. (publicado no Dj 10/05/2012).

Questão deveras intrincada. A União, através de cessão, assume créditos de natureza privada e os converte em crédito público ou dívida ativa sem, contudo, qualquer amparo legal que lhe dê sustentação! Na cessão, opera-se a substituição subjetiva na relação obrigacional, permanecendo inalterado o crédito. No ensinamento de Pontes de Miranda: O que se cede é o crédito, não a relação jurídica, e apenas se há de entender que se inseriu, na mesma relação jurídica, em lugar do cedente, o que não só a lei pode estabelecer. E, mais importante, é que o cessionário adquire o crédito como sucessor do cedente, e não diretamente.[32]

Nesse sentido é a ponderação sobre a natureza do crédito cedido à União. Em que pese haver dissidência sobre o tema, sua complexidade merece uma análise acurada em homenagem à segurança jurídica.

Seu inadimplemento, em razão de disposição legal específica, demanda ação própria, forte no artigo 41 do Decreto-Lei nº 167/67.[33]

De qualquer sorte, o negócio entabulado pelo devedor e a instituição financeira restou perfeito e acabado, configurando ato jurídico perfeito. A cessão de crédito operada entre a União e o Banco do Brasil não tem o condão, nem amparo legal, a fazer operar transmutação do crédito, o que seria, *per si*, ilegal. O crédito, mesmo cedido, não restou modificado em sua natureza obrigacional, até porque a cessão não tem o condão de modificar a estrutura jurídica anteriormente pactuada. Só há, portanto, modificação no polo ativo da relação obrigacional, sem contudo lhe alterar a prestação e sua natureza.

Nesse sentido, é imperioso o lançamento no voto do Recurso Especial nº 414.916/PR, da lavra do Ministro José Delgado:

---

[32] MIRANDA, Francisco Cavaltanti Pontes de. *Tratado de Direito Privado*, Tomo XXIV, São Paulo: Bookseler, 2003, p. 114.

[33] Art. 41. Cabe ação executiva para a cobrança da cédula de crédito rural.

É certo que a Lei de Execuções Fiscais permite a cobrança, pelas pessoas jurídicas nele mencionadas, de dívidas "não tributárias". O conceito de dívida ativa não tributária é amplo, mas sua amplitude não chega ao ponto de abranger todo e qualquer crédito da Fazenda Pública. O ordenamento jurídico não confere à Fazenda esse poder ilimitado. O critério fundamental para que se estabeleça uma limitação ao conceito de dívida ativa não tributária é o da natureza da dívida. Deve-se verificar se a dívida decorre efetivamente de uma atividade típica de direito público ou se, ao contrário, provém de outro evento qualquer, desvinculado da atividade estatal própria da pessoa jurídica que se diz credora, ainda que o crédito possa ser considerado receita pública. (publicado no DJ 20/05/2002, julgado em 23/04/2003).

Imperioso, portanto, que a presente relação jurídica, antes de um aprofundamento no crédito em si, seja analisada de forma profunda com o objetivo de verificar a real natureza do crédito, pois ou este é público, advindo de atividade específica do Estado, ou é privado, pois adquirido pela União em face da lei e oriundo de uma relação de direito privado.

A interpretação que se possa dar à relação jurídica da cessão não admite amplitude ou sequer extensão. O poder de império do Estado não autoriza inclusão de suportes fáticos não contidos nas normas. A legalidade da atuação do ente público está vinculada exclusivamente aos ditames legais, vide artigo 37 do texto constitucional.

2.5. Da dívida ativa do crédito privado

Os créditos rurais cedidos à União por força da Medida Provisória n° 2.196-3/01 estão submetidos ao tratamento jurídico da Lei n° 4.829/65 e do Decreto-Lei n° 167/67. Posto isto, deve ficar claro que não altera sua natureza através da cessão. A natureza da relação obrigacional estabelecida entre o devedor e o cessionário não lhe retira sua estrutura objetiva, havendo apenas alteração no posso ativo. O crédito, portanto, permanece privado.

Nesse sentido é a posição do Ministro Paulo de Tarso Sanseverino, no julgamento do REsp 1153702/MG:

> RECURSO ESPECIAL. AÇÃO DE COBRANÇA. CÉDULA DE CRÉDITO RURAL. ESTADO DE MINAS GERAIS COMO SUCESSOR DO BANCO DO ESTADO DE MINAS GERAIS S/A (BEMGE). INAPLICABILIDADE DO DECRETO N. 20.910/32. NORMA ESPECÍFICA RESTRITA ÀS HIPÓTESES ELENCADAS. CESSÃO DE CRÉDITO. REGIME JURÍDICO DO CEDENTE. APLICAÇÃO DOS PRAZOS DE PRESCRIÇÃO DO CÓDIGO CIVIL DE 1916 E DE 2002. INCIDÊNCIA DA NORMA DE TRANSIÇÃO DO ART. 2.028 CC. PRESCRIÇÃO NÃO IMPLEMENTADA.
>
> 1. Ação ordinária de cobrança movida pelo Estado de Minas Gerais, como sucessor do Banco do Estado de Minas Gerais S/A (BEMGE), proposta em julho de 2007, de dívida estampada em cédula de crédito rural, vencida em julho de 1998.
>
> 2. Inexistência de violação ao art. 535 do CPC quando o Tribunal de origem manifesta-se de forma clara e suficiente acerca da matéria que lhe é submetida a apreciação, sendo desnecessário ao magistrado rebater cada um dos argumentos declinados pela parte.

3. Inaplicabilidade do Decreto n. 20.910/32 quando a Fazenda Pública seja credora, pois, por ser norma especial, restringe-se sua aplicação às hipóteses em que os entes públicos sejam devedores (art. 1º).

4. Na cessão de crédito, o regime jurídico aplicável é o do cedente, e não o do cessionário.

5. O prazo prescricional da ação de execução de cédula de crédito rural seria de três anos, a contar do vencimento (art. 60 do Decreto-Lei n. 167/67 e art. 70 do Decreto n. 57.663/66).

6. Prescrita a execução, permite-se o manejo da ação ordinária de cobrança, ajuizada no prazo geral de prescrição das ações pessoais, previsto no Código Civil de 1916, que era de vinte anos.

7. Com a vigência do Código Civil de 2002, o prazo prescricional passou a ser de cinco anos, na forma do art. 206, § 5º, I ("prescreve em cinco anos a pretensão de cobrança de dívidas líquidas constantes de instrumento público ou particular).

8. Aplicação da regra de transição acerca da prescrição, Documento: 1136048 – Inteiro Teor do Acórdão – Site certificado – DJe: 10/05/2012 considerando-se interrompido o prazo na data do início da vigência do Código Civil de 2002 (11/01/2003) e passando a fluir, desde então, a prescrição quinquenal do novo estatuto civil.

9. Inocorrência de prescrição, na espécie, pois a ação de cobrança foi ajuizada em julho de 2007.

10. Doutrina de Câmara Leal acerca do tema e precedentes desta Corte.

11. RECURSO ESPECIAL PROVIDO. (grifamos). Publicado no DJe em 10/05/2012.

Seu substrato constitucional está expresso no artigo 187, I da Constituição Federal. Possui, portanto, natureza peculiar e de interesse público relevante. O contrato de crédito rural, entabulado entre particulares, agora está na titularidade do público. A estranha situação que se apresenta demanda tratamento diferenciado e cauteloso.

Partindo-se da premissa que a relação obrigacional cedida possui natureza privada, visto não haver sujeição ao regime do cessionário, a hipótese de inadimplemento, seja perfeito ou imperfeito, demanda do Estado, agora credor, limites e prerrogativas impostos por e pela lei. Não poderia a União, agora, avocar prerrogativas ou uma posição material ou formal equidistante do devedor.

A União, agora titular do crédito rural cedido, adquire todos os direitos a ele relativos. Neste ponto se torna relevante sua forma de ingresso ao patrimônio público. O crédito, então, adquire a feição de receita pública. Para tanto, fiel é sua subordinação à Lei nº 4.320/64, que qualifica os créditos em Receitas Correntes e de Capital. De outra banda, as receitas também são classificadas como originárias e derivadas, a interessar exclusivamente as originárias, visto tratarem-se as derivadas de atuação do *jus imperii*, representando a realidade tributária.

As receitas originárias do Estado resultam da atuação deste sob o regime de direito privado quando de sua atuação na exploração de atividades privadas.

As relações obrigacionais absorvidas pela União através das cessões de crédito rural, em especial originárias do Banco do Brasil apresentam-se como situação singular. O Banco do Brasil, pessoa jurídica de direito privado controlada pela União possui amparo constitucional, visto que o artigo 173 lhe autoriza criação. Não bastasse isso, o referido dispositivo o inciso II do citado artigo determina que estas estejam sob a sujeição de normas de direito privado, não havendo, pois, exceção.[34] Portanto, as relações obrigacionais cedidas não se desnaturam pelo fato da cessão. Ademais, é o próprio texto constitucional que determina a função fiscalizadora do Estado em seu artigo 74. Não podem, as empresas públicas e sociedades de economia mista, a teor do artigo 73, § 2º, gozarem que qualquer benefício ou privilégio fiscal que não for extensivo à iniciativa privada.

Esta digressão sobre a natureza do crédito é de extrema relevância na configuração que se está a desvelar.

O crédito rural, originário de contratos de crédito de financiamento rural, submete-se à tutela jurídica privada que lhe deu origem. Seu ingresso no patrimônio público se dá por força de lei e o publiciza sem, contudo não lhe retirar a natureza jurídica privada, pois como já dito, não há como lhe alterar a natureza visto ter ocorrido apenas a alteração subjetiva na relação creditória.

O contrato de crédito rural entabulado entre o produtor e o Banco do Brasil, posteriormente alongado no procedimento "securitização" chega ao patrimônio público viciado. Seu ingresso se dá através da apuração do saldo devedor e devida correção.

Dessarte, o inadimplemento do crédito pertencente ao Estado conduz à inscrição em dívida ativa, importante ato que expõe a legalidade tributária. O ato de inscrição em dívida ativa está determinado pelo artigo 39 da Lei nº 4.320/64. O § 1º do artigo citado determina que a apuração dos créditos deverá ser precedida pela verificação de sua liquidez e certeza. No mesmo sentido a Lei nº 6.830/80, quando determina em seu artigo 2º, § 3º, estipula que a inscrição é ato de controle da legalidade.[35] Tal controle é exercido pela Procuradoria da Fazenda e é ato finalístico, pois é a oportunidade de a administração rever os requisitos de sua constituição.[36]

---

[34] Art. 173 Ressalvados os casos previstos nesta Constituição, a exploração direta de atividade econômica pelo Estado só será permitida quando necessária aos imperativos da segurança nacional ou a relevante interesse coletivo, conforme definidos em lei. (...) II – a sujeição ao regime jurídico próprio das empresas privadas, inclusive quanto aos direitos e obrigações civis, comerciais, trabalhistas e tributários;

[35] § 3º A inscrição, que se constitui no ato de controle administrativo da legalidade, será feita pelo órgão competente para apurar a liquidez e certeza do crédito e suspenderá a prescrição, para todos os efeitos de direito, por 180 dias, ou até a distribuição da execução fiscal, se esta ocorrer antes de findo aquele prazo.

[36] CARVALHO, Paulo de Barros. *Curso de Direito Tributário*. 23 ed.. São Paulo: Saraiva, 2011, p. 675.

Nesta esteira ingressa o conteúdo do artigo 70 da Constituição Federal, o qual determina o viés imperativo de fiscalização dos entes públicos sobre seus atos e, em especial, o verbete da súmula n° 473 do Supremo Tribunal Federal.[37]

O controle dos atos da administração pública é dever imposto à prática e efetividade do princípio da legalidade, mormente quanto ao crédito decorrente de ilegalidades, visto que estes não podem produzir efeitos.

O ato de inscrição deverá, antes de realizado, estar regido pelo disposto no artigo 37 da Constituição Federal, em especial ao princípio da legalidade. Assim, a apuração de liquidez e certeza são requisitos objetivos no procedimento desenvolvido pela Procuradoria da Fazenda Nacional (§ 5º). Por liquidez entende-se identificação precisa da prestação; por certeza, identificação clara e precisa da relação obrigacional. Neste sentido, apuradas as irregularidades contidas na apuração do crédito cedido, resta claro que houve o ingresso irregular de créditos ao erário público. Tais vícios desconstituem a presunção de legalidade do ato administrativo, posto que ao realizar o ato de controle de legalidade do crédito maculam de forma insanável sua exigibilidade.

2.6. Da invalidade do crédito viciado

Como visto, o crédito não tributário oriundo da cessão de crédito rural possui ilegalidades insanáveis, visto que oriundos de relações contratuais sucessivas que lhe acrescem rubricas contrárias à lei e o pacífico entendimento dos tribunais.

A anulação, segundo Helly Lopes Meirelles é fundada em legitimidade ou ilegalidade. Não é outra a posição de Lúcia Figueiredo Valle quando argumenta ser um dever o ato de extinção/invalidação do ato eivado de ilegalidade.[38] A aquisição de crédito viciado impõe ato concreto para restabelecer a legalidade da conduta pública.[39] Como efeito da anulação do ato, a retroação às origens é inevitável. A invalidade possui o condão de operar-se *ex tunc*, repondo as relações a um *status quo ante*. Portanto, sendo o ato de inscrição em dívida ativa nulo, visto que repleto de ilegalidade, teríamos a situação e atos inexistentes, não podendo, portanto, produzir qualquer efeito jurídico.

---

[37] Súmula 473 STF – A administração pode anular seus próprios atos, quando eivados de vícios que os tornam ilegais, porque deles não se originam direitos; ou revogá-los, por motivo de conveniência ou oportunidade, respeitados os direitos adquiridos, e ressalvada, em todos os casos, a apreciação judicial.

[38] FIGUEIREDO, Lucia Valle. *Curso de Direito Administrativo*. 9. ed. São Paulo: Malheiros, 2008, p. 250

[39] MEIRELLES, Hely Lopes. *Direito Administrativo Brasileiro*. 26. ed. São Paulo: Malheiros, 2009, p. 195

Havendo ilegalidade no ato de inscrição em dívida ativa, visto não ter havido verificação quanto à legalidade do crédito cedido, e, ilegalidade quanto à formação do crédito, sendo este anterior à inscrição, imperiosa é a atuação da administração pública para sanear a presente antinomia. Temos, então, uma sequencia de atos maculados na origem: o ato de inscrição e a composição do crédito no momento da cessão.

Uma vez apontados os vícios na composição do crédito credit, aponta-se, também, a necessidade de verificação da higidez do crédito. A desnaturação da prestação cedida ao Estado merece veemente repúdio, sendo imperiosa sua invalidação. Não há como prosperar a existência e validade de ato viciado, mormente quando o novo credor está restrito à legalidade. Desta sorte, uma vez viciado não há como prosperar sua convalidação.

A gravidade do vício ocorrido deve ser apurada pelo agente competente para a inscrição do devedor em dívida ativa. O interesse público vinculado à causa é inequívoco. Nesta linha é o pensar de Oswaldo Aranha Bandeira de Mello quando, comentando a importância dos princípios gerais do direito, insiste na inexistência dos atos nulos. O ingresso dos créditos viciados ao patrimônio público não macula exclusivamente a legalidade, mas de sobremaneira a moralidade do ato (art. 37 da CF/88). Percebe-se, então, a fragilidade do crédito frente aos princípios que norteiam a administração pública.

O crédito rural é prioridade constitucional e representa a efetivação das políticas públicas de desenvolvimento econômico brasileiro. Não é outra a interpretação senão esta, corroborada pela própria existência do Manual de Crédito Rural. Suas premissas são de vinculação obrigatória pelos sujeitos inseridos nas relação obrigacional, não importando de este foi ou será cedido à União. Ademais, sendo crédito de natureza não tributária, incidente é a norma do Código Tributário Nacional quando, em seu artigo 110, determina que a Administração Pública não poderá alterar o alcance e aplicação de dispositivos de direito privado.[40] Portanto, não se trata de ato anulável ou irregular, mas simplesmente de ato nulo ou inexistente.

A prosperar a pretensão do Estado em buscar os créditos cedidos e inadimplentes restará consolidado, então, o locupletamento por parte da União sobre créditos construídos de forma ilícita e contrário à moral. Como já demonstrado, sua composição esta eivada de vício insanável, não sendo o Estado autorizado, mesmo legalmente, a incorporá-los sem

---

[40] Art. 110. A lei tributária não pode alterar a definição, o conteúdo e o alcance de institutos, conceitos e formas de direito privado, utilizados, expressa ou implicitamente, pela Constituição Federal, pelas Constituições dos Estados, ou pelas Leis Orgânicas do Distrito Federal ou dos Municípios, para definir ou limitar competências tributárias.

qualquer critério. Afinal, o princípio da legalidade, segundo Lucia Valle Figueiredo não é outro senão o da total submissão da Administração às leis, em especial aos atos normativos exarados por esta.[41]

Considerações finais

A presente pesquisa pretendeu analisar a posição constitucional do produtor rural e a intrincada relação existente entre financiamento da produção rural e inadimplemento.

A tutela constitucional da produção rural adquiriu status constitucional com o advento da Constituição de 1988. Seu artigo 187 prescreveu norma programática, trazendo políticas públicas tendentes ao incremento da atividade rural e desenvolvimento nacional. Vários instrumentos foram criados antes e após a promulgação da Constituição, em especial, pois objeto desta pesquisa, as políticas de financiamento da produção rural.

A Constituição recepcionou as normas de direito financeiro editadas na década de 1960, incluída a normatização do crédito rural. Com o advento da criação do Sistema Financeiro Nacional, que criou o Banco Central do Brasil e os instrumentos de concessão do crédito à produção rural. O sistema desenvolvido no Brasil é peculiar, pois absorve recursos dos depósitos compulsórios das instituições financeiras e os direciona à produção. Não são só os recursos privados, mas públicos, provenientes de fontes criadas pelo Estado com o objetivo específico de consolidação desta atividade econômica que tanto caracteriza o Brasil.

A sucessão de instabilidades ocorridas no cenário econômico nacional levou o produtor rural à inadimplência, em especial na década de 1980. Esta inadimplência ensejou diversas repactuações com as instituições financeiras, em especial o Banco do Brasil S.A. Tais repactuações foram, sucessivamente, repactuadas, criando uma bola de neve que, em muitas vezes, restou por incapacita-lo à continuidade da atividade.

A União Federal criou, com edição Medida Provisória nº 2.196/01, um intrincado mecanismo de securitização dos créditos inadimplidos. Por este sistema, o crédito é repactuado uma última vez, compondo seu conteúdo todas as relações creditícias anteriores. Tal crédito é, então, cedido à União e alongado. Tal cessão não desnatura a natureza jurídica do crédito, qual seja, de relação de direito privado. Há, portanto, substituição do antigo credor pela União. O inadimplemento do crédito gera, segundo normas de direito público, direito ao Estado inscrever o devedor e dívida

---

[41] FIGUEIREDO, Lucia Valle. *Curso de Direito Administrativo*. 9. ed. São Paulo: Malheiros, 2008, p. 47.

ativa, e, consequentemente, não sendo extinto através do pagamento, direito à execução do crédito através do rito da lei n° 6.830/80.

A securitização dos crédito rurais criou uma delicada situação jurídica, onde as irregularidades ocorridas nos contratos originários formam convalidados pelo Poder Público, que os converteu em crédito público e está utilizando mecanismo privilegiado para sua cobrança. Ocorre, contudo, que o ato de inscrição em dívida ativa, quando inadimplido o crédito, demanda verificação, pelo agente público, da legalidade de tais recursos, pois ingressam no patrimônio da União como receitas não tributárias. Os vícios ocorridos nas relações antecedentes são convalidados e, desta forma, ingressam de forma ilegítima, maculando a relação por inteiro.

Assim, é objetivo da presente pesquisa perquirir a (i)legalidade de tal proceder pela administração pública, que possui o dever de invalidar ou revogar seus atos eivados de vícios, tudo a teor do princípio da legalidade inscrito no artigo 37 da Constituição Federal.

O Poder Judiciário tem, de forma singela, manifestado opiniões em sentidos diversos, mas sem adentrar no conteúdo específico: invalidação por vício na origem. Tem, contudo, manifestando-se sobre a legalidade do uso do procedimento da execução fiscal, o que não retira os vícios de origem.

Estamos longe de encontrar uma solução jurídica para o tema, que recentemente vem se debruçando sobre casos concretos, ainda não bem trabalhados, pois visam exclusivamente a desconstituição procedimento executório sem ingressar na legitimidade do próprio crédito.

Referências

BARROS, José Roberto e Barros, Alexandre Lahoz Mendonza de. Agricultura Brasileira: um caso de Sucesso no Trópico. In Buranello, Renato (org.). *Direito do Agronegócio*: Mercado, Regulação,Tributação e Meio Ambiente. São Paulo: Quartier Latin.V.1.

BRUNANELLO, Renato M. (coord.); Castro, Raphael Velly de. Captação, intermediação e aplicação no mercado financiamento bancário do agronegócio. In: *Direito do Agronegócio*: Mercado, regulação, tributação e meio ambiente. v.2. Quartier Latin: São Paulo, 2013.

——. Economia das Crises e a Regulação do Mercado Financeiro. In: *Direito do Agronegócio*: Mercado, regulação, tributação e meio ambiente. São Paulo: Quartier Latin, 2013, v.2.

——. *Sistema Privado de Financiamento do Agronegócio – Regime Jurídico*. São Paulo: Quartier Latin, 2011.

——; Barbosa, Ana Silvia Neves Comodo. *Execução dos instrumentos Financeiros de Crédito no Agronegócio*. v.1. Quartier Latin: São Paulo, 2011.

FREYRE, Gilberto. *Novo mundo nos trópicos*. São Paulo: Nacional, 1971.

FURTADO, Rogério. *Agrobusiness Brasileiro*. São Paulo: Evoluir Cultural, 2002.

GISCHKOW, Emílio Alberto Maya. *Princípios do Direito Agrário*: desapropriação e reforma agrária. São Paulo: Saraiva, 1988.

GRAU, Eros Roberto. *Planejamento Econômico e regra jurídica*. São Paulo: Revista dos Tribunais, 1978.

MEIRELLES, Hely Lopes. *Direito Administrativo Brasileiro*. 26. ed. São Paulo: Malheiros, 2009.

MIRANDA, Francisco Cavaltante Pontes de. *Tratado de Direito Privado*, Tomo XXIV, São Paulo: Bookseler, 2003.

OLIVEIRA, Fernando A.Albino de. *Poder regulamentar da Comissão de Valores Mobiliários*. 1989. 221p. (tese de doutorado) Faculdade de Direito da Universidade de São Paulo.

PAGE, Martin. *A primeira aldeia global*: como Portugal mudou o mundo. Lisboa: Casa das Letras, 2009.

— 6 —

A influência do positivismo jurídico na jurisdição praticada no Estado Democrático de Direito brasileiro: uma análise a partir da Súmula 372 do STJ

GUILHERME ANTUNES DA CUNHA[1]

Sumário: 1. Considerações iniciais; 2. A influência do positivismo jurídico na jurisdição praticada no Estado Democrático de Direito brasileiro: uma análise a partir da Súmula 372 do STJ; 3. Considerações finais; Referências.

1. Considerações iniciais

O Estado Liberal Clássico construiu-se a partir das irresignações que os cidadãos, especialmente a burguesia, nutriam em relação à monarquia absolutista, forma de governo esta que concentrava as decisões nas mãos do monarca e que, consequentemente, beneficiava poucos e abusava de seu poder em desfavor de muitos, tendo característica eminentemente interventiva. E explica-se, porque o Estado Absolutista defendia o cidadão contra os demais cidadãos membros da sociedade (impedindo, assim, que fosse instalado o "estado de natureza" – expressão de Hobbes), mas não protegia os cidadãos em face do próprio Estado.

A forma liberal clássica de conceber o Estado tinha como princípio maior a liberdade plena do indivíduo em relação ao Estado, devendo este ser o menos interventor possível, a fim de permitir que os cidadãos pudessem, livremente, dar regras a si mesmos sem ingerência de qualquer natureza. A não intervenção estatal tornara-se a base fundamental para que os indivíduos pudessem exercer livremente sua liberdade e gozar de suas propriedades.

---

[1] Bacharel em Ciências Jurídicas e Sociais e Especialista em Direito Processual Civil pela Pontifícia Universidade Católica do Rio Grande do Sul (PUCRS), Porto Alegre, Estado do Rio Grande do Sul, Brasil. Mestre em Direito no Programa de Pós-Graduação em Direito da Universidade do Vale do Rio dos Sinos (UNISINOS/RS), São Leopoldo, Estado do Rio Grande do Sul, Brasil. Professor dos cursos de Graduação e Pós-Graduação da Faculdade de Desenvolvimento do Rio Grande do Sul (FADERGS). Advogado. Correio eletrônico: <guilherme@antunesdacunha.adv.br>.

No Estado Liberal Clássico, por influência da doutrina da separação dos poderes, o Poder Executivo ficava subordinado à lei; esta, reservada exclusivamente ao Poder Legislativo, era fruto da representação política, por meio da qual o poder era exercido por todo o povo (representantes); por fim, a lei era aplicada pelo juiz (Poder Judiciário), mas este deveria decidir reproduzindo fielmente o texto legal. A ideia era impedir que a sociedade vivesse sem saber com precisão quais obrigações assumir.[2]

Para isso, e para que a economia não sofresse entraves, o direito também teve de ter caráter liberal, não distinguindo as diferenças materiais entre os administrados, apenas tutelando uma igualdade formal entre eles. Assim, o Estado não poderia influir nos negócios individuais, tendo os direitos, então, roupagem individualista e conotação mercadológica, já que o interesse da classe ascendente (a burguesia) era em um mercado livre e em proteção contra abusos estatais.

Nessa linha de raciocínio, os direitos fundamentais, na concepção liberal-burguesa, eram compreendidos como direitos de defesa do particular contra interferências do Estado em sua propriedade e em sua liberdade. E nada mais. Eram, assim, concebidos apenas como um não agir do Estado, ou seja, direitos de proteção negativos.

Surgia o princípio da autonomia da vontade, com o fim especial de construir uma economia livre e respeitar a vontade do indivíduo. E o processo civil, por sua vez, sofreu influência direta desse paradigma liberal, especialmente em razão da primazia da certeza, oferecendo ao jurisdicionado apenas uma tutela reparatória e em sede de cognição exauriente (afastando-se, assim, as tutelas sumárias, pois não eram tolerados provimentos antecipatórios antes do encerramento da cognição judicial plena sobre a causa), além de jamais prever provimentos que coagissem, de qualquer forma, a vontade do réu.

A partir de meados do Século XX, notadamente após as Grandes Guerras Mundiais, faleceu o entendimento liberal clássico de Estado, tomando-se, doravante, a consciência de que não bastava garantir as liberdades diante do Estado, pois era necessário também exigir prestações positivas, prestações sociais capazes de efetivamente possibilitar que a liberdade pudesse ser usufruída, ou seja, eram imperativas prestações idôneas a viabilizar os direitos sociais e os procedimentos judiciais voltados à tutela dos direitos de forma adequada, tempestiva e efetiva.

Diante dessas circunstâncias, foi necessário que o Estado passasse a ter um caráter social, preocupando-se com o desenvolvimento dos indivíduos que formavam a sociedade. Para tanto, o Estado aumentou sensivelmente seu âmbito de atuação, procurando tutelar as desigualdades

---

[2] BOBBIO, Norberto. *O positivismo jurídico: lições de filosofia do direito*, compiladas por Nello Morra, tradução e notas Márcio Pugliesi, Edson Bini e Carlos Rodrigues. São Paulo: Ícone, 2006, p. 39-40.

materiais existentes, visando à justiça social. E isso modificou a forma de se conceber o direito e o processo, para atender às exigências da contemporaneidade, ficando evidente a mudança de rumo com o advento das constituições dirigentes e compromissórias e com a dinâmica dos direitos fundamentais.

Os direitos fundamentais são, pois, a essência do Estado Contemporâneo, e a "expansão da ação judicial é marca fundamental das sociedades democráticas contemporâneas",[3] constituindo, neste sentido, não apenas parte da Constituição formal, mas também elemento nuclear da Constituição material, sendo a concretização desses direitos tarefa permanente: tais direitos constituem exigência imprescindível ao efetivo exercício das liberdades e garantia de igualdade de oportunidades entre os cidadãos, inerentes à noção de um Estado guiado pelo valor da justiça material.[4]

Nessa senda, fica evidente que o Estado Contemporâneo caracteriza-se, no campo da tutela dos direitos, pelo ônus de prestar a tutela jurisdicional adequada (às necessidades do direito material posto em causa) e efetiva (realizar a pretensão especificamente) no caso concreto,[5] pois é condição de uma proteção jurídica efetiva que o resultado do procedimento proteja os direitos materiais dos titulares desses direitos envolvidos no processo.[6] Apareciam as tutelas sumárias e específicas.

Apesar dessa evidente mudança na roupagem do Estado, com a preocupação com a justiça social, com direitos fundamentais e com uma tutela jurisdicional adequada e efetiva, o paradigma liberal-clássico continua influenciando os juristas em geral, pois por vezes depara-se com situações, no âmbito da prática forense, de aplicação estrita da lei, sem observação (aplicação) dos direitos fundamentais processuais e sem a utilização de mecanismos que apoiem o magistrado na consecução da tutela específica (adequada e efetiva) do caso concreto, corolário de um verdadeiro Estado Democrático de Direito.

O Superior Tribunal de Justiça editou, em 30 de março de 2009, a Súmula 372, segundo a qual não cabe multa cominatória para forçar exibição de documentos em medida cautelar. Segundo a referida Corte Superior, a multa cominatória é incompatível com exibição de documentos de natureza cautelar, ou seja, a multa prevista pelo art. 461, § 4º, do Código de Processo Civil, só se aplica às obrigações de fazer e não fazer e enquanto

---

[3] CITTADINO, Gisele. *Poder judiciário, ativismo judicial e democracia*. In: *Revista da Faculdade de Direito de Campos*, Ano 2, n 2 e Ano 3, n 3, 2001-2002, p.135.

[4] SARLET, Ingo Wolfgang. *A eficácia dos direitos fundamentais*. 3. ed. rev., atual. e ampl. Porto Alegre: Livraria do Advogado, 2003, p. 64, 67 e 68.

[5] OLIVEIRA, Carlos Alberto Alvaro de; MITIDIERO, Daniel. *Curso de processo civil: volume 1: teoria geral do processo civil e parte geral do direito processual civil*. São Paulo: Atlas, 2010, p. 28-29.

[6] ALEXY, Robert. *Teoria dos direitos fundamentais*, tradução de Virgílio Afonso da Silva. São Paulo: Malheiros, 2008, p. 488.

pedidos de mérito de ações de conhecimento. Isto porque o procedimento do processo cautelar previsto no Código de Processo Civil não prevê a imposição de multa cominatória por descumprimento de determinação judicial em processo dessa natureza.

O presente ensaio, portanto, demonstrará que os atuais operadores do direito, mesmo em pleno Estado (sedizente) Democrático de Direito, ainda estão imbuídos no ideal jurídico proposto no Estado Liberal Clássico, à luz do paradigma racionalista e da doutrina do positivismo jurídico, pois os Tribunais, no bojo da prestação jurisdicional, permanecem presos no legalismo estrito, o que, dentre inúmeras outras consequências, acaba por vezes a retroceder ao paradigma racionalista e aos ideias positivistas, impedindo a coercibilidade da vontade de réu, impossibilitando a tão necessária (e constitucional) tutela jurisdicional adequada e efetiva dos direitos.

2. A influência do positivismo jurídico na jurisdição praticada no Estado Democrático de Direito brasileiro: uma análise a partir da Súmula 372 do STJ

Os valores básicos do Estado Liberal Clássico eram os direitos individuais, mais precisamente a liberdade, a igualdade, a propriedade privada, a segurança jurídica e a participação dos cidadãos na formação da vontade estatal.[7] Assim, o Estado é uma armadura de defesa e proteção da liberdade e do direito, manifestando-se, pois, como criação deliberada e consciente da vontade dos indivíduos que o compõem.[8]

O liberalismo, então, é uma determinada concepção de Estado, na qual este tem poderes e funções limitadas (Estado mínimo), e como tal se contrapõe tanto ao Estado absoluto quanto ao Estado que se chamou de social. O liberalismo é uma doutrina do Estado limitado tanto com respeito aos seus poderes quanto às suas funções. Quer dizer, no conceito de liberalismo concentra-se na ideia de limites, de liberdades e que tem como ator principal o indivíduo.[9]

No liberalismo, exaltava-se o individualismo, considerando que os interesses individuais livremente desenvolvidos seriam harmonizados por uma "mão-invisível"[10] e resultariam no bem-estar coletivo. A apolo-

---

[7] GARCÍA-PELAYO, Manuel. *As transformações do Estado Contemporâneo*. Tradução, prefácio e apêndice de Agassiz Almeida Filho. Rio de Janeiro: Forense, 2009, p. 41-42.

[8] BONAVIDES, Paulo. *Do Estado Liberal ao Estado Social*. 9. ed. São Paulo: Malheiros, 2009, p. 41.

[9] STRECK, Lenio Luiz; MORAIS, Jose Luis Bolzan de. *Ciência Política e Teoria Geral do Estado*. 7. ed. Porto Alegre: Livraria do Advogado, 2010, p. 57-58.

[10] Terminologia de Adam Smith, na obra *Uma investigação sobre a natureza e as causas da riqueza das nações*. 3. Ed. Lisboa, Editora FCG, 1999. Referido conceito significa uma coordenação invisível que assegura a consistência dos planos individuais numa sociedade onde predomina um sistema de mer-

gia do interesse individual e a rejeição da intervenção estatal na economia transformar-se-iam nas teses básicas desse sistema e a livre concorrência passou a ser considerada essencial para uma economia eficiente.[11]

Portanto, o argumento da "mão-invisível" e a fé na natureza automática e autorregulável do mercado demonstravam que as principais funções do Estado deveriam ser fazer cumprir os contratos e defender os poderes e privilégios da propriedade privada, na medida em que se acreditava que o mercado regulava a atividade produtiva, e ao Estado caberia tão somente proteger tal situação.[12]

No Estado Liberal Clássico, portanto, vivido à luz do paradigma racionalista e individualista, era vedada a adoção de qualquer mecanismo que tornasse o ser humano um objeto (o homem deveria ser tratado sempre como fim, jamais como meio), como nas obrigações de fazer e não fazer. Essa era, entre outras, a acepção de dignidade da pessoa humana, já que o ser humano era tido como o único capaz de pautar suas próprias condutas, constituindo esse o alicerce de legitimidade da ordem jurídica.[13]

Com o sistema filosófico prevalente no século XVIII, a vontade predominou como pressuposto do pensamento liberal, pois a liberdade estava indistintamente ligada à noção de autonomia. Norberto Bobbio, esclarecendo o que Kant entendia por autonomia, aduz que "por autonomia da vontade entende-se a faculdade de dar leis a si mesmo".[14]

Logo, no âmbito do direito e do processo civil, a questão dos meios de assegurar a realização do cumprimento das obrigações de fazer e não fazer, e das de entrega de coisa, é(ra) delicada e complexa, pelos interesses presentes: de um lado, o interesse do credor em obter a plena e inte-

---

cado. De acordo com Adam Smith, um indivíduo que busca apenas seu próprio interesse é na verdade conduzido por uma mão invisível a obter um resultado que não estava originalmente em seus planos. Esse resultado obtido seria o interesse da sociedade. Conforme SANDRONI, Paulo. *Novíssimo dicionário de economia*. São Paulo: Best Seller, 2000, p. 365-366.

[11] STRECK, Lenio Luiz; MORAIS, Jose Luis Bolzan de. *Ciência Política e Teoria Geral do Estado*. 7. ed. Porto Alegre: Livraria do Advogado, 2010, p. 60-61.

[12] HUNT, E. K. *História do pensamento econômico: uma perspectiva crítica* – tradução de José Ricardo Brandão de Azevedo. Rio de Janeiro: Campus, 1982, p. 426.

[13] TALAMINI, Eduardo. *Tutela relativa aos deveres de fazer e de não fazer e sua extensão aos deveres de entrega de coisa (CPC, arts. 461, 461-A, CDC, art. 84)*. 2. Ed. Rev., atual. e ampl. São Paulo: Editora Revista dos Tribunais, 2003, p. 32-33.

[14] BOBBIO, Norberto. *Direito e Estado no pensamento de Emanuel Kant* – tradução de Alfredo Fait. Brasília: Editora Universidade de Brasília, 1997, p. 62. Autonomia, no sentido filosófico da palavra, significa a capacidade de autodeterminação, sendo um agente autônomo quando suas ações são verdadeiramente suas. Para Kant, a autonomia da vontade é uma condição necessária da ação moral. Segundo esse autor, a autonomia é a capacidade de saber o que a moralidade exige de nós, e não funciona como a liberdade de tentar alcançar nossos fins, mas como o poder de um agente agir segundo regras de conduta universalmente válidas e objetivas, avalizadas pela razão. Conforme BLACKBURN, Simon. *Dicionário Oxford de filosofia*. Consultoria da edição brasileira, Danilo Marcondes. Rio de Janeiro, Jorge Zahar, 1997, p. 31-32.

gral satisfação, através da realização da prestação *in natura*; de outro, o interesse do devedor em que a coerção ao cumprimento não afete a sua liberdade e a sua dignidade.[15]

O glosador Favre (século XVI) cunhou, no final da Idade Média – sobretudo a partir do Digesto, o brocardo *nemo praecise potest cogi ad factum*, que significa que ninguém pode ser coagido de uma maneira absoluta a realizar um fato, porque isso não pode ser feito sem violência e opressão, razão pela qual, nas obrigações de fazer e não fazer, se sub-roga à prestação o pagamento de perdas e danos. A *ratio* do princípio é, pois, afastar ou impedir a violência ou a coação sobre a pessoa do devedor.[16]

Em seguida, no século XVII, Vinnius dá sua contribuição à interpretação do referido brocardo, entendendo que apenas os fatos estritamente pessoais deveriam ser cobertos por tal princípio, em nome da liberdade e da dignidade do homem, afastando os fatos cuja execução fosse possível sem violência sobre a pessoa do devedor. Mais tarde, Pothier trouxe ao direito francês o mesmo brocardo, com algumas ressalvas, mas fundamentalmente com o mesmo sentido, qual seja, a impossibilidade de ultraje à pessoa e à liberdade do devedor, exceto quando não fosse necessário fazer violência sobre a pessoa do devedor.[17]

Nessa senda, nota-se que, durante muito tempo, a resistência do obrigado foi vista como limite intransponível ao cumprimento das obrigações de fazer e de não fazer, tendo sido a intangibilidade da vontade humana elevada à categoria de verdadeiro dogma, como por exemplo, no Código Civil francês, cujo art. 1.142 rezava que "toda obrigação de fazer ou não fazer resolve-se em perdas e danos e juros, em caso de descumprimento pelo devedor".[18] Aliás, observa-se que tal princípio chegou à posição de dogma no ápice do Estado Liberal Clássico.

---

[15] SILVA, João Calvão da. *Cumprimento e sanção pecuniária compulsória*. 2. ed. 2ª Reimpressão. Coimbra: Almedina, 1997, p. 202.

[16] Idem, p. 218-219. Segundo Sergio Chiarloni, tal princípio constitui reflexo de dissolução da sociedade feudal e da consequente afirmação dos valores da autonomia, da liberdade e da igualdade, frutos das revoluções burguesas. (CHIARLONI, Sergio. *Misure coercitive e tutela dei diritti*. Milão: Giuffrè, 1980, p. 54.). Aliás, lembra o Professor Ovídio Baptista da Silva que, a partir dos primórdios do direito romano, há uma linha descendente contínua em direção ao debilitamento dos meios coercitivos e à tolerância para com o condenado. O abrandamento dos instrumentos executórios, originariamente privados e recaídos sobre a pessoa do devedor, foi resultado da influência do cristianismo, apesar de na Idade Média os instrumentos executivos ainda revestirem-se de muita crueldade. A eliminação das medidas coercitivas de natureza pessoal ocorreu em função da influência do Humanismo e dos demais princípios formadores da modernidade. (SILVA, Ovídio Araújo Baptista da. *Execução obrigacional e mandamentalidade*. In *Constituição, sistemas sociais e hermenêutica: programa de pós-graduação em Direito da Unisinos – mestrado e doutorado*. STRECK, Lenio Luiz e MORAIS, Jose Luis Bolzan de (Organizadores). Porto Alegre: Livraria do Advogado, 2008, p. 09-10.).

[17] SILVA, João Calvão da. *Cumprimento e sanção pecuniária compulsória*. 2. ed. 2ª Reimpressão. Coimbra: Almedina, 1997, p. 220-221.

[18] GRINOVER, Ada Pellegrini. *Tutela jurisdicional nas obrigações de fazer e não fazer*. In *Reforma do Código de Processo Civil*. TEIXEIRA, Sálvio de Figueiredo (coord.). São Paulo: Saraiva, 1996, p. 253.

O princípio *nemo praecise potest cogi ad factum* teve influência direta sobre o conceito de tutela jurisdicional condenatória. A correlação entre condenação e execução forçada é fruto da ideologia liberal da intangibilidade da vontade humana. A tutela *in natura*, por supor uma consideração articulada e diferenciada dos interesses e das necessidades pelas quais se pede a tutela, não se conciliava com os princípios da abstração dos sujeitos, da equivalência dos valores e do natural funcionamento dos mecanismos de mercado, próprios do direito liberal.[19]

Sabendo-se que o Estado Liberal Clássico caracterizou-se por garantir a liberdade individual mediante a proibição da interferência estatal na esfera dos particulares, a tutela declaratória, que visa apenas a regular formalmente uma relação jurídica sem interferir na realidade social (mundo dos fatos), está totalmente de acordo com os valores liberais. Mas a tutela condenatória, por sua vez, também obedece a tais valores, pois atua apenas no plano normativo,[20] já que a condenação apenas abre as portas para a execução forçada, ficando a tutela condenatória reduzida a uma espécie de tutela declaratória.[21]

Aliás, a função meramente declaratória da jurisdição está nitidamente marcada pela relevância institucional que foi dada pelo direito liberal ao Poder Legislativo. Logo, nesta época em que o direito se resumia à lei, sendo esta fruto exclusivo das casas legislativas, o positivismo jurídico teve terreno fértil para florescer, já que o juiz não podia utilizar-se de elementos interpretativos para julgar, pois traria isso insegurança jurídica à sociedade, motivo pelo qual devia o julgador limitar-se a pronunciar a palavra da lei.[22]

---

[19] MARINONI, Luiz Guilherme. *Tutela inibitória*: individual e coletiva. 4. ed. São Paulo: Editora Revista dos Tribunais, 2006, p. 342.

[20] Nesse ponto, Ovídio Baptista da Silva, ao analisar o "mundo jurídico" e o direito como relação, assevera que "não é de se estranhar, portanto, que o direito esteja hoje separado do fato, e as únicas ações que a doutrina reconheça sejam aquelas que operam exclusivamente no mundo normativo, as declaratórias, as constitutivas e as condenatórias, considerando meras consequências do ato jurisdicional as eventuais repercussões fáticas da sentença, como seus efeitos executivo e mandamental, que, sendo fáticos, para a doutrina, não seriam mais jurídicos". Conforme SILVA, Ovídio Araújo Baptista da. *Jurisdição e processo na tradição romano-canônica*. 3. ed. Rio de Janeiro: Forense, 2007, p. 141.

[21] MARINONI, Luiz Guilherme. *Tutela inibitória*: individual e coletiva. 4. ed. São Paulo: Editora Revista dos Tribunais, 2006, p. 348-349.

[22] TARELLO, Giovanni. *Storia della cultura giuridica moderna (assolutismo e codificazione del diritto)*. Bologna: il Mulino, 1976, p. 294. Aliás, lembra Danilo Zolo que o Poder Judiciário era objeto de prescrições exclusivamente negativas, não podendo os juízes se intrometer no exercício do poder legislativo, não tendo os magistrados, pois, nenhum poder de suspender a execução das leis. *Teoria e crítica do Estado de Direito*. In *O Estado de Direito: história, teoria, crítica*. COSTA, Pietro; ZOLO, Danilo (orgs.). Tradução de Carlo Alberto Dastoli. Com a colaboração de Emilio Santoro. São Paulo: Martins Fontes, 2006, p. 23-24. Quanto ao positivismo jurídico, este define o direito como um conjunto de comandos emanados pela autoridade competente, introduzindo na definição o elemento único de validade da norma, considerando, portanto, normas jurídicas todas aquelas emanadas de um determinado modo estabelecido pelo ordenamento jurídico, prescindindo do fato de essas normas serem ou não efetivamente aplicadas na sociedade. (Conforme BOBBIO, Norberto. *O positivismo jurídico: lições de filosofia*

Portanto, no Estado Liberal Clássico, o Poder Judiciário era concebido apenas como um poder subordinado, que teria a missão exclusiva de reproduzir e revelar as palavras da lei. E como seria impensável pensar que a lei tivesse duas vontades, toda a norma jurídica deveria ter sentido unívoco.[23] Isto porque se costumavam distinguir, na teoria da separação dos poderes e nos regimes democráticos representativos, as funções atribuídas a cada um dos três Poderes do Estado, sendo função dos legisladores prover para o futuro, dos administradores, membros do Executivo, cuidar do presente, e, por fim, dos juízes a missão de consertar o passado.[24]

Nesse andar, num sistema que objetiva preservar a liberdade dos cidadãos mediante a restrição dos poderes do juiz, não basta afirmar que este somente pode declarar as palavras da lei, mas é necessário impedir que ocorram julgamentos preventivos (fundados em juízos de verossimilhança com cognição sumária), já que não se concebia que ao final se pudesse modificar o entendimento e dois juízos em relação à lei eram inconcebíveis – e o paradigma racionalista não toleraria esta insegurança. Por isso imperava o princípio de que não há execução sem título.[25]

A ideia de igualdade formal, ao refletir a impossibilidade de tratamento diferenciado às diferentes posições sociais e aos bens, unificou o valor dos direitos (como já se disse, função mercadológica dos direitos no Estado Liberal), permitindo a sua expressão em dinheiro e, assim, que a jurisdição pudesse conferir a todos eles um significado em pecúnia. E isso fez com que a jurisdição fosse dirigida a dar tutela aos direitos privados violados, sendo esta uma das razões pela qual a classificação trinária das tutelas era suficiente no direito processual concebido naquela época e não era necessária uma tutela jurisdicional preventiva.[26]

Assim, na doutrina jurídica dos oitocentos, como assevera Adolfo di Majo, foi recuperado o princípio da prevalência da *condemnatio pecuniaria*. Essa tendência era excluir a possibilidade de obtenção da reintegração *in natura* dos valores alterados (ou dos direitos materiais violados ou

---

do direito, compiladas por Nello Morra, tradução e notas Márcio Pugliesi, Edson Bini e Carlos Rodrigues. São Paulo: Ícone, 2006, p. 136 e 142.)

[23] SILVA, Ovídio Araújo Baptista da. *Processo e ideologia: o paradigma racionalista*. Rio de Janeiro: Forense, 2004, p. 92-93.

[24] Idem, p. 98.

[25] MARINONI, Luiz Guilherme. *Técnica processual e tutela dos direitos*. 3. Ed. rev. e atual. São Paulo: Revista dos Tribunais, 2010, p. 35 e 38. Isso porque, explica o mesmo autor, se acreditava que a proibição da execução antes do término da cognição – traduzida pela fórmula de que o juiz não podia julgar com base na verossimilhança – era fundamental para garantir o direito de defesa e, assim, não poderia jamais ser excepcionada (p. 37).

[26] MARINONI, Luiz Guilherme. *Teoria geral do processo*. 2. ed. rev. e atual. São Paulo: Revista dos Tribunais, 2007, p. 32.

ameaçados), ou seja, formas de satisfação coativa (direta ou indireta) dos direitos.[27]

Por todos esses motivos, observa-se que o paradigma liberal não aceitava a possibilidade de dar ao juiz poderes para exercer coação, mesmo que indiretas, na vontade do devedor para o cumprimento de deveres de fazer, não fazer e entrega de coisa, resolvendo-se, aquelas que dependiam exclusivamente da vontade do devedor, em perdas e danos.

Em face da realidade que se observou pelas práticas dos dogmas do Estado Liberal Clássico, a concepção de Estado foi se modificando, na medida em que foi vista a necessária preocupação com a tutela da justiça social. A finalidade do Estado (Social e após Democrático de Direito) passa a ser garantir o desenvolvimento da pessoa humana. A intenção é realizar intervenções que impliquem diretamente uma alteração na situação da comunidade, visando igualdade, uma sociedade justa, através do asseguramento jurídico de condições mínimas de vida para os cidadãos.

A partir da segunda metade do século XX, notadamente após a Segunda Guerra Mundial, a garantia dos direitos fundamentais passou a depender de controle recíproco e do equilíbrio entre os poderes constituídos, inclusive o legislativo, sob a vigilante proteção de uma Corte Constitucional. Assim sendo, atenuou-se a instância "democrática" que fazia do Poder Constituinte (do Legislativo) a (única) fonte da legitimidade constitucional.[28]

A partir de então, recusava-se o primado da onipotência do legislador, quer dizer, a visão de democracia constitucional passou a ser uma democracia limitada por uma Constituição, na qual os direitos fundamentais, inalienáveis e invioláveis, são indecidíveis por parte de qualquer maioria política e qualquer Poder.[29]

A decadência do positivismo jurídico é emblematicamente associada à derrota do fascismo na Itália e do nazismo na Alemanha, sem embargo da resistência filosófica de outros movimentos influentes nas primeiras décadas do século XX (por exemplo, a jurisprudência dos interesses e o movimento pelo direito livre). Esses movimentos políticos e militares as-

---

[27] DI MAJO, Adolfo. *La tutela civile dei diritti*. 2. ed. Milão: Giuffrè, 1993, p. 156. Essa redução da violação dos direitos à obrigação de indenizar perdas e danos nos permite compreender melhor a lição de Chiovenda, quando este afirma que todo direito, seja absoluto ou relativo, transforma-se numa obrigação ao penetrar nos umbrais do processo. Conforme SILVA, Ovídio Araújo Baptista da. *Jurisdição e processo na tradição romano-canônica*. 3. ed. Rio de Janeiro: Forense, 2007, p. 142.
[28] ZOLO, Danilo. Teoria e crítica do Estado de Direito. In: *O Estado de Direito: história, teoria, crítica*. COSTA, Pietro; ZOLO, Danilo (orgs.). Tradução de Carlo Alberto Dastoli. Com a colaboração de Emilio Santoro. São Paulo: Martins Fontes, 2006, p. 55-56.
[29] Idem, p. 55-56.

cenderam ao poder dentro do quadro de legalidade vigente e promoveram a barbárie em nome da lei.[30]

Ante a decadência do positivismo jurídico e do Constitucionalismo Moderno (formal), se desenvolve um novo conceito, na tentativa de conjugar o ideal democrático ao Estado de Direito, sob um conteúdo próprio onde estão presentes as conquistas democráticas, as garantias jurídico-legais e a preocupação social. Tudo constituindo um novo conjunto onde a preocupação básica é a transformação do *status quo*. O Estado Democrático de Direito visa, pois, a transformação da realidade e a agir como fomentador da participação pública no processo de construção de um projeto de sociedade.[31]

Nessa linha, Lenio Luiz Streck pontifica que a Constituição passou a ser, em sua substancialidade, o alicerce hermenêutico que conformará a interpretação do restante do sistema jurídico, sendo a Carta Política, assim, a materialização da ordem jurídica apontando para a realização da ordem política e social de uma comunidade, procurando concretizar os objetivos traçados em seu texto normativo.[32]

Nesse diapasão, com o advento da sociedade contemporânea e a necessidade de mudança de paradigma, constatou-se que, especialmente no âmbito das obrigações, para que fosse dado ao titular do direito exatamente aquilo que ele obteria se não tivesse sido necessário o processo (e, assim, prestar a tutela jurisdicional adequada e efetiva), seria necessário um sistema novo de tutela, que fizesse uso da tutela preventiva, que se adotasse a técnica de antecipação dos efeitos da tutela e, por fim, que se impusesse ordens ao réu.[33]

Importa assinalar, nessa linha de raciocínio, que o direito processual não podia mais ser dissociado de uma leitura constitucional, isto é, os institutos processuais criados sob a égide dos valores do Estado Liberal Clássico necessitavam ser relidos à luz dos valores constitucionais trazidos pelo Estado Democrático de Direito, na medida em que a Constituição tem valor superior e deve, necessariamente, moldar a realidade jurídica, política e social.[34]

---

[30] BARROSO, Luís Roberto. *Interpretação e aplicação da Constituição: fundamentos de uma dogmática Constitucional transformadora*. 7. Ed. rev., atual. e ampl. São Paulo: Saraiva, 2009, p. 326-327.

[31] STRECK, Lenio Luiz; MORAIS, José Luis Bolzan de. *Ciência Política e Teoria Geral do Estado*. 7. ed. Porto Alegre: Livraria do Advogado, 2010, p. 97-98.

[32] STRECK, Lenio Luiz. *Hermenêutica jurídica e(m) crise: uma exploração hermenêutica da construção do direito*. 7. ed. rev. e atual. Porto Alegre: Livraria do Advogado, 2007, p. 249.

[33] WAMBIER, Luiz Rodrigues (Coordenação); ALMEIDA, Flávio Renato Correia de; TALAMINI, Eduardo. *Curso avançado de processo civil, volume 2: processo de execução*. 8. ed. rev., atual. e ampl. São Paulo: Editora Revista dos Tribunais, 2006, p. 267.

[34] RIBEIRO, Darci Guimarães. *A concretização da tutela específica no direito comparado*. In *Constituição, sistemas sociais e hermenêutica: programa de pós-graduação em Direito da Unisinos – mestrado e doutorado*.

Nessa senda, Lenio Luiz Streck pontifica que a Constituição passou a ser, em sua substancialidade, o alicerce hermenêutico que conformará a interpretação do restante do sistema jurídico, sendo a Carta Política, assim, a materialização da ordem jurídica apontando para a realização da ordem política e social de uma comunidade, procurando concretizar os objetivos traçados em seu texto normativo.[35]

Portanto, imperativa uma releitura do positivismo jurídico. A lei passa a dever ser compreendida a partir da Constituição, mas não atribuindo às normas constitucionais o seu fundamento, e sim, submetendo o texto da lei a princípios materiais de justiça e direitos fundamentais, permitindo que seja encontrada uma norma jurídica que revele a adequada conformação da lei.[36]

Em virtude das circunstâncias político-sociais que vieram a cabo ao longo do século XX, houve uma grande metamorfose no constitucionalismo: a passagem de um constitucionalismo formal, de textos, a um constitucionalismo material, de realidade, ou o transcurso de um constitucionalismo sem hermenêutica para o constitucionalismo interpretativo e normativo. Com efeito, a nova hermenêutica levou a cabo a revolução do constitucionalismo contemporâneo.[37]

Os direitos fundamentais são a essência do Estado Democrático de Direito, constituindo, neste sentido, não apenas parte da Constituição formal, mas também elemento nuclear da Constituição material, sendo a concretização desses direitos tarefa permanente: tais direitos constituem exigência imprescindível ao efetivo exercício das liberdades e garantia de igualdade de oportunidades entre os cidadãos, inerentes à noção de um

---

SANTOS, André Leonardo Copetti; STRECK, Lenio Luiz; ROCHA, Leonel Severo (Organizadores). Porto Alegre: Livraria do Advogado, 2007, p. 74.

[35] STRECK, Lenio Luiz. *Hermenêutica jurídica e(m) crise: uma exploração hermenêutica da construção do direito*. 7. ed. rev. e atual. Porto Alegre: Livraria do Advogado, 2007, p. 249.

[36] MARINONI, Luiz Guilherme. *Teoria geral do processo*. 2. Ed. rev. e atual. São Paulo: Editora Revista dos Tribunais, 2007, p. 51.

[37] BONAVIDES, Paulo. *A constituição aberta e os direitos fundamentais*. In BONAVIDES, Paulo. *Teoria constitucional da democracia participativa: por um Direito Constitucional de luta e resistência, por uma Nova Hermenêutica e por uma repolitização da legalidade*. 3. ed. São Paulo: Malheiros, 2008, p. 220. Prossegue o autor (p. 221) sustentando que a metodologia interpretativa de subsunção imperava incontestado na decifração dos problemas jurídicos; a vertente aristotélica do silogismo tudo interpretava e tudo resolvia em matéria hermenêutica, e o fazia a contanto, enquanto imperavam tranquilos e estáveis os direitos da primeira geração – direitos civis e políticos. Mas tudo mudou, e mudou para sempre, quando advieram os direitos fundamentais da segunda, da terceira e da quarta gerações e a reflexão constitucional passou, numa hora feliz, de compatibilização teórica, de um polo – o da vertente tópica, também aristotélica, formando os juristas de uma nova escola de pensadores e hermeneutas. Suas postulações fizeram o princípio deslocar a regra, a legitimidade a legalidade, a Constituição a lei, e assim logrou estabelecer o primado da dignidade da pessoa humana como esteio de legitimação e alicerce de todas as ordens jurídicas fundadas no argumento da igualdade, no valor da justiça e nas premissas da liberdade, que concretizam o verdadeiro Estado de Direito.

Estado guiado pelo valor da justiça material.[38] Eis a roupagem do Estado Contemporâneo.

Por consequência lógica, a nova ordem constitucional e a nova concepção de Estado trouxeram novas necessidades para o direito processual, surgindo ondas de renovação para o sistema processual concebido no Estado Liberal Clássico, na medida em que é natural que o instrumento se altere para adaptar-se às mutantes necessidades funcionais decorrentes da variação dos objetivos substanciais que a sociedade de massa persegue e precisa. Para tanto, fizeram-se imprescindíveis realização de mudanças no sistema processual.[39]

A efetividade do processo, que a partir dessa quadra da história constituiu-se um direito fundamental, fazendo com que os textos normativos infraconstitucionais processuais fossem revistos e reinterpretados em conformidade com as constituições do Estado Contemporâneo, mostrou que o processo não poderia mais ser um obstáculo à realização do direito material e, portanto, a instrumentalidade do processo é condição mínima de possibilidade para a realização dos direitos previstos na ordem jurídica.[40]

Sabe-se que a prestação efetiva da tutela do direito depende do provimento adequado, quer dizer, a decisão interlocutória e a sentença devem assumir formas variadas para poder melhor ajustar a tutela dos direitos materiais. A tutela condenatória, por exemplo, por motivos culturais e políticos, foi atrelada aos meios de execução por sub-rogação tipificados na lei, sendo incapaz de prestar as tutelas inibitória e de remoção do ilícito, entre outras. Este é o motivo pelo qual a classificação trinária das tutelas impede a tutela jurisdicional efetiva, que depende de provimentos mandamentais e executivos.[41]

De outra banda, não adiantaria de nada serem os provimentos jurisdicionais capazes de emitir efeitos mandamentais ou executivos se, apesar disso, o sistema engessasse as formas de execução e não permitisse ao magistrado utilizar o meio mais adequado ao caso concreto para tutelar, efetivamente, o direito material posto em causa, pois os provimentos

---

[38] SARLET, Ingo Wolfgang. *A eficácia dos direitos fundamentais*. 3. ed. rev., atual. e ampl. Porto Alegre: Livraria do Advogado, 2003, p. 64, 67 e 68.
[39] DINAMARCO, Cândido Rangel. *A instrumentalidade do processo*. 12. ed., revista e atualizada. São Paulo: Malheiros, 2005, p. 38.
[40] STRECK, Lenio Luiz. *Hermenêutica jurídica e(m) crise: uma exploração hermenêutica da construção do direito*. 7. ed. rev. e atual. Porto Alegre: Livraria do Advogado, 2007, p. 258.
[41] MARINONI, Luiz Guilherme. *Técnica processual e tutela dos direitos*. 3. ed. rev. e atual. São Paulo: Editora Revista dos Tribunais, 2010, p. 161-162.

mandamental e executivo podem se ligar a vários meios de execução indireta e direta.[42]

Sendo a atividade executiva uma função jurisdicional que substitui a vontade do executado (sub-rogação) para fazer atuar a vontade concreta da lei, o Estado entra na esfera patrimonial do indivíduo – executado. Entretanto, para controlar e delimitar a atuação e interferência do Estado na liberdade e na propriedade do indivíduo, o Código de Processo Civil de 1973, em princípio – e sob os paradigmas racionalistas do liberalismo –, além da segurança de que o Estado só atuaria quando provocado, previa a tranquila regra de que o executado só perderia seus bens através de um processo específico e previsível, e, ainda, sabendo de antemão quais eram as armas executivas que o Estado poderia utilizar.[43]

Portanto, mostra-se necessário um procedimento adequado para viabilizar a efetividade da tutela jurisdicional e, por consequência, tutelar adequadamente os direitos materiais, sendo pouco mais do que evidente que no sistema processual ofereça, ainda, meios de execução adequados para os mais diversos casos de direito material, pois são também técnicas processuais para a efetiva tutela jurisdicional, pois interferem diretamente no resultado que o processo pode proporcionar no direito material.[44]

Por conseguinte, nota-se a suma necessidade da atipicidade dos meios executivos e mandamentais, e a possibilidade de escolha, no caso concreto, daquele meio mais adequado e ao mesmo tempo menos oneroso os requerido, o que os artigos 461 e 461-A do Código de Processo Civil e o artigo 84 do Código de Defesa do Consumidor permitem sem maiores discussões. Neste sentido, Luiz Guilherme Marinoni estabelece:

> [...] Tais normas têm amplitude enorme, cobrindo quase que a totalidade das novas necessidades da tutela jurisdicional. Abrangem a tutela dos direitos difusos, coletivos e individuais homogêneos, e a tutela específica dos direitos individuais, deixando escapar apenas as tradicionais formas de proteção dos direitos individuais. (...) As novas regras processuais... incorporam normas abertas, isto é, normas voltadas para a realidade, deixando claro que a ação pode ser construída conforme as necessidades do caso conflitivo.[45]

---

[42] Em outras palavras, Ada Pellegrini Grinover sustenta que "o processo deve buscar respostas diversificadas, de acordo com as situações jurídicas de vantagem asseguradas pelo direito material, de modo a proporcionar o mais fielmente possível a mesma situação que existiria se a lei não fosse descumprida". Conforme GRINOVER, Ada Pellegrini. Tutela jurisdicional nas obrigações de fazer e não fazer. In: *Reforma do Código de Processo Civil*. TEIXEIRA, Sálvio de Figueiredo (coord.). São Paulo: Saraiva, 1996, p. 252.

[43] ABELHA, Marcelo. *Manual de execução civil*. 2. ed. Rio de Janeiro: Forense Universitária, 2007, p. 23.

[44] MARINONI, Luiz Guilherme. *Técnica processual e tutela dos direitos*. 3. ed. rev. e atual. São Paulo: Editora Revista dos Tribunais, 2010, p. 147-148.

[45] MARINONI, Luiz Guilherme. *Teoria geral do processo*. 2. ed. rev. e atual. São Paulo: Editora Revista dos Tribunais, 2007, p. 292 e 297.

Frise-se, por necessário, que estes mecanismos legais permitem que, num mesmo processo, reúna-se, simultaneamente, conhecimento e execução, e os provimentos nele emitidos (decisão interlocutória e sentença) não só dão ensejo a atos executivos, como também têm força mandamental, nada impedindo que essas duas eficácias possam decorrer de um mesmo provimento do juiz.[46]

Em face de todo o exposto, fica evidente que o Estado Contemporâneo se caracteriza, no campo da tutela dos direitos, pelo ônus de prestar a tutela jurisdicional adequada (às necessidades do direito material posto em causa) e efetiva (realizar a pretensão especificamente) no caso concreto,[47] pois é condição de uma proteção jurídica efetiva que o resultado do procedimento proteja os direitos materiais dos titulares desses direitos envolvidos no processo.[48]

As novas necessidades de tutela jurisdicional, especialmente as marcadas por conteúdo não patrimonial, passaram a exigir imposições de condutas e, por consequência, a utilização da tutela mandamental. Ora, de nada adianta impor uma conduta sem que o juiz possa valer-se de provimentos jurisdicionais que determinem medidas de coerção indireta, como a multa, por exemplo. Em razão dessas novas necessidades, a partir da evolução do Estado Contemporâneo, passou-se a exigir a superação da ideia da incoercibilidade das obrigações, peculiar ao direito liberal clássico.[49]

Diferentemente da tutela condenatória, na mandamental existe uma ordem, valendo-se o Estado de sua autoridade para forçar o cumprimento. Daí, por exemplo, a fixação da multa, gravame imposto pelo juiz ao destinatário da ordem em caso de descumprimento. A sanção configura medida de coerção indireta, cabendo ao devedor, para livrar-se dela, adimplir espontaneamente a obrigação. Quer dizer, enquanto a tutela condenatória proporciona ao credor a possibilidade de valer-se da via executiva (apenas abre a oportunidade para a utilização da força estatal), a mandamental já usa, em si, a força do Estado.[50]

---

[46] WAMBIER, Luiz Rodrigues (Coord.); ALMEIDA, Flávio Renato Correia de; TALAMINI, Eduardo. *Curso avançado de processo civil, volume 2: processo de execução*. 8. ed. rev., atual. e ampl. São Paulo: Editora Revista dos Tribunais, 2006, p. 265-267.

[47] OLIVEIRA, Carlos Alberto Alvaro de; MITIDIERO, Daniel. *Curso de processo civil*: v. 1: teoria geral do processo civil e parte geral do direito processual civil. São Paulo: Atlas, 2010, p. 28-29.

[48] ALEXY, Robert. *Teoria dos direitos fundamentais*, tradução de Virgílio Afonso da Silva. São Paulo: Malheiros, 2008, p. 488.

[49] MARINONI, Luiz Guilherme. *Técnica processual e tutela dos direitos*. 3. ed. rev. e atual. São Paulo: Editora Revista dos Tribunais, 2010, p. 88-89.

[50] BEDAQUE, José Roberto dos Santos. *Efetividade do processo e técnica processual*. 2. ed. São Paulo: Malheiros, 2007, p. 539-540.

Essa espécie de provimento jurisdicional implicou a quebra da regra de que o Judiciário não poderia exercer poder de *imperium*. Entre nós, a nova redação dos arts. 287 e 461 (e 461-A) do Código de Processo Civil, e do art. 84 do Código de Defesa do Consumidor, demonstram claramente que a utilização do mandamento passou a incidir em relação às obrigações de fazer (fungíveis e infungíveis), de não fazer e de entrega de coisa. Ademais, tais dispositivos eliminam a necessidade de instauração de processo de execução autônomo para a realização forçada do direito.[51]

Assim, observa Carlos Alberto Alvaro de Oliveira, se afastou o princípio *nemo praecise poteste cogi ad factum* (ninguém pode, de maneira absoluta, ser coagido a fazer algum fato), com a consequência de que, nas obrigações de fazer, o pagamento do *id quod interest* se sub-roga à prestação. Essa ruptura se mostra evidente no art. 461, § 1º, do Código de Processo Civil, segundo o qual a obrigação somente se converterá em perdas e danos se o autor o requerer ou se impossível a tutela específica ou a obtenção do resultado prático equivalente. Nessa linha, passa-se a privilegiar, do ponto de vista do direito material, o respeito à força do negócio jurídico *in natura*.[52]

Isto porque, fora da hipótese de transformação do ser humano em simples objeto, as técnicas capazes de substituir a atuação do devedor ou de pressioná-lo a indiretamente cumprir o dever não são ofensivas aos valores inerentes à dignidade da pessoa humana. As técnicas coercitivas que visem ao cumprimento de deveres (a coercibilidade) são atributos essenciais do direito. Assim sendo, a autonomia da vontade e seus desdobramentos não podem ser obstáculos à imposição coativa de deveres, sempre observando-se a proporcionalidade entre a medida de coerção e o valor jurídico que se busca proteger.[53]

A separação entre ilícito e dano também é fundamental para se admitir a mudança de paradigma, ou seja, para se permitir a execução

---

[51] MARINONI, Luiz Guilherme. *Técnica processual e tutela dos direitos*. 3. ed. rev. e atual. São Paulo: Editora Revista dos Tribunais, 2010, p. 89-90.

[52] OLIVEIRA, Carlos Alberto Alvaro de. *Teoria e prática da tutela jurisdicional*. Rio de Janeiro: Forense, 2008, p. 184.

[53] TALAMINI, Eduardo. *Tutela relativa aos deveres de fazer e de não fazer e sua extensão aos deveres de entrega de coisa (CPC, arts. 461, 461-A, CDC, art. 84)*. 2. ed. rev., atual. e ampl. São Paulo: Revista dos Tribunais, 2003, p. 33-34. Miguel Reale chama de *bilateralidade atributiva* a relação objetiva que, ligando dois ou mais seres, lhes confere e garante, de maneira recíproca ou não, pretensões ou competências. Como uma pessoa nunca pode ser juridicamente um meio ou um instrumento de outra, torna-se necessário que, no ato em que alguém se declara vinculado a outrem para algo, algo lhe seja também reconhecido ou conferido, ficando, assim, disciplinados a exigibilidade e o exercício do vínculo constituído. Nessa linha, a garantia é nota essencial à bilateralidade atributiva, pois é razão de certeza e de segurança como instrumento prático da ação: a garantida exigibilidade do que é devido resulta da objetividade ou transubjetividade do débito, dando título de legitimidade às formas de execução coercitiva. (REALE, Miguel. *Filosofia do direito*. 4. ed., revista e aumentada. São Paulo: Saraiva, 1965, p. 598).

in natura da obrigação. O descumprimento dos contratos, por si só, é *contra ius*, constituindo ato ilícito violador de direito de crédito, a que pode seguir ou não de dano. Assim, ilícito e dano são fenômenos conceitual e temporalmente distintos, motivo pelo qual a ação de cumprimento tem lugar mesmo na ausência de dano.[54] Por isso, a classificação trinária das tutelas jurisdicionais e a incoercibilidade da vontade do réu/devedor já não cabem mais no ordenamento processual civil.

Eduardo Talamini muito bem lembra que o sistema estabelecido pelos artigos 461 e 461-A, ambos do Código de Processo Civil, não se limita às obrigações propriamente ditas, mas estende-se a todos os deveres jurídicos cujo objeto seja um fazer ou um não fazer. Talamini esclarece as diferenças desses conceitos: dever jurídico é a imposição jurídica da observância de determinado comportamento ativo ou omissivo, passível de ser resguardada com sanção (sanção é, pois, toda e qualquer medida estabelecida pelo ordenamento para reforçar a observância de suas normas ou remediar os efeitos da inobservância); a obrigação, por seu turno, é apenas uma das categorias de dever jurídico, caracterizando-se em prestações humanas devidas e originadas de negócios jurídicos, do regime da responsabilidade civil ou da rejeição ao enriquecimento sem causa. Em síntese, o termo "obrigação" assume o sentido larguíssimo de dever jurídico nesses dispositivos.[55]

Frise-se, por oportuno, que não há incompatibilidade entre o mandamento (tutela mandamental) e a adoção de medidas sub-rogatórias (tutela executiva *lato sensu*) visando ao cumprimento específico da ordem judicial, admitindo ao julgador aplicar tanto uma quanto outra, ou seja, valer-se do mandamento ou de providências executivas destinadas à satisfação do direito reconhecido.[56]

Por fim, fica evidente a enorme diferença que a mudança de paradigmas ocorrida no Estado Contemporâneo realizou na prestação jurisdicional, não apenas com o aparecimento das tutelas preventivas, como, também, pela aceitação da tutela específica das obrigações, com o surgi-

---

[54] SILVA, João Calvão da. *Cumprimento e sanção pecuniária compulsória*. 2. ed. 2ª Reimpressão. Coimbra: Almedina, 1997, p. 152.

[55] TALAMINI, Eduardo. *Tutela relativa aos deveres de fazer e de não fazer e sua extensão aos deveres de entrega de coisa (CPC, arts. 461, 461-A, CDC, art. 84)*. 2. ed. rev., atual. e ampl. São Paulo: Revista dos Tribunais, 2003, p. 126, 127, 129 e 169.

[56] BEDAQUE, José Roberto dos Santos. *Tutela cautelar e tutela antecipada: tutelas sumárias e de urgência (tentativa de sistematização)*. São Paulo: Malheiros, 1998, p. 102. O art. 461 do CPC possibilita a prolação de tutela mandamental (que atua sobre a vontade do obrigado e visa a coagi-lo a fazer, deixar de fazer ou entregar algo) e/ou de tutela executiva (na qual o próprio Estado atua independentemente da vontade do obrigado – sub-rogação), dependendo do caso concreto, sendo uma cláusula geral no direito processual brasileiro. Conforme MARINONI, Luiz Guilherme; MITIDIERO, Daniel. *Código de processo civil comentado artigo por artigo*. São Paulo: Revista dos Tribunais, 2008, p. 429.

mento, especialmente, da tutela mandamental, o que fornece à jurisdição condições de prestar uma tutela mais adequada e efetiva.

Mas nem tudo são flores. Seguidamente se observa, pela prática forense, que o paradigma racionalista do Estado Liberal Clássico e a doutrina do positivismo jurídico ainda se encontram emaranhadas no raciocínio do jurista contemporâneo. Em que pese a evidente mudança de paradigma das funções do Estado Contemporâneo e da falência do positivismo jurídico, observa-se por vezes a manutenção do pensamento de cunho liberal-burguês nos provimentos judiciais atuais. Vejamos a partir de um exemplo. O Superior Tribunal de Justiça aprovou a Súmula 372, segundo a qual não cabe multa cominatória para forçar exibição de documentos em ação cautelar de exibição de documentos.[57]

Segundo o *decisum*, a exibição cautelar de documentos encontra respaldo nos artigos 355 e seguintes do Código de Processo Civil, haja vista o disposto no artigo 845 do mesmo diploma legal. Quer dizer, para esse entendimento, que o disposto nos artigos 461 e 461-A do Código de Processo Civil aplicam-se tão somente ao cumprimento antecipado ou definitivo de obrigação de direito material de fazer, não fazer ou entrega de coisa. Trata-se da repristinação do positivismo exegético.

Logo, o fundamento utilizado pelo Superior Tribunal de Justiça para a não aplicação da multa cominatória na ação cautelar de exibição de documentos é a exegese do art. 845 do Código de Processo Civil, que reza: "Observar-se-á, quanto ao procedimento, no que couber, o disposto nos arts. 355 a 363, e 381 e 382". Tais artigos aludidos fazem parte do capítulo

---

[57] Não se apresentará, no corpo do presente trabalho, nossa contrariedade com relação às próprias súmulas em geral, mas far-se-á um breve comentário a respeito. No Brasil, tanto as súmulas como as meras ementas e verbetes jurisprudenciais são utilizados por si só (ou seja, sem a fundamentação que levou à decisão contida na ementa ou no verbete) e de forma descontextualizada, tornando-se *standards* objetivos de compreensão, separando os fatos do caso concreto do direito, aplicando-lhes como se fossem categorias abstratas da matemática. Trata-se, pois, da repristinação da jurisprudência dos conceitos, que preconizava que a atividade judicial criasse conceitos gerais, obscurecendo as singularidades de cada problema concreto (Conforme RAMIRES, Maurício. *Crítica à aplicação de precedentes no direito brasileiro*. Porto Alegre: Livraria do Advogado, 2010, p. 46-47). Nas súmulas há, portanto, nítida pretensão objetivista, que traz de volta o "mito do dado". Trata-se da construção de enunciados assertóricos que pretendem abarcar, de antemão, todas as possíveis hipóteses de aplicação. São respostas *a priori*, oferecidas antes das perguntas, que somente aparecem nos casos concretos. Lenio Luiz Streck define essa situação (essa antecipação de sentido da norma) como *tutela antecipatória das palavras* ou, ainda, como uma *atribuição de sentido inaudita altera partes* (Conforme STRECK, Lenio Luiz. *O que é isto – decido conforme minha consciência?* Porto Alegre: Livraria do Advogado Editora, 2010, p. 71). Portanto, enfatiza Mauricio Martins Reis que não se pode pretender das súmulas uma indexação automática do direito, um acoplamento dedutivo na esteira da subsunção metafísica de supostas respostas objetivadoras, de caráter "lego", na esteira da indevida conformação do discurso jurídico aos limites de sua semântica. É exatamente por isso que as súmulas da moda brasileira nada mais fazem do que cumprir à risca a pretensão positivista-racionalista-moderna (Conforme REIS, Mauricio Martins. As súmulas vinculantes do direito brasileiro e o risco hermenêutico à democracia constitucional: política autoritária de normas ou normas políticas de conteúdo? In: *20 Anos de Constituição*: os direitos humanos entre a norma e a política. STRECK, Lenio Luiz; BARRETO, Vicente de Paulo; CULLETON, Alfredo Santiago. (Orgs.) São Leopoldo: Oikos, 2009, p. 211).

das provas do diploma processual ("da exibição de documento ou coisa") e que, segundo a interpretação do julgado em análise, permitem apenas a utilização da busca e apreensão quando a ordem judicial for descumprida.

Nota-se, portanto, que a postura do Superior Tribunal de Justiça, ao decidir como decidiu, é absolutamente positivista e refém do paradigma liberal-clássico, pois segue a letra da lei sem atentar ao ordenamento processual (ordinário e constitucional) como um todo, por entender – equivocadamente – que o sistema jurídico proíbe a coercibilidade da vontade do requerido por meio de medida mandamental no caso da cautelar de exibição de documentos.

Aliás, a doutrina (por todos, Eduardo Talamini) já sedimentou o entendimento de que os artigos 461 e 461-A do CPC não se limitam às obrigações propriamente ditas, mas estende-se a todos os deveres jurídicos cujo objeto seja um fazer, um não fazer ou a entrega de alguma coisa, pois, como se viu, dever é a imposição jurídica da observância de determinado comportamento ativo ou omissivo, passível de ser resguardada com sanção.

Ademais, a doutrina já pacificou a necessidade da atipicidade dos meios executivos e mandamentais, e a possibilidade de escolha, no caso concreto, daquele meio mais adequado ao direito material posto em causa, não podendo ficar (apenas) a cautelar de exibição de documentos fora dessa marcha. A outras cautelares se aplica a multa cominatória, além de ser plenamente cabível no processo de conhecimento. Mas na cautelar de exibição de documentos não, o que fica longe do razoável.

Por fim, importa ressaltar que a interpretação positivista do direito por subsunção há muito não tem espaço no modo-de-fazer-direito no paradigma do Estado Democrático de Direito. Para além do que já foi apontado linhas acima, Juarez Freitas pontifica que interpretar é interpretar o sistema inteiro; sendo assim, qualquer exegese comete, direta ou obliquamente, uma aplicação da totalidade do direito, princípios e regras. Por isso, cada preceito deve ser visto como parte do todo e, nesse sentido, a interpretação jurídica ou é sistemática ou não é interpretação.[58]

Nessa esteira, importa gizar que o art. 845 do CPC, que remete à busca e apreensão de documentos dos arts. 355 e seguintes do mesmo diploma, data de 1973, quando da promulgação do Código de Processo Civil. Não havia ainda, por exemplo, as medidas de apoio dos arts. 461 e 461-A do CPC, cujas redações datam de 1994 e 2002, respectivamente. Se tais dispositivos são aplicáveis ao processo cautelar, não será apenas à

---

[58] FREITAS, Juarez. *A interpretação sistemática do direito*. 5. ed. São Paulo: Malheiros, 2010, p. 73-76.

específica cautelar de exibição de documentos que as medidas de apoio não serão utilizadas.

Até porque, e vale rememorar os ensinamentos do Professor Ovídio Baptista da Silva, não há como construir uma teoria coerente da tutela de simples segurança (a cautelar) sem a prévia aceitação da categoria das ações e sentenças mandamentais. Isto porque a eficácia preponderante da decisão cautelar consiste muito mais em uma *ordem* do que em um *juízo* (no sentido declaratório do termo), na medida em que o magistrado protege o direito sem declarar sua existência. Eis o motivo pelo qual a mandamentalidade está ínsita ao processo cautelar.[59]

Em suma, a aplicabilidade das medidas de apoio coercitivas ao procedimento cautelar específico de exibição de documento é ínsito ao processo cautelar em si e, ainda, vai ao encontro da sistemática do Código de Processo Civil no que tange à fixação de multa por descumprimento de ordens judiciais, utilizadas para questões cautelares e satisfativas, fazendo-se imperativa uma interpretação sistemática do sistema processual e não meramente subsuntiva, fazendo acontecer a tutela jurisdicional adequada e efetiva ao direito posto em causa constitucionalmente tutelada.

3. Considerações finais

No liberalismo, como se viu, prevaleceu o princípio da condenação pecuniária, excluindo-se a possibilidade de obtenção *in natura* dos direitos materiais violados ou ameaçados, ou seja, a tutela jurisdicional não contava com meios de satisfação coativa (direta ou indireta) dos direitos, já que não seria tolerada a coercibilidade da vontade de qualquer cidadão por parte do Estado.

Nessa senda, pelos valores do Estado Liberal Clássico, ninguém poderia ser coagido, de qualquer forma, a realizar algo, acabando, pois, por se universalizar as espécies de tutelas dos direitos, sempre ressarcitórias por perdas e danos, motivo pelo qual não se necessitava de nada diverso da tutela condenatória e do procedimento ordinário (jurisdição declaratória).

Com o advento da sociedade contemporânea, houve a premente necessidade de mudança desse paradigma, uma vez que se constatou a necessidade de entregar ao titular do direito exatamente aquilo que ele obteria se não tivesse sido necessário o processo (e, assim, prestar a tutela jurisdicional adequada e efetiva). A efetividade do processo constitui, a partir de então, um direito fundamental, motivo pelo qual a tutela ju-

---

[59] SILVA, Ovídio Araújo Baptista da. *Curso de processo civil*, vol. 2: processo cautelar (tutela de urgência). 4. ed., rev. e atual. Rio de Janeiro: Forense, 2007, p. 64-65.

risdicional dever valer-se de meios idôneos para a realização do direito material.

Assim sendo, um sistema novo de tutela jurisdicional apresentou-se ao longo do surgimento do Estado Democrático de Direito. Passaram a ser adotadas técnicas de antecipação dos efeitos da tutela e medidas processuais que impunham ordens ao réu, para que, mediante coação indireta, cumprisse com o dever assumido. Ganhou campo a tutela mandamental, com a quebra da regra de que o Judiciário não poderia exercer poder de *imperium*, pois o mandamento já usa, em si, a força do Estado.

Com relação aos provimentos jurisdicionais no processo de conhecimento, apesar de toda a mudança paradigmática largamente exposta no presente ensaio, foi apenas com o advento das Leis nº 8.952, de 1994, e nº 10.444, de 2001, que o sistema processual civil passou a prever a tutela antecipada e o cumprimento de decisões judiciais que influíssem na vontade do devedor, com a modificação da execução das obrigações de fazer, não fazer e entrega de coisa.

A alteração do artigo 273, do artigo 461 e dos artigos 621 e seguintes, todos do Código de Processo Civil, e a inclusão do art. 461-A no mesmo diploma legal, promovidas pelas leis acima referidas, o sistema processual passou a conviver com decisões com eficácia mandamental e/ou executiva *lato sensu*, com a execução dos provimentos processuais (antecipatórios e definitivos) no bojo do próprio processo de conhecimento (processo sincrético).

Nesse diapasão, passou-se a prescindir de posterior processo de execução autônomo para que as obrigações de fazer, não fazer e entrega de coisa influíssem no mundo fático e, assim, consagrou-se no direito (processual) brasileiro a quebra do dogma da incoercibilidade da vontade do devedor, especialmente no que tange às decisões mandamentais, já que atuam sobre a vontade do demandado e visam a coagi-lo a fazer, não fazer ou entregar alguma coisa.

Entretanto, por vezes o positivismo jurídico e os ideais liberais de Estado ainda influem sobre as mentes dos operadores do direito da atualidade, pois se observa, na prática forense, que várias questões são analisadas e aplicadas na forma da letra fria da lei, sem qualquer espécie de interpretação do diploma em específico como um todo e menos ainda do ordenamento jurídico na sua integralidade.

O atual entendimento do Superior Tribunal de Justiça evidencia essa situação, sumulado que não cabe multa cominatória para forçar exibição de documentos em sede de ação cautelar, pelas razões positivistas e liberais demonstradas no desenvolvimento do presente trabalho. Significa que o paradigma dominante no Estado Moderno ainda segue nas entranhas dos operadores jurídicos atuais.

Frise-se, por oportuno, que o atual sistema processual permite, sem problemas, a utilização das medidas de apoio dos artigos 461 e 461-A do Código de Processo Civil ao cumprimento das determinações realizadas em sede do processo cautelar, até porque o procedimento ordinário aplica-se sempre, no que couber, aos demais procedimentos. E, se o juiz pode determinar algo com eficácia executiva *lato senso*, pode sem qualquer problemas determinar algo com eficácia mandamental. Aliás, a mandamentalidade é própria do processo cautelar!

A prática forense nos evidencia que todos os dias juízes determinam ao réu, em sede de ações cautelares inominadas ou de outras cautelares específicas (que não exibição de documentos), um cumprir (um fazer, um não fazer ou a entrega de algo) sob pena de multa diária, muitas vezes fundamentando a decisão nos dispositivos dos artigos 461 e 461-A do Código de Processo Civil.

Mas não o fazem, no que tange à cautelar de exibição de documentos, pois o diploma processual, na combinação dos seus artigos 845 e 355 e seguintes, determinam que o cumprimento dessa natureza de determinação é apenas executiva *lato senso*, aplicando-se, pois, a busca e apreensão (e também porque o Superior Tribunal de Justiça emitiu súmula – *ordinária* – nesse sentido).

E o que é pior: caso algum magistrado iluminado resolva aplicar a multa em sede de exibição de documentos, já que o paradigma atual lhe permite em face da interpretação conforme a constituição (e haja vista que o próprio sistema do CPC não proíbe), o réu poderá apresentar *reclamação* ao Superior Tribunal de Justiça por descumprimento de súmula, mesmo que o juiz tenha entendido que, naquela situação, a aplicação da multa era mais oportuna do que a busca e apreensão. Em suma: dane-se o caso concreto (e a tutela adequada e efetiva dos direitos, até porque esta é apenas um direito fundamental previsto na Constituição Federal).

O remédio para afastar esse ranço paradigmático poderia se dar com a substituição do vocábulo *obrigação*, constante nos artigos 461 e 461-A do Código de Processo Civil, por *dever*, abandonando de uma vez por todas a visão civilista liberal clássica (teoria das obrigações), já que tais medidas processuais não se limitam às obrigações propriamente ditas (e de direito material), mas estendem-se a todos os deveres jurídicos cujo objeto seja um fazer, um não fazer ou a entrega de alguma coisa, seja no âmbito do direito material, seja em relação a algum dever processual.

E tal remédio nem mesmo exigiria a edição de lie nesse sentido, já que a doutrina já é enfática em aceitar a possibilidade de se utilizar os meios de apoio do art. 461 do diploma processual não apenas nos casos de *obrigação* em sentido estrito. Até porque, se a tutela jurisdicional deve ser adequada e efetiva ao direito material posto em causa, não há qualquer lógica jurídica em não permitir a aplicação da multa cominatória apenas para a cautelar de exibição de documentos, atentando em face da interpretação sistemática do direito.[60]

Ocorre que, como se viu, nosso sistema processual foi idealizado (e ainda está imerso) no paradigma racionalista (Estado Liberal Clássico), motivo pelo qual renunciou à busca da efetividade, priorizando o valor segurança. Quer dizer, a efetividade não era um objetivo desejado pelo sistema. Assim sendo, os problemas da jurisdição são estruturais e não funcionais. Daí a necessidade de se "refundar o processo", e não apenas se fazer reformas e mais reformas processuais.

Referências

ABELHA, Marcelo. *Manual de execução civil*. 2. ed. Rio de Janeiro: Forense Universitária, 2007.

ALEXY, Robert. *Teoria dos direitos fundamentais*. tradução de Virgílio Afonso da Silva. São Paulo: Malheiros, 2008.

BARROSO, Luís Roberto. *Interpretação e aplicação da Constituição*: fundamentos de uma dogmática Constitucional transformadora. 7. ed. rev., atual. e ampl. São Paulo: Saraiva, 2009.

BEDAQUE, José Roberto dos Santos. *Efetividade do processo e técnica processual*. 2. ed. São Paulo: Malheiros, 2007.

——. *Tutela cautelar e tutela antecipada*: tutelas sumárias e de urgência (tentativa de sistematização). São Paulo: Malheiros, 1998.

BLACKBURN, Simon. *Dicionário Oxford de filosofia*. Consultoria da edição brasileira, Danilo Marcondes. Rio de Janeiro, Jorge Zahar, 1997.

BOBBIO, Norberto. *O positivismo jurídico*: lições de filosofia do direito, compiladas por Nello Morra, tradução e notas Márcio Pugliesi, Edson Bini e Carlos Rodrigues. São Paulo: Ícone, 2006.

BONAVIDES, Paulo. A constituição aberta e os direitos fundamentais. In: BONAVIDES, Paulo. *Teoria constitucional da democracia participativa*: por um Direito Constitucional de luta e resistência, por uma Nova Hermenêutica e por uma repolitização da legalidade. 3. ed. São Paulo: Malheiros, 2008.

——. *Do Estado Liberal ao Estado Social*. 9. ed. São Paulo: Malheiros, 2009.

CHIARLONI, Sergio. *Misure coercitive e tutela dei diritti*. Milão: Giuffrè, 1980.

CITTADINO, Gisele. Poder judiciário, ativismo judicial e democracia. In: *Revista da Faculdade de Direito de Campos*, Ano 2, n. 2 e Ano 3, n. 3, 2001-2002.

DI MAJO, Adolfo. *La tutela civile dei diritti*. 2. ed. Milão: Giuffrè, 1993.

---

[60] Se até a própria Constituição Federal pode ser interpretada sistematicamente à luz de suas regras e princípios para afastar uma interpretação literal, por que não poderia sê-lo feito o Código de Processo Civil. Como se sabe, o STF, no julgamento da ADPF 132 (União Estável Homoafetiva), não interpretou o texto constitucional em sua literalidade ("… é reconhecida a União estável entre o homem e a mulher…" – art. 226, § 3º, da CF/88), em virtude do contexto, da sistemática dos dispositivos constitucionais, não há razão para que não seja aplicada a multa cominatória do art. 461, § 1º, do CPC, nas cautelares de exibição de documento. Em especial quando tal medida coercitiva é adotada em relação a outras cautelares (ora, a mandamentalidade é ínsita às cautelares, pois não?) e no processo de conhecimento, para alcançar a tutela jurisdictional adequada e efetiva ao direito material.

DINAMARCO, Cândido Rangel. *A instrumentalidade do processo*. 12. ed. revista e atualizada. São Paulo: Malheiros, 2005.

FREITAS, Juarez. *A interpretação sistemática do direito*. 5. ed. São Paulo: Malheiros, 2010.

GARCÍA-PELAYO, Manuel. *As transformações do Estado Contemporâneo*. Tradução, prefácio e apêndice de Agassiz Almeida Filho. Rio de Janeiro: Forense, 2009.

GRINOVER, Ada Pellegrini. Tutela jurisdicional nas obrigações de fazer e não fazer. In: *Reforma do Código de Processo Civil*. TEIXEIRA, Sálvio de Figueiredo (coord.). São Paulo: Saraiva, 1996.

HUNT, E. K. *História do pensamento econômico*: uma perspectiva crítica – tradução de José Ricardo Brandão de Azevedo. Rio de Janeiro: Campus, 1982.

KANT, Immanuel. *A metafísica dos costumes*. Tradução, textos adicionais e notas de Edson Bini. 2. Ed. Rev. Bauru: EDIPRO, 2008.

MARINONI, Luiz Guilherme. *Técnica processual e tutela dos direitos*. 3. ed. rev. e atual. São Paulo: Editora Revista dos Tribunais, 2010.

——. *Teoria geral do processo*. 2. ed. rev. e atual. São Paulo: Editora Revista dos Tribunais, 2007.

——. *Tutela inibitória*: individual e coletiva. 4. ed. São Paulo: Revista dos Tribunais, 2006.

——; MITIDIERO, Daniel. *O projeto do CPC*: crítica e propostas. São Paulo: Revista dos Tribunais, 2010.

OLIVEIRA, Carlos Alberto Alvaro de; MITIDIERO, Daniel. *Curso de processo civil*: vol. 1: teoria geral do processo civil e parte geral do direito processual civil. São Paulo: Atlas, 2010.

——. *Teoria e prática da tutela jurisdicional*. Rio de Janeiro: Forense, 2008.

RAMIRES, Maurício. *Crítica à aplicação de precedentes no direito brasileiro*. Porto Alegre: Livraria do Advogado, 2010.

REALE, Miguel. *Filosofia do direito*. 4. ed. revista e aumentada. São Paulo: Saraiva, 1965.

REIS, Mauricio Martins. As súmulas vinculantes do direito brasileiro e o risco hermenêutico à democracia constitucional: política autoritária de normas ou normas políticas de conteúdo? In: *20 Anos de Constituição: os direitos humanos entre a norma e a política*. STRECK, Lenio Luiz; BARRETO, Vicente de Paulo; CULLETON, Alfredo Santiago. (Orgs.) São Leopoldo: Oikos, 2009.

SANDRONI, Paulo. *Novíssimo dicionário de economia*. São Paulo: Best Seller, 2000.

SARLET, Ingo Wolfgang. *A eficácia dos direitos fundamentais*. 3. ed. rev., atual. e ampl. Porto Alegre: Livraria do Advogado, 2003.

SILVA, João Calvão da. *Cumprimento e sanção pecuniária compulsória*. 2.ed. 2ª Reimpressão. Coimbra: Almedina, 1997.

SILVA, Ovídio Araújo Baptista da. *Curso de processo civil*, vol. 2: processo cautelar (tutela de urgência). 4. ed., rev. e atual. Rio de Janeiro: Forense, 2007.

——. Execução obrigacional e mandamentalidade. In: *Constituição, sistemas sociais e hermenêutica*: programa de pós-graduação em Direito da Unisinos – mestrado e doutorado. STRECK, Lenio Luiz e MORAIS, José Luis Bolzan de (Orgs.). Porto Alegre: Livraria do Advogado, 2008.

——. *Jurisdição e processo na tradição romano-canônica*. 3. ed. Rio de Janeiro: Forense, 2007.

——. *Processo e ideologia: o paradigma racionalista*. Rio de Janeiro: Forense, 2004.

SMITH, Adam. *Uma investigação sobre a natureza e as causas da riqueza das nações*. 3. ed. Lisboa, Editora FCG, 1999.

STRECK, Lenio Luiz; MORAIS, Jose Luis Bolzan de. *Ciência Política e Teoria Geral do Estado*. 7. ed. Porto Alegre: Livraria do Advogado, 2010.

――. *Hermenêutica jurídica e(m) crise*: uma exploração hermenêutica da construção do direito. 7. ed. rev. e atual. Porto Alegre: Livraria do Advogado, 2007.

――. *O que é isto – decido conforme minha consciência?* Porto Alegre: Livraria do Advogado Editora, 2010.

TALAMINI, Eduardo. *Tutela relativa aos deveres de fazer e de não fazer e sua extensão aos deveres de entrega de coisa (CPC, arts. 461, 461-A, CDC, art. 84)*. 2. ed. rev., atual. e ampl. São Paulo: Revista dos Tribunais, 2003.

TARELLO, Giovanni. *Storia della cultura giuridica moderna* (assolutismo e codificazione del diritto). Bologna: il Mulino, 1976.

RIBEIRO, Darci Guimarães. *A concretização da tutela específica no direito comparado*. In: Constituição, sistemas sociais e hermenêutica: programa de pós-graduação em Direito da Unisinos – mestrado e doutorado. SANTOS, André Leonardo Copetti; STRECK, Lenio Luiz; ROCHA, Leonel Severo (Orgs.). Porto Alegre: Livraria do Advogado, 2007.

WAMBIER, Luiz Rodrigues (Coord.); ALMEIDA, Flávio Renato Correia de; TALAMINI, Eduardo. *Curso avançado de processo civil*, v. 2: processo de execução. 8. ed. rev., atual. e ampl. São Paulo: Revista dos Tribunais, 2006.

ZOLO, Danilo. Teoria e crítica do Estado de Direito. In: *O Estado de Direito*: história, teoria, crítica. COSTA, Pietro; ZOLO, Danilo (orgs.). Tradução de Carlo Alberto Dastoli. Com a colaboração de Emilio Santoro. São Paulo: Martins Fontes, 2006.

— 7 —

Cláusulas pétreas:
limites de reforma do texto constitucional brasileiro

LETÍCIA GREZZANA CORRÊA[1]

Sumário: 1. Introdução; 2. A Constituição; 2.1. A origem e evolução do constitucionalismo; 2.2. A Constituição como expressão do Poder Constituinte; 3. O que são cláusulas pétreas?; 3.1. Definição de cláusulas pétreas; 3.2. A legitimidade das cláusulas pétreas; 4. As cláusulas pétreas na Constituição Federal de 1988; 4.1. Os dispositivos constitucionais que podem ser entendidos como "cláusulas pétreas"; 4.2. Os direitos fundamentais sociais como cláusulas pétreas; 5. Considerações finais; Referências.

1. Introdução

O presente estudo tem como escopo analisar o significado e a importância das denominadas "cláusulas pétreas" previstas nas constituições contemporâneas, em especial na Constituição brasileira de 1988. A partir disso, examinar-se-ão os limites materiais à reforma do texto constitucional, ou seja, os dispositivos que podem ser entendidos como imutáveis.

Ocorre que, não há como se falar em Constituição e, muito menos, em efetividade do texto constitucional, sem que se conheça o que realmente vem a ser uma Constituição e o que ela representa na formação do Estado.

Assim, é imperioso analisar a origem dos textos constitucionais, para verificar que foi somente através de muita luta que a proteção aos direitos fundamentais restou observada, razão pela qual compreende-se, desde já, a tentativa de torná-los imunes às maiorias ocasionais.

Posteriormente, analisar-se-á a proteção que o constituinte originário destinou a determinados dispositivos, revestindo com a denominação de *cláusulas pétreas* para impedir eventual agressão ao seu conteúdo. Ainda, no que pertine às *cláusulas pétreas* observar-se-á as diversas correntes que se contrapõem, com vistas a estabelecer os limites da sua abrangência.

---

[1] Mestre em Direito pela Universidade Luterana do Brasil - ULBRA. Especialista em Direito Procesual Civil (pós-graduação) pela Universidade do Vale do Rio dos Sinos - UNISINOS. Advogada. Professora da FADERGS.

Por derradeiro, objetiva-se demonstrar a necessidade de uma interpretação sistemática dos preceitos constitucionais, de forma a garantir a sua real observância, através não só da manutenção dos direitos fundamentais (especialmente os sociais) no texto constitucional, mas também por meio da promoção de medidas com a finalidade de torná-los efetivos.

Frisa-se que não é a imutabilidade da Constituição que acarreta o descompasso em relação à realidade social, econômica, política e cultural existente na sociedade, pelo contrário, a observância de certos conteúdos essenciais protege a Constituição contra os casuísmos e o totalitarismo.

É preciso caminhar com o olhar voltado para o futuro, mas sem desprezar as experiências vividas no passado, posto que o aprendizado permite a ruptura do círculo vicioso, mantendo o Direito em contato com meio, e impulsionando a coletividade na direção almejada pela Constituição, qual seja, a realização do modelo de Estado Social e Democrático que ela se propõe.

2. A Constituição

Como ponto de partida deste trabalho, faz-se necessário definir o que vem a ser Constituição, bem como a origem e importância desta "expressão" dentro do que se convenciona denominar de Ordenamento Jurídico.

Da mesma forma como ocorre com tantos conceitos jurídicos, a ideia de Constituição é definida de diversas formas. Pode-se afirmar, desde já, que uma Constituição corresponde à norma fundamental de um Estado, a partir da qual derivam todas as demais. Mais do que isso, pode-se afirmar que a Constituição de um Estado corresponde ao Estatuto no qual estão contidas a sua forma de organização, a separação dos Poderes, os objetivos e direitos fundamentais, dentre outras disposições. Do exposto, vislumbra-se que a Constituição ocupa uma posição de destaque dentro do Ordenamento Jurídico tendo o inequívoco status de norma fundamental.

Ainda, é possível afirmar que é no seio da Constituição que se encontram todos os direitos e deveres, e de onde derivam, ou pelo menos deveria derivar todas as normas que regem determinado Estado.

Após traçadas essas premissas e antes de adentrar no tema objeto deste trabalho, impende-se traçar um apanhado histórico acerca da origem das Constituições, em especial da brasileira.

2.1. A origem e evolução do constitucionalismo

Avançando na abordagem pretendida, mostra-se necessário fazer um breve escorço histórico, com todas as limitações que se impõe a um trabalho que não tem esse como seu objetivo central. Inicialmente, cabe lembrar, que as constituições consagraram os clássicos direitos humanos frutos do próprio liberalismo econômico, notadamente, os direitos a vida, liberdade, propriedade e a igualdade perante a lei.

De todos os documentos medievais, sem dúvida, o que alcançou maior significação e importância no processo de positivação dos direitos humanos foi a *Magna Charta Libertatum* ou Carta Magna, contrato subscrito entre o rei Juan e os bispos e barões da Inglaterra, em 15 de junho de 1215.[2]

Este documento assume especial importância no que concerne à limitação do poder do rei e a sua sujeição à lei. A partir de então, os direitos do homem e do cidadão passam a ser proclamados na maior parte das declarações e constituições, sendo considerados como faculdades "naturais e inalienáveis" do indivíduo em sua condição pré-social.[3]

Com a revolução francesa e a americana, surgiu um movimento denominado constitucionalismo. Revolucionário e universal, esse movimento acabou por alcançar inúmeros países, dentre eles o Brasil. Este movimento se desenvolveu, difundindo as suas ideias, quais sejam, a elaboração de uma Constituição escrita que assegurasse o liberalismo e o respeito aos direitos do homem, e que apresentasse um mecanismo de divisão de poderes. Nesse sentido é a lição de François Ost:

> Com a revolução francesa e a americana impôs-se a idéia de que o regime político da nação e todo o seu direito podiam decorrer de um texto fundamental, e a Constituição, que exprimiria o seu espírito (uma idéia de direito baseada nos direitos fundamentais do indivíduo) e asseguraria a sua projeção durável no futuro. Receptáculo de todas as promessas que o corpo social fez a si mesmo, a Constituição é, pro excelência, o instrumento jurídico de ligação do futuro.[4]

Ainda, sob o pretexto de viabilizar o projeto de Estado Liberal de Direito, que se assenta no princípio de legalidade, surgiu a teoria da tripartição de Poderes entre o Legislativo, o Executivo e o Judiciário.

Essa teoria foi instituída como forma de estabelecer o controle da legalidade, à medida que cada poder, autônomo e independente, vigiaria as atividades dos demais. Marinoni explica as razões pelas quais a subserviência irrestrita à lei tornou-se um dogma inquestionável:

> O Estado Liberal de Direito, diante da necessidade de condicionar a força à liberdade da sociedade, erigiu o princípio da legalidade como fundamento para sua imposição. Esse princípio elevou a lei a um ato supremo com a finalidade de eliminar as tradições jurídicas

---

[2] LUÑO, Antonio Enrique Pérez. *Derechos Humanos, Estado de Derecho Y Constitución*. 9. ed. Madrid: Tecnos, 2005, p. 114.

[3] Idem, ibidem, p. 122.

[4] OST, François. *O Tempo do Direito*. Tradução de Maria Fernanda Oliveira. Lisboa: Instituto Piaget, 1999, p. 265.

do Absolutismo e do Ancien Regime. A administração e os juízes, em face desse princípio, ficaram impedidos de invocar qualquer direito ou razão pública que se chocasse com a lei.[5]

Diante da hegemonia do Parlamento, o Executivo e o Judiciário assumiram posições óbvias de subordinação; o primeiro somente poderia atuar se autorizado pela lei e nos seus exatos limites, e o Judiciário apenas aplicá-la, sem mesmo poder interpretá-la. O Legislativo, assim, assumia uma nítida posição de superioridade.[6]

O fundamento político-filosófico dessas grandes transformações sociais que marcaram o advento do constitucionalismo pode ser encontrado nas ideias de pensadores dos séculos XVII e XVIII. Nessa linha são as palavras de Ernest Cassirer:

> O século XVII via na construção de "sistemas filosóficos" a tarefa própria do conhecimento filosófico. Para que lhe parecesse verdadeiramente "filosófico", era preciso que o saber tivesse alcançado e estabelecido com firmeza a idéia primordial de um ser supremo e de uma certeza suprema intuitivamente apreendida, e que tivesse transmitido a luz dessa certeza a todo o ser e a todo o saber dela deduzido.[7]

O autor arremata com o sentido conferido à razão para os filósofos do século XVIII:

> O século XVIII confere à razão um sentido diferente e mais modesto. Deixou de ser a soma de "idéias inatas", anteriores a toda a experiência, que nos revela a essência absoluta das coisas. A razão define-se muito menos como uma possessão do que como uma forma de aquisição. Ela não é o erário, a tesouraria, do espírito, onde a verdade é depositada como moeda sonante, mas o poder original e primitivo que nos leva a descobrir, a estabelecer e a consolidar a verdade. Essa operação de assegurar-se da verdade constitui o germe e a condição necessária de toda a certeza verificável.
>
> A razão desliga o espírito de todos os fatos simples, de todos os dados simples, de todas as crenças baseadas no testemunho da revelação, da tradição, da autoridade; só descansa depois que desmontou peça por peça, até seus últimos elementos e seus últimos motivos, a crença e a "verdade pré-fabricada".[8]

Todavia, a supremacia da razão e a evolução do direito a categoria de ciência, bem como a positivação dos direitos fundamentais do homem e a separação dos Poderes, não foram capazes de dirimir as diferenças sociais existentes entre a população.

Ao longo do século XIX, o proletariado vai adquirindo protagonismo histórico, à medida em que avança o processo de industrialização e, concomitantemente ele adquire consciência de classe, reivindicando

---

[5] MARINONI, Luiz Guilherme. *Estudos de Direito Processual Civil*. Homenagem ao Professor Egas Dirceu Moniz de Aragão. "A jurisdição no Estado Contemporâneo". São Paulo: Revista dos Tribunais, 2005, p. 14.

[6] Idem, ibidem, p. 15.

[7] CASSIRER, Ernest. *A Filosofia do Iluminismo*. Tradução de Álvaro Cabral. Campinas: UNICAMP, 1992, p. 24.

[8] Idem, ibidem, p. 32 e 33.

alguns direitos econômicos e sociais, frente aos clássicos direitos individuais, fruto do triunfo da revolução liberal burguesa. O Manifesto Comunista de 1848 pode ser considerado um evento fundamental neste processo, pois representa um documento anunciador do começo de uma nova etapa.[9]

Pode-se afirmar, nessa releitura histórica, que o reconhecimento dos direitos fundamentais teve como objetivo inicial preservar o cidadão contra o arbítrio do Estado, razão pela qual esses direitos também são denominados de direitos de defesa. Nesse sentido explica Jorge Miranda:

> Tal como o conceito de Constituição, o conceito de direitos fundamentais surge indissociável da idéia de Direito liberal. Daí que se carregue das duas características identificadoras da ordem liberal: a postura individualista abstracta de (no dizer de RADBRUCH) um indivíduo sem individualidade; e o primado da liberdade, da segurança e da propriedade, complementadas pela resistência à opressão.[10]

Posteriormente, com o advento do Estado Social, as Constituições passaram a consagrar os denominados direitos sociais, notadamente, o direito ao trabalho, educação, saúde, proteção à velhice, dentre outros, como abordado no capítulo inicial desse trabalho. Tais direitos acolhem as crescentes reivindicações da classe trabalhadora ante os efeitos produzidos pelo processo de industrialização que ocorre principalmente na Europa. Nessa linha expõe Jorge Miranda:

> (...) contrapondo aos direitos de liberdade são, nesse século e no século XX reinvindicados (sobretudo, por movimentos de trabalhadores) e sucessivamente obtidos, direitos econômicos, sociais e culturais – direitos econômicos para garantia da dignidade do trabalho, direitos sociais como segurança na necessidade e direitos culturais como exigência de acesso à educação e à cultura e em último termo de transformação da condição operária.[11]

Isso ocorreu, pois, a liberdade formal clássica mostrou-se insuficiente, para amainar os conflitos de uma sociedade, cada vez mais, economicamente desigual e socialmente injusta. Como explica Vieira de Andrade:

> A regra formal da liberdade não é suficiente para garantir a felicidade dos indivíduos e a prosperidade das nações e serviu por vezes para aumentar a agressividade e acirrar os antagonismos, agravar as formas de opressão e instalar a diferenças injustas. A paz social, o bem-estar colectivo, a justiça e a própria liberdade não podem realizar-se espontaneamente numa sociedade economicamente desenvolvida, complexa, dividida, dissimétrica e conflitual. É necessário que o Estado regule os mecanismos econômicos, proteja os fracos

---

[9] LUÑO, Antonio Enrique Pérez. *Derechos Humanos, Estado de Derecho Y Constitución*. 9. ed. Madrid: Tecnos, 2005, p. 122.

[10] MIRANDA, Jorge. *Manual de Direito Constitucional*. Tomo IV – Direitos Fundamentais. 3. ed. Coimbra: Coimbra, 2000, p. 22.

[11] MIRANDA, Jorge. *Manual de Direito Constitucional*. Tomo IV – Direitos Fundamentais. 3. ed. Coimbra: Coimbra, 2000, p. 22.

e desfavorecidos e promova medidas necessárias à transformação da sociedade numa perspectiva comunitariamente assumida de progresso, de justiça e de bem-estar.[12]

As Constituições foram erigidas, contudo, não alcançaram sua verdadeira expressão, uma vez que seus efeitos são visíveis tão somente no plano teórico. Na prática, o que se constata são mecanismos que não possuem qualquer coercitividade e a Constituição permanece como um belo instrumento, porém, inefetivo, para maioria dos povos.

2.2. A Constituição como expressão do Poder Constituinte

Mas, afinal, o que é uma Constituição? A Constituição, formalmente falando, é a lei fundamental de organização do Estado, cuja causa criadora e motivadora foram as constantes lutas do povo em uma determinada época da história. Seu conteúdo reflete as conquistas sociais, econômicas, políticas e religiosas da humanidade, bem como a sua finalidade é a realização dos valores que apontam para o bem comum.

Corroborando o acima exposto, Gomes Canotilho ressalta que:

> (...) a Constituição garante a tendencial unidade não como "norma do centro" ou como "norma dirigente fundamental do Estado" mas como estatuto de justiça do político, ou seja como quadro moral e racional do discurso político conformador da ordem normativo-constitucional através de um conjunto de princípios e regras incorporadores de "valores básicos" do ordenamento jurídico.[13]

Segundo Hans Kelsen a Constituição representa o escalão de direito positivo mais elevado.[14] Todavia, o sentido da Constituição, rico e paradoxal, entrecruza duas tradições que não param de se confrontar desde o seu surgimento (1776 e 1789).[15]

O primeiro reflete uma concepção mais conservadora, encarando a Constituição como um legado das experiências históricas vividas ao longo dos anos, ao passo que o segundo, a considera a expressão das conquistas do povo e, principalmente, acredita na força deste instrumento para a construção do Estado idealizado.

François Ost traça um paralelo entre os dois sentidos atribuídos a Constituição, consoante se depreende da passagem a seguir transcrita:

---

[12] ANDRADE, José Carlos Vieira de. *Os Direitos fundamentais na Constituição Portuguesa de 1976*. 3. ed. Coimbra: Almedina, 2004, p. 248.
[13] CANOTILHO, José Joaquim Gomes. *Direito Constitucional*. 5. ed. Coimbra: Almedina, 2000, p. 1136.
[14] KELSEN, Hans. *Teoria Pura do Direito*. Tradução de João Baptista Machado. São Paulo: Martins Fontes, 1998, p. 247.
[15] OST, François. *O Tempo do Direito*. Tradução de Maria Fernanda Oliveira. Lisboa: Instituto Piaget, 1999, p. 267.

Por um lado, a Constituição no sentido aristotélico de *politeia,* de organização consuetudinária da sociedade, produz tradição, história a experiência, mais reflexo da natureza das coisas do que produção deliberada da razão legisladora. Este modelo, que ainda é hoje o da Constituição não escrita da Grã-Bretanha, caracterizava as leis fundamentais do Reino durante o Antigo Regime, e corresponde à concepção organicista e comunitário que autores como Montesquieu e Hegel tinham do direito. No lado oposto, valoriza-se a concepção moderna da Constituição, aquela precisamente que triunfa na Revolução: trata-se desta vez de um texto fundador, inspirado no ideal progressista das Luzes e na confiança da capacidade da lei de organizar um futuro libertador. É também a concepção partilhada pelos Estados jovens que, acedendo à independência, pretendem marcar pela adopção de uma Constituição a sua firme vontade de instaurar uma ordem nova.[16]

Ocorre que a Constituição não pode ser encarada como algo estanque, posto que acabaria por ocasionar o aprisionamento do tempo, o que por si só impediria a aplicação adequada do texto às gerações futuras. Do mesmo modo, a constante inovação traria como consequência o abandono das experiências vividas, que constituem um legado da sociedade e que possuem fundamental importância no processo de construção de sentido, uma vez que o aprendizado viabiliza a ruptura do círculo vicioso, impedindo que se torne a cometer os mesmo erros de outrora.

Das palavras de François Ost, pode-se extrair o verdadeiro sentido da Constituição:

(...) é preciso que a Constituição seja também reconstituinte: por outras palavras, é preciso que invista na duração, que comprometa o futuro; numa palavra, que institua. A Constituição tem por vocação fazer nascer uma nova ordem jurídica da desordem insurreccional.[17]

Por conseguinte, constata-se que a Constituição possui um núcleo comum que avalia o passado no momento presente, mas com os olhos direcionados para o futuro. Isso permite que a sociedade caminhe na direção projetada, mantendo o "corpo social"[18] intacto, o que garante a segurança necessária às eventuais mudanças ocasionadas pela evolução natural da sociedade.

Sobre o tema, François Ost, valendo-se dos ensinamentos de Cl. Klein, salienta que:

(...) é preciso desdramatizar o poder constituinte e parar de o conceber como autoridade extrajurídica portadora de um direito definido *tabula raza*: a sua acção, por muito revolucionária que seja, não escapa ao confronto das idéias de direito que prevaleçam no corpo social. Sem dúvida, com a Revolução impôs-se a concepção da Constituição como preceito, acto jurídico unilateral, norma imperativa. Mas essa norma deriva ela própria do pacto social: longe de cair do céu, ela deriva do acordo que se estabeleceu entre o povo, primeiro, e os dirigentes, depois, e de que resulta a confiança sem a qual nenhum texto pode aspirar a im-

---

[16] OST, François. *O Tempo do Direito*. Tradução de Maria Fernanda Oliveira. Lisboa: Instituto Piaget, 1999, p. 267.

[17] Idem, p. 268.

[18] Idem, ibidem.

por-se de forma durável. Privadas dessa referência à promessa social fundadora, as Constituições surgem como a expressão de um direito descontínuo, aleatório, e para dizer tudo, tão inexplicável quanto insensato. Ora, as nossas análises anteriores da promessa mostraram-nos que não há nenhuma promessa que subsista fora de um quadro constitucional e de um campo de valores (fidelidade, lealdade e boa-fé...) previamente estabelecidos.[19]

A resposta para todas estas perguntas sobre o que é Constituição, e quais os limites deste "constituir" da Constituição pode ser encontrada nos ensinamentos de Eros Grau, segundo refere Lenio Streck:

> A resposta pode estar com Eros Grau, ao lembrar que a Constituição do Brasil não é um mero "instrumento de governo", enunciador de competências e regulador de processos, mas, além disso, enuncia diretrizes, fins e programas a serem realizados pelo Estado e pela sociedade. Não compreende tão-somente um "estatuto jurídico do político", mas um "plano global normativo" da sociedade e, por isso mesmo, do Estado brasileiro. Daí ser ela a Constituição do Brasil, e não apenas a Constituição da República Federativa do Brasil.[20]

Portanto, é imprescindível a compreensão do que vem a ser a Constituição, na medida em que ela retrata os anseios da sociedade e caracteriza-se como sendo o alicerce sob o qual foi construída a ideia de Estado. Lenio Streck é contundente quando menciona que:

> Assim percebemos (compreendemos) a Constituição "como" Constituição quando a confrontamos com a sociedade para a qual é dirigida; compreendemos a Constituição "como" Constituição quando examinamos os dispositivos que determinam o regate das promessas da modernidade e quando, através de nossa consciência acerca dos efeitos que a história tem sobre nós (*Wirkungsgeschichtliches Bewubtsein*), damo-nos conta da ausência de justiça social (cujo comando de resgate está no texto constitucional); compreendemos a Constituição "como" Constituição quando constatamos que os direitos fundamentais-sociais somente foram integrados ao texto constitucional pela exata razão de que a imensa maioria da população não os têm;...[21]

Desta forma, para tornar a Constituição, de fato, expressão da vontade do povo, é imperioso o resgate de suas promessas e a observância dos seus dispositivos, especialmente aqueles nos quais reside seu conteúdo essencial, os quais, não por acaso, são denominados de *cláusulas pétreas*, que será objeto da abordagem que segue.

3. O que são cláusulas pétreas?

No início do século XX, difundiu-se o pensamento de que constituições excessivamente rígidas acabariam por gerar insegurança. Este pensa-

---

[19] Op cit., p. 268.
[20] STRECK, Lenio Luiz. *Verdade e Consenso:* Constituição, Hermenêutica e Teorias Discursivas. Rio de Janeiro: Lumen Juris, 2006, p. 91.
[21] Idem. In: *Constituição, sistemas sociais e hermenêutica:* programa de pós-graduação em Direito da UNISINOS: mestrado e doutorado/orgs. Leonel Severo Rocha, Lenio Luiz Streck, Jose Luis Bolzan de Morais [et al']. Porto Alegre: Livraria do Advogado, 2005, p. 163.

mento era uma resposta ao engessamento que havia, dentre outras coisas, dificultado a abolição da escravatura. Assim, a Constituição passou a ter um núcleo com proteção especial.

Segundo essa proposta, haveriam limites constitucionais intransponíveis voltados à proteção de princípios e instituições básicas do Estado de Direito. Com isso, surge um novo modelo de Constituição, que protege certas cláusulas, denominadas pétreas, contra emendas que possam aboli-las ou amesquinhá-las.

3.1. Definição de cláusulas pétreas

Partindo da própria denominação outorgada a expressão "cláusula pétrea", obter-se-á o seguinte significado: "duro como pedra". Por conseguinte, verifica-se que o constituinte entendeu conveniente tornar irremovíveis determinados preceitos constantes no texto constitucional.

Por óbvio que, ao inserir disposições insuscetíveis de serem abolidas por emenda ou modificadas, o constituinte objetivou dar proteção ao conteúdo essencial da Constituição, impossibilitando que o legislador reforme, remova ou venha abolir determinadas matérias.

Esse núcleo imutável visa proteger o sistema jurídico como um todo, garantido que determinados valores fundamentais presentes na ordem constitucional não se esvaiam com o passar do tempo. Por isso, Alexandre Pasqualini acrescenta que:

> (...) o sistema jurídico, reclama um núcleo de constante fixidez (cláusulas pétreas), capaz de governar os rumos legislativos e hermenêuticos não apenas dos poderes constituídos, mas da própria sociedade como um todo.[22]

Como se denota da passagem acima transcrita as *cláusulas pétreas* têm como intuito limitar as matérias do órgão reformador, preservando a integridade do texto constitucional e assegurando a manutenção e a permanência de determinados direitos e princípios basilares.

Estes preceitos evitam a destruição, o enfraquecimento ou, ainda, mudanças profundas, na identidade no ordenamento constitucional garantindo, na medida do possível, sua estabilidade. Trata-se, portanto, de limites materiais ao poder de reforma. Nesse sentido é a lição de Néri da Silveira:

> Com efeito, não autorizada, de expresso, a revisão total do Estatuto Magno de 1988 e conferido, pelo constituinte originário, o caráter de imutabilidade quanto a determinados princípios ou preceitos,, que se ao de considerar, destarte, como fundamentais à ordem

---

[22] PASQUALINI, Alexandre. *Hermenêutica e Sistema Jurídico:* uma introdução à interpretação sistemática do Direito. Porto Alegre: Livraria do Advogado, 2000, p. 80.

constitucional estabelecida, a obra do constituinte derivado deve respeito, assim, a esses limites traçados pela Constituição.[23]

Com efeito, é oportuno mencionar que a mera modificação do enunciado de um dispositivo não conduz a inconstitucionalidade, desde que preservado o seu sentido. Sobre o tema Jorge Miranda esclarece que:

> Por detrás destas divergências, o sentido fundamental revela-se, contudo, o mesmo: garantir, em revisão, a intangibilidade de certos princípios – porque é de princípios que se trata, não de preceitos avulsos (os preceitos poderão ser eventualmente modificados, até para a clarificação ou reforço de princípios, o contrário seria absurdo). Mesmo quando a Constituição proíbe a revisão de artigos sobre revisão, são os princípios que visa defender, porventura aparelhando um mecanismo mais complexo para o efeito.[24]

Por derradeiro, observa-se que a garantia da manutenção de determinados conteúdos na Constituição, por meio das denominadas *cláusulas pétreas*, visa à preservação dos princípios constitucionais consagrados pela norma protegida.

As *cláusulas pétreas*, sobretudo, protegem o núcleo essencial da Constituição contra quaisquer movimentos surgidos em momentos de forte clamor popular, quando a razão cede espaço à emoção.

3.2. A legitimidade das cláusulas pétreas

Uma Constituição pode ser revista de tal forma que se modifique ou desvirtue seus princípios fundantes? Ou em sentido oposto: É possível limitar o poder de revisão da Constituição, impedindo que cada geração assuma a responsabilidade de reescrever o direito de acordo com o momento que se vive?[25]

François Ost explica os motivos que embasam as duas posições acerca da limitação da revisão:

> Em primeiro plano, perfilam-se com insistências as urgências políticas do instante, a autoridade dos governantes, a soberania do corpo eleitoral actual, a disponibilidade de um texto constitucional sempre susceptível de modificação. Nesse plano, não vemos o que se oporia a uma modificação, mesmo radical, da Constituição.
>
> Mas se procurarmos ver mais longe, teremos de conservar no espírito as realidades de segundo plano que, menos visíveis sem dúvida, não são menos importantes: as exigências do longo prazo, o facto de num Estado de direito, os governantes serem obrigados a obedecer

---

[23] SILVEIRA, José Néri da. *A Reforma Constitucional e o Controle de sua Constitucionalidade*. Ajuris n° 64, 1995, p. 207 e 208.

[24] MIRANDA, Jorge. *Manual de Direito Constitucional*. Tomo II – Introdução à teoria da Constituição. Coimbra: Coimbra, 1988, p. 155.

[25] OST, François. *O Tempo do Direito*. Tradução de Maria Fernanda Oliveira. Lisboa: Instituto Piaget, 1999, p. 269.

à lei e aos seus princípios fundamentais, a idéia que o verdadeiro titular da soberania é o povo jurídico ou perpétuo de que falava Geuchet.[26]

Esta discussão acerca da possibilidade de modificação do texto Constitucional, apesar de remota, continua presente na atualidade, uma vez que são inúmeros os projetos de emendas tendentes a modificar o conteúdo essencial do texto constitucional, contrariando a posição dos que defendem a existência de *cláusulas pétreas*.

Talvez, uma das melhores analogias acerca da legitimidade das *cláusulas pétreas* tenha sido construída por François Ost, a partir da análise do canto XII da *Odisséia*, no qual Homero relata a história do canto das sereias:

> Homero conta, no canto XII da Odisseia, que os ventos tinham impedido o navio de Ulisses para perto da Ilha das Sereias. O seu canto era tão melodioso, dizia-se, que enfeitiçados, os marinheiros se lançavam à água para se lhes juntarem... e para nunca mais voltarem. Curioso, Ulisses decidiu descobrir esse canto, mas, prudentemente, toma as medidas necessárias para resistir ao encanto maléfico: depois de ter tapado os ouvidos dos seus marinheiros com cera, prendeu-se ao mastro do barco. Assim preparado, poderia ouvir sem ceder.[27]

A passagem acima referida pode ser utilizada para estabelecer um paralelo entre a situação vivenciada por Ulisses e a necessidade de manutenção de determinados dispositivos no texto constitucional, independentemente do transcurso do tempo.

Nesse sentido, François Ost traz a seguinte indagação:

> Perguntavam-se os autores das Constituições, não se deverão pôr ao abrigo das maiorias de circunstância e dos movimentos de paixão populares os princípios mais fundamentais em que se assenta o edifício da vida colectiva?.[28]

É sob este questionamento que se assenta a fundamental importância da observância das *cláusulas pétreas* constantes nas Constituições. As *cláusulas pétreas* surgiram com o fito de impedir que as maiorias ocasionais, ou ainda, que uma elite dominante, pudesse restringir determinados direitos fundantes conquistados pelos cidadãos ao longo da história.

Por este motivo, François Ost acrescenta:

> Nesta perspectiva, não só a Constituição será uma norma mais difícil de rever que uma lei vulgar, mas ainda certas disposições serão declaradas intangíveis, não revisíveis, e certos direitos proclamados inderrogáveis.[29]

---

[26] IOST, François. *O Tempo do Direito*. Tradução de Maria Fernanda Oliveira. Lisboa: Instituto Piaget, 1999, p. 266.
[27] Idem, p. 265 e 266.
[28] Idem, ibidem.
[29] Idem, ibidem.

Contudo, a corrente que sustenta a irreversibilidade do conteúdo de alguns preceitos constitucionais, como anteriormente mencionado, encontra opositores, segundo os quais se impõem submeter à lei e à Constituição a constantes revisões, sob pena de degradação e inadequação.

Dentre os opositores, François Ost cita a clássica lição de Rousseau, posto que, segundo ele, o povo é sempre senhor das suas leis, podendo modificá-las, mesmo as melhores.[30] Ainda, arremata trazendo a seguinte passagem do referido autor:

> Não há no Estado nenhuma lei fundamental que não se possa revogar, nem sequer o pacto social, pois se todos os cidadão se juntassem para romper o pacto, não podemos duvidar que fosse muito legitimamente rompido.[31]

A crítica à posição de Rousseau reside na concepção instantaneísta do tempo social, que rouba as possibilidades de uma existência plena, na medida em que exclui, concomitantemente, o passado e o futuro.

No momento em que se supervaloriza o presente, desligando-se do passado e de tudo o que foi construído pela experiência humana, o futuro esta fadado a repetir as mesmas fórmulas comprovadamente ineficazes.

A visão instantaneísta do tempo faz com que se viva aprisionado no tempo (presente), assistindo, passivamente, a banalização da importância da vida. Tomados por um vazio característico daqueles que perderam suas referências e seus valores, os seres humanos alimentam a angústia decorrente da impossibilidade de imaginar um futuro diferente.

Assim, para evitar o aprisionamento no tempo presente, bem como revigorar a concepção de sujeitos históricos – seres cuja única certeza reside na finitude[32] – o Poder Constituinte Originário, com o fulcro de estabelecer uma ordem durável, constituiu um pacto de valores que representam um ato de vontade e um produto da história, culminando no surgimento das Constituições.[33]

---

[30] OST, François. *O Tempo do Direito*. Tradução de Maria Fernanda Oliveira. Lisboa: Instituto Piaget, 1999, p. 273.

[31] Idem, p. 273 e 274.

[32] Nas desconcertantes palavras de Gadamer: A verdadeira experiência é aquela na qual o homem se torna consciente de sua finitude. Nela, o poder fazer e a auto-consciência de uma razão planificadora encontra o seu limite. Mostra-se como pura ficção a ideia de que se pode dar marcha-ré a tudo, de que sempre há tempo para tudo e de que, de um modo ou de outro, tudo retorna. Quem está e atua na história faz constantemente a experiência de que nada retorna. Reconhecer o que não quer dizer aqui conhecer o que há num momento, mas perceber os limites dentro dos quais ainda há possibilidade de futuro para as expectativas e os planos: ou, mais fundamentalmente, que toda expectativa e toda planificação dos seres finitos é, por sua vez, finita e limitada. A verdadeira experiência é assim experiência da própria historicidade. GADAMER, Hans-Georg. *Verdade e método*: traços fundamentais de uma hermenêutica filosófica. Tradução Flávio Paulo Meurer. Petrópolis: Vozes, 1997, p. 527 e 528.

[33] Idem, p. 269.

No Brasil, a Constituição Federal conferiu ao Congresso Nacional a competência para reformar o texto constitucional.[34] Entretanto, o Poder Constituinte Originário fixou limites a este poder de reforma, não só de ordem formal, mas também, e principalmente, de ordem material, o que será objeto da análise que segue.

Assim, faz-se necessário analisar este tema no panorama Nacional, com vistas a tentar estabelecer quais são as matérias constantes na Constituição Federal de 1988, as quais o Poder Constituinte Originário pretendeu proteger sob o rótulo de *cláusulas pétreas*.

4. As cláusulas pétreas na Constituição Federal de 1988

Como tratado no tópico precedente, as Constituições foram erigidas contemplando a limitação à alteração de alguns dos seus dispositivos.

Com a Constituição Federal de 1988 não foi diferente. As limitações aparecem explicitamente, em especial no artigo 60, § 4º, e seus incisos, *in verbis*:

Art. 60. A Constituição poderá ser emendada mediante proposta:

§ 4º Não será objeto de deliberação a proposta de emenda tendente a abolir:

I – a forma federativa de Estado;

II – o voto direito, secreto universal e periódico;

III – a separação de poderes;

IV – os direitos e garantias individuais.

Estas matérias representam à essência da ordem constitucional, não sendo passível de supressão ou modificação. São as chamadas limitações explícitas ao poder de reforma.

Nesse diapasão, os direitos e garantias individuais do cidadão figuram entre os limites materiais à reforma, uma vez que representam o ponto de sustentação de um dos princípios esculpidos no texto constitucional, qual seja, a dignidade da pessoa humana, e, por conseguinte, não pode ser objeto de alteração.

4.1. Os dispositivos constitucionais que podem ser entendidos como "cláusulas pétreas"

Conforme exposto, a Constituição Federal de 1988 adotou as denominadas *cláusulas pétreas*. Portanto, qualquer emenda que vise suprimir ou abolir direito inserido neste rol considerar-se-á inconstitucional.

---

[34] SILVA, José Afonso da. *Curso de Direito Constitucional Positivo*. 19. ed. São Paulo: Malheiros, 2001, p. 64.

Por outro lado, é imperioso salientar que a Constituição agrega uma série de princípios norteadores, que de forma explícita ou implícita, caracterizam-se como alicerce de diversos dispositivos. Nesse ínterim, além dos limites expressos, existem outros dedutíveis do próprio sistema constitucional.

Estes princípios implícitos possuem conteúdo vinculante, por isso, a sua obrigatoriedade tem o mesmo grau de incidência e força que os expressamente previstos. Ou seja, não só aos órgãos responsáveis pelas reformas devem observar a impossibilidade de limitação do conteúdo, mas também os órgãos encarregados de propiciar meios para a sua realização devem torná-los efetivos.[35]

Os princípios constitucionais que vigoram no Ordenamento Jurídico são normas matrizes, relacionadas aos valores políticos e sociais do Estado, explicitadas pelo legislador constituinte originário.

Dentre as limitações implícitas ao poder de reforma encontram-se, segundo Raul Horta:

> (...) os fundamentos do Estado Democrático de Direito (artigo 1º, I, II, III, IV, V); o povo como fonte de poder (artigo 1º, parágrafo único; os objetivo fundamentais da República Federativa (artigo 3º, I, II, III, IV); os princípios das relações internacionais (artigo 4º, I, II, III, IV, V, VI, VII, VIII, IX, X, parágrafo único), os direitos sociais (artigo 6º); a autonomia dos Estados Federados (artigo 25); a autonomia dos Municípios (artigo 29, 30, I, II, III); a organização bicameral do Poder Legislativo (artigo 44); a inviolabilidade dos Deputados e Senadores (artigo 53); as garantias dos Juízes (artigo 95, I, II, III); a permanência institucional do Ministério Público (artigo 127) e de suas garantias (artigo 128, I, *a, b, c*); as limitações do Poder de Tributar (artigo 150, I, II, III, *a, b*, IV, V, VI, *a, b, c, d*, artigo 151); e os princípios da ordem econômica (artigo 170, I a IX, parágrafo único).[36]

Assim, os dispositivos acima referidos estão protegidos pela imutabilidade, o que impossibilita a sua supressão, mesmo que parcial. Por outro lado, eventual reforma deve objetivar o aperfeiçoamento destes preceitos, de forma a garantir a sua plena realização, mantendo inalterada a organização que constituiu o Estado Democrático de Direito.

Dessa forma, em que pese a Constituição prever a possibilidade de emendas, a implementação dessas deve respeitar os limites materiais ao poder de reforma constitucional. Sobre o tema, Norberto Bobbio faz o seguinte comentário:

---

[35] Conforme explica STEINMETZ: Por óbvio, uma sociedade livre, justa e solidária é uma sociedade na qual os direitos fundamentais são dotados de eficácia jurídica e tendentes, em grau ótimo, à efetivação, tanto no plano das relações verticais (indivíduo-Estado) como no das relações horizontais (particular-particular). STEINMETZ, Wilson. *A Vinculação dos Particulares a Direitos Fundamentais*. São Paulo: Malheiros, 2004, p. 91.

[36] HORTA, Raul Machado. *Estudos de direito constitucional*. Belo Horizonte: Del Rey, 1995, p. 124.

Quando um órgão superior atribui a um órgão inferior um poder normativo, não lhe atribui um poder ilimitado. Ao atribuir esse poder, estabelece também os limites entre os quais pode ser exercido...[37]

Raul Horta completa, referindo que:

O poder de emenda é poder instituído e derivado, instrumento da mudança constitucional de segundo grau, submetido ao 'centro comum de imputação', que assegura a permanência das decisões políticas fundamentais reveladas pelo Poder Constituinte Originário.[38]

Posto isto, conclui-se que é razoável admitir que uma Constituição possua um núcleo que resguarde sua essência, posto que a sua existência é vital para a harmonia do ordenamento que ela preconiza. A supressão das cláusulas pétreas importaria uma verdadeira falência da ordem constitucional. Calha à espécie a lição de Gomes Canotilho:

As considerações anteriores pressupõem a idéia de um sistema jurídico dotado de constituição na qual existe um núcleo constitutivo de identidade. Identidade da constituição não significa a continuidade ou permanência do sempre igual, pois num mundo sempre dinâmico a abertura a evolução é um elemento estabilizador da própria identidade.[39]

Registre-se que não se está a sustentar o engessamento do texto constitucional, mas tão somente a observância dos preceitos nos quais se encontram ancorados os elementos e princípios essenciais da ordem constitucional.[40]

Para finalizar, passa-se a analisar a problemática em torno dos direitos fundamentais de cunho social constantes no texto constitucional, de forma a tentar dimensionar se o poder constituinte originário, quando da elaboração do texto constitucional, intentou dar proteção aos direitos fundamentais, impedindo a sua supressão.

4.2. Os direitos fundamentais sociais como cláusulas pétreas

Apesar da inclusão dos direitos fundamentais no rol das *cláusulas pétreas* representar uma das maiores conquistas da humanidade, a discussão em torno deste tema está longe de ser pacificada.

São inúmeras as batalhas travadas entre os juristas, no sentido de estabelecer qual a "intenção do legislador constitucional", ou ainda, qual a forma correta de interpretação dos termos e dispositivos constitucionais.

Estas correntes, contrárias e colidentes, reafirmam as concepções reformistas ou conservadoras, que dentre outras, restringem a Constituição

---

[37] BOBBIO, Norberto. *Teoria do ordenamento jurídico*. 10. ed. Brasília: UNB, 1997, p. 53.
[38] HORTA, Raul Machado. *Estudos de direito constitucional*. Belo Horizonte: Del Rey, 1995, p. 124.
[39] CANOTILHO, José Joaquim Gomes. *Direito Constitucional*. 6. ed. Coimbra: Almedina, 1993, p. 1135 e 1136.
[40] MENDES, Gilmar Ferreira. AJURIS n° 60, 1994, p. 251.

a um aglomerado de regras inócuas, ocultando o seu verdadeiro sentido, a sua essência.

Quanto à inclusão dos direitos fundamentais na Constituição Federal Rogério Leal constata que:

> (...) como referencial jurídico, a Carta de 1988 alargou significativamente a abrangência dos direitos e garantias fundamentais, com o objetivo de assegurar o exercício dos direitos sociais e individuais, a liberdade, a segurança, o bem estar, o desenvolvimento, a igualdade e a justiça, como valores supremos de uma sociedade fraterna, pluralista e sem preconceitos.[41]

Nesse corolário, a abrangência e a intensidade das denominadas cláusulas pétreas, ocupam posição de destaque, na medida que a impossibilidade de supressão dos direitos fundamentais representa uma constante esperança de que eles possam abandonar a condição de mera promessas e possam concretizar-se.

Os debates acerca da amplitude da proteção constitucional partem da terminologia adotada pelo constituinte no artigo 60, § 4°, inciso IV, qual seja, direitos e garantias individuais. Tal ocorre, porque, a Constituição Brasileira subdivide o título II em dois capítulos, sendo que atribui ao primeiro à denominação de direitos e deveres individuais e coletivos e ao segundo de direitos sociais.

Isto, por si só, já constitui argumento suficiente para os que defendem uma interpretação estritamente literal dos dispositivos afirmarem a possibilidade de supressão dos direitos de cunho social do texto constitucional, na medida em que não abrangidos pela proteção outorgada sob o rótulo de *cláusulas pétreas*.[42]

Mas a controvérsia a respeito do alcance da proteção destinada aos direitos fundamentais se estende para mais além. Os que sustentam a tese de uma interpretação restritiva dos direitos fundamentais apegam-se ao termo "individuais" utilizado pelo constituinte. Conforme estes, apenas os direitos fundamentais equiparáveis aos direitos individuais poderiam ser considerados *cláusulas pétreas*.[43]

Contrariando o sustentado por essa corrente, Ingo Sarlet menciona que:

> Para além do exposto, verifica-se que todos os direitos fundamentais consagrados em nossa Constituição (mesmo os que não integram o Título II) são, na verdade e em última análise, direitos de titularidade individual, ainda que alguns sejam de expressão coletiva. É o indivíduo que tem assegurado o direito de voto, assim como é o indivíduo que tem direito à

---

[41] LEAL, Rogério Gesta. *Perspectivas hermenêuticas dos direitos humanos e fundamentais no Brasil*. Porto Alegre: Livraria do Advogado, 2000, p. 217.

[42] SARLET, Ingo Wolfgang. *A eficácia dos direitos fundamentais*. 7. ed. rev. atual. e ampl. Porto Alegre: Livraria do Advogado, 2007, p. 429.

[43] Idem, ibidem.

saúde, assistência social, aposentadoria, etc. Até mesmo o direito a um ambiente saudável e equilibrado (art. 225 da CF), em que pese o seu habitual enquadramento entre os direitos de terceira dimensão, pode ser reconduzido a uma dimensão individual, pois mesmo um dano ambiental que venha a atingir um grupo dificilmente quantificável e delimitável de pessoas (indivíduos) gera um direito a reprodução para cada prejudicado.[44]

O autor completa tecendo a seguinte crítica às interpretações literais e restritivas:

> Todas estas considerações revelam que apenas por meio de uma interpretação sistemática se poderá encontrar uma resposta satisfatória no que concerne ao problema da abrangência do art. 60, § 4°, inc. IV da CF. Que uma exegese cingida à expressão literal do referido dispositivo constitucional não pode prevalecer parece ser evidente.[45]

É certo que o constituinte ao inserir no preâmbulo da Constituição o dever de "assegurar o exercício dos direitos sociais e individuais, a liberdade, a segurança, o bem-estar, o desenvolvimento, a igualdade e a justiça como valores supremos de uma sociedade fraterna"[46] considerou objetivo permanente do Estado a garantia dos direitos sociais e individuais.

Por conseguinte, não restam dúvidas de que os direitos fundamentais sociais integram os elementos essenciais da Constituição. Portanto, mesmo que não estejam expressamente referidos no rol de *cláusulas pétreas*, constituem limites implícitos ao poder de reforma.

Nessa esteira são os ensinamentos de Ingo Sarlet:

> Constituindo os direitos sociais (assim como os políticos) valores basilares de um Estado social, e democrático de Direito, sua abolição acabaria por redundar na própria destruição da identidade da nossa ordem constitucional, o que, por evidente, se encontra em flagrante contradição com a finalidade precípua das "cláusulas pétreas".[47]

Por todo o arrazoado, verifica-se que não há como sustentar a viabilidade de uma reforma constitucional tendente a abolir ou suprimir direito fundamental (individual ou social), pois, além do legislador ter resguardado estes preceitos classificando-os como *cláusulas pétreas*, eles constituem-se no pilar de sustentação de toda a organização Estatal.

Por fim, cumpre ressaltar que a função precípua das *cláusulas pétreas* é a de impedir a destruição dos elementos essenciais da Constituição, preservando a identidade do ordenamento, em especial no que concerne aos direitos fundamentais, tendo em vista que eventual agressão implicaria, inevitavelmente, a afronta ao princípio da dignidade da pessoa humana.[48]

---

[44] SARLET, Ingo Wolfgang. *A eficácia dos direitos fundamentais*. 7. ed. rev. atual. e ampl. Porto Alegre: Livraria do Advogado, 2007, p. 431.
[45] Idem, p. 430 e 431.
[46] Constituição Federal.
[47] SARLET, Ingo Wolfgang. *A eficácia dos direitos fundamentais*. Op. cit., p. 433.
[48] Idem, ibidem.

5. Considerações finais

São inúmeras as controvérsias existentes em torno do assunto abordado no presente trabalho, motivo pelo qual, apesar da Constituição Federal ser datada de 1988, ainda se está longe de chegar a um consenso a respeito deste tema.

Apesar do esforço de inúmeros doutrinadores, a Constituição Federal ainda não ocupa o lugar que lhe pertence dentro do Ordenamento Jurídico nacional.

Todavia, é preciso ter em mente que a identidade do texto constitucional não pode ser alvo de reforma. Os direitos fundamentais, individuais e sociais, muito mais do que meros preceitos morais, desprovidos de coercitividade, são os valores supremos sobre os quais a sociedade foi erigida.

Há de se ter presente que as reformas devem objetivar o aperfeiçoamento do texto constitucional, visando tornar plena a sua realização, mantendo-se fiel aos seus princípios norteadores sem alterar ou suprimir a base em que se funda o Estado Democrático e Social de Direito.

A ruptura da ordem constitucional pode, sem sombra de dúvidas, conduzir toda a nação a um verdadeiro colapso, na medida em que valores como a solidariedade há muito foram esquecidos, imperando a concepção individualista, cujo objetivo é o ter, e não o ser.

Enfim, as limitações explícitas e implícitas constantes na Constituição Federal funcionam como garantias da manutenção dos direitos fundamentais dos cidadãos e como obstáculo às modificações que contemplem os interesses das maiorias ocasionais em detrimento dos valores de toda coletividade, cujos efeitos só seriam passíveis de verificação há longo prazo.

A Constituição Brasileira atribuiu ao Congresso Nacional à possibilidade de implementar reformas, sem que lhe fosse conferido, contudo, a autoridade para alterar o texto constitucional ilimitadamente. Ora, o fato de que os direitos sociais ainda estão no âmbito de meras promessas não será resolvido mediante a supressão desses do texto constitucional. É preciso promover medidas tendentes a realizar estes direitos com um grau de eficácia cada vez mais elevado.

Ressalta-se que seria completamente ilógico e contrário à democracia que os representantes do povo pudessem alterar a extensão dessa delegação, outorgando-se o posto de autêntico poder constituinte, capaz de realizar uma revisão profunda do texto constitucional. Desta forma, caracterizar-se-ia uma verdadeira usurpação da soberania popular.

Referências

ANDRADE, José Carlos Vieira de. *Os Direitos fundamentais na Constituição Portuguesa de 1976*. 3. ed. Coimbra: Almedina, 2004.

BOBBIO, Norberto. *Teoria do ordenamento jurídico*. 10. ed. Brasília: UNB, 1997.

CANOTILHO, José Joaquim Gomes. *Direito Constitucional*. 6. ed. Coimbra: Almedina, 1993.

——. *Direito Constitucional*. 5. ed. Coimbra: Almedina, 2000.

CASSIRER, Ernest. *A Filosofia do Iluminismo*. Tradução de Álvaro Cabral. Campinas: UNICAMP, 1992.

GADAMER, Hans-Georg. *Verdade e método*: traços fundamentais de uma hermenêutica filosófica. Tradução Flávio Paulo Meurer. Petrópolis – Rio de Janeiro: Vozes, 1997.

HORTA, Raul Machado. *Estudos de direito constitucional*. Belo Horizonte: Del Rey, 1995.

KELSEN, Hans. *Teoria Pura do Direito*. Tradução de João Baptista Machado. São Paulo: Martins Fontes, 1998.

LEAL, Rogério Gesta. *Perspectivas hermenêuticas dos direitos humanos e fundamentais no Brasil*. Porto Alegre: Livraria do Advogado, 2000.

LUÑO, Antonio Enrique Pérez. *Derechos Humanos, Estado de Derecho Y Constitución*. 9. ed. Madrid: Tecnos, 2005.

MARINONI, Luiz Guilherme. *Estudos de Direito Processual Civil*. Homenagem ao Professor Egas Dirceu Moniz de Aragão. "A jurisdição no Estado Contemporâneo". São Paulo: Revista dos Tribunais, 2005.

MIRANDA, Jorge. *Manual de Direito Constitucional*. Tomo II – Introdução à teoria da Constituição. 2ª ed. Coimbra: Coimbra, 1988.

——. *Manual de Direito Constitucional*. Tomo IV – Direitos Fundamentais. 3. ed. Coimbra: Coimbra, 2000.

OST, François. *O Tempo do Direito*. Tradução de Maria Fernanda Oliveira. Lisboa: Instituto Piaget, 1999.

PASQUALINI, Alexandre. Hermenêutica e Sistema Jurídico: Uma introdução à Interpretação Sistemática do Direito. Porto Alegre: Livraria do Advogado, 2000.

SARLET, Ingo Wolfgang. *A eficácia dos direitos fundamentais*. 7. ed. rev. atual. e ampl. Porto Alegre: Livraria do Advogado, 2007.

SILVEIRA, José Néri da. A reforma constitucional e o controle de sua constitucionalidade. *Ajuris*, v. 22, n° 64, jul. 1995.

STEINMETZ, Wilson. *A Vinculação dos Particulares a Direitos Fundamentais*. São Paulo: Malheiros, 2004.

STRECK, Lenio Luiz. *Verdade e Consenso*: Constituição, Hermenêutica e Teorias Discursivas. Rio de Janeiro: Lumen Juris, 2006.

——. In: *Constituição, sistemas sociais e hermenêutica*: programa de pós-graduação em Direito da UNISINOS: mestrado e doutorado/orgs. Leonel Severo Rocha, Lenio Luiz Streck, Jose Luis Bolzan de Morais [et al']. Porto Alegre: Livraria do Advogado, 2005.

— 8 —

Aspectos constitucionais da extradição no Direito brasileiro: antigas proibições e novos desafios

LUCIANO VAZ FERREIRA[1]
SANDRO BRESCOVIT TROTTA[2]

Sumário: 1. Introdução; 2. Os requisitos constitucionais para a extradição no Direito brasileiro; 3. A (in)constitucionalidade dos mandados de detenção internacionais: a extradição transformada?; 4. Considerações finais; Referências.

1. Introdução

O secular modelo vestefaliano baseia-se na ideia de que o mundo é dividido em Estados soberanos, dotados de organização judicial, legislativa e administrativa própria e com a prerrogativa de manter a ordem sobre todos os habitantes de seu território, sem interferência estrangeira (Brownlie, 1997, p. 319). Isto significa que qualquer medida que implique o uso da força, como o cumprimento forçado de decisões judiciais, deve ser limitada à circunscrição do território do próprio Estado. O ingresso não autorizado em território estrangeiro para cumprir medida coercitiva, como, por exemplo, no caso de apreensão de um bem de um devedor ou na prisão de um fugitivo, constitui-se uma grave violação do direito internacional e um ato de guerra.[3]

---

[1] Doutorando em Estudos Estratégicos Internacionais (UFRGS), Mestre em Direito (UNISINOS), Bacharel em Ciências Jurídicas e Sociais (PUCRS). Pesquisador da *American University* (Washington, DC). Assessor Jurídico do Governo do Estado do Rio Grande do Sul, lotado na Secretaria da Justiça e dos Direitos Humanos. Professor da Faculdade de Desenvolvimento do Rio Grande do Sul (FADERGS).

[2] Doutor em Altos Estudos Contemporâneos (Universidade de Coimbra), Mestre em Ciências Criminais (PUCRS), Especialista em Direito Internacional Público, Privado e da Integração (UFRGS).

[3] Conforme o artigo 2º, § 4º, da Carta da Organização das Nações Unidas (ONU), instituição que congrega quase todas as nações, "os membros deverão abster-se nas suas relações internacionais de recorrer à ameaça ou ao uso da força, quer seja contra a integridade territorial ou a independência política de um Estado, quer seja de qualquer outro modo incompatível com os objetivos das Nações Unidas". O ingresso não autorizado por Estado constitui violação da proibição do uso da força, podendo ser objeto de legítima defesa ou de uma medida coletiva do Conselho de Segurança.

Contudo, os fatos sociais não respeitam os limites territoriais e soberanos que são, na realidade, mera ficção política. As fronteiras são porosas e as relações pessoais são transnacionais. A facilidade no trânsito de pessoas na contemporaneidade permite que um agente criminoso fuja para as partes mais remotas do mundo com objetivo de não ser capturado. De nada adianta valer-se de todos os recursos para manter a paz e a segurança no ambiente interno se os problemas enfrentados podem adquirir dimensões transnacionais. Pode-se dizer, então, que a cooperação com outros países é fundamental para dar efetividade extraterritorial ao poder que os Estados estão autorizados a exercer apenas nacionalmente. A base deste relacionamento é a reciprocidade, típica das relações internacionais: caso um Estado, ajude outro a praticar alguma medida coercitiva, poderá receber auxílio em uma situação semelhante. Neste contexto foi desenvolvido o instituto da "cooperação jurídica internacional". Cooperação internacional é o estabelecimento de laços de colaboração entre dois ou mais Estados.[4] É jurídica quando se relaciona com a aplicação do direito, mecanismo responsável por manter a ordem e pacificar os conflitos sociais.

Existem diferentes tipos de cooperação em matéria penal. A cooperação administrativa é toda aquela que envolve troca de informações de inteligência diretamente entre órgãos nacionais, sem causar gravame ao *concerned*.[5] A cooperação que visa à realização de atos ordinatórios,[6] instrutórios[7] ou executórios envolvendo bens[8] apresenta-se de duas formas: por meio de carta rogatória ou de auxílio jurídico mútuo (também conhecido como auxílio direto). Na carta rogatória, sistema mais antigo, os pedidos tramitam por via diplomática, exigindo o aval de tribunais superiores para que a medida seja cumprida em território nacional. No auxílio jurídico mútuo existe uma comunicação direta entre órgãos especializados em cooperação (chamados de "autoridade central"[9]) que podem cumprir a medida administrativamente ou buscar a intervenção do judiciário quando for necessário,[10] sem, contudo, passar por tribunais su-

---

[4] A cooperação internacional *lato sensu* poderá ser econômica, política, cultural, militar, jurídica, etc.

[5] De natureza informal, inclui-se aqui a cooperação entre polícias, com objetivo de identificação de dados sobre um suspeito, ou a cooperação entre unidades de inteligência financeira, responsáveis por monitorar transações bancárias que podem ser fruto de lavagem de dinheiro.

[6] Como citações ou intimações.

[7] Como aquisição de prova criminal, incluindo depoimento do réu e oitiva de testemunhas.

[8] Como arresto e sequestro de bens produto de crime.

[9] Em matéria criminal, no Brasil, o Departamento de Recuperação de Ativos e Cooperação Internacional (DRCI) do Ministério da Justiça costuma figurar como autoridade central nos tratados internacionais. A exceção fica por conta dos tratados bilaterais de cooperação internacional envolvendo Portugal e Canadá, que possuem como autoridade central a Procuradoria Geral da República.

[10] Na aplicação do auxílio jurídico mútuo na esfera penal, o Ministério da Justiça encaminha o processo para a Procuradoria da República, que por sua vez ingressa com ação na justiça federal de primeiro grau, sem envolver participação de tribunal superior.

periores. Considerado como um instituto mais célere, o auxílio jurídico mútuo só pode ser utilizado quando previsto em tratado internacional ou for assinada promessa de reciprocidade. Na sua ausência, utiliza-se a carta rogatória.

Quando o alvo é a prisão do indivíduo, seja de maneira cautelar ou para o cumprimento de pena, o instituto jurídico é a extradição. Este será o enfoque do presente artigo. As razões podem ser enumeradas. Observa-se que é a cooperação internacional que implica medida mais dura, pois lida com o maior bem jurídico do concernido:[11] a sua liberdade. Outro aspecto que salta aos olhos é a perenidade do instituto no contexto brasileiro. Ao contrário das outras modalidades de cooperação, que se aperfeiçoaram e tornaram-se mais céleres no direito brasileiro, vide a construção da cooperação administrativa e do auxílio jurídico mútuo, a extradição não sofreu drásticas mudanças ao longo dos séculos, pelo menos, não no Brasil.

O estudo da extradição está inserido em um contexto curioso: ao mesmo tempo em que desperta interesse do grande público brasileiro, vide os célebres casos noticiados à exaustão pela mídia,[12] sofre de um abissal silêncio do meio acadêmico. Escreve-se muito pouco sobre o tema se comparado com as demais áreas do direito. Surpreendentemente, a interdisciplinaridade que permeia o instituto, envolvendo aspectos do direito penal, internacional e constitucional, que deveria ser encarado como um ponto positivo, acaba prejudicando a inserção do conteúdo na grade curricular dos cursos de direito[13] e, consequentemente, afetando as pesquisas sobre o assunto. Frente a este cenário, pretende-se com o artigo colaborar com o estudo da extradição, ainda carente de pesquisas. A vindoura implementação de novos mecanismos de cooperação, que poderão alterar ou abolir o procedimento extradicional, e o possível impacto destes institutos na ordem constitucional brasileira também foram elementos motivadores.

A base do artigo é uma análise dos dispositivos da Constituição Federal que podem ser aplicados em situação de extradição. Também serão objeto de comentário as normas internacionais que dispõem sobre novos mecanismos que poderão substituir ou alterar a extradição, seja no ambiente internacional (no âmbito da INTERPOL) como comunitário (União Europeia e MERCOSUL). Será realizada uma pequena revisão bibliográfica, utilizando-se doutrina nacional e estrangeira sobre o assunto, com

---

[11] Concernido é o sujeito alvo ou atingido pela medida cooperacional internacional.
[12] Tais como os casos Ronald Biggs, Gloria Trevi e Cesare Battisti.
[13] Na graduação em direito a extradição costuma ser mencionada nas disciplinas de ciência política, direito penal, direito internacional público e direito internacional privado. Em muitas vezes, devido às prioridades das disciplinas, o estudo da extradição acaba sendo esquecido.

apoio da jurisprudência, mais precisamente do Supremo Tribunal Federal (STF). O trabalho foi dividido em duas partes: na primeira, são comentadas as principais vedações constitucionais da extradição; na segunda, reserva-se espaço para discutir o futuro da extradição, analisando novos mecanismos que serão em breve aplicados no contexto brasileiro e que poderão gerar conflito com a ordem constitucional.

2. Os requisitos constitucionais para a extradição no Direito brasileiro

Podem ser apresentados, aqui, vários conceitos de extradição, sendo que maioria detém os mesmos elementos. É pertinente a reprodução da definição de Del´Olmo (2007, p. 23): a extradição é o "processo pelo qual um Estado entrega, mediante solicitação do Estado interessado, pessoa condenada ou indiciada neste país requerente, cuja legislação é competente para julgá-la pelo crime que lhe é imputado". O fundamento do processo extradicional é a existência de uma espécie de interesse compartilhado que todos Estados possuem de ter de volta os fugitivos de seus ordenamentos jurídicos que se encontram em outras nações, dando efetividade à persecução nacional.

Existem algumas classificações conforme o tipo de extradição. Castro (2006, p. 23) menciona a diferença entre a extradição de fato e a de direito. Enquanto na abdução internacional agentes de um país ingressam em território de outro Estado em busca de um fugitivo, na extradição de fato, as próprias autoridades do país onde se encontra o indivíduo realizam a captura e entregam para os agentes estrangeiros. É uma situação muito comum entre polícias de fronteira. Não se trata de medida autorizada pelo direito, uma vez que a ausência de pedido extradicional pode interferir nas garantias processuais do indivíduo. Já na extradição de direito há a existência de um processo de extradição, um pedido formal de captura de um indivíduo dirigido a outro país.

A extradição é instrutória quando serve para instrução de processo criminal, na situação de prisão cautelar, ou executória quando objetiva o cumprimento de pena já imposta. Também pode ser classificada como ativa ou passiva. É ativa quando o Brasil é requerente e passiva quando o país é requerido.

De acordo com o direito internacional, em princípio, a extradição é possível se houver tratado internacional entre os dois países envolvidos. Na falta de um tratado internacional, aceita-se que o país solicitante da extradição ofereça uma promessa de reciprocidade (ou seja, que em outra oportunidade irá atender prontamente um pedido de extradição do outro país). A recusa em firmar estes instrumentos inviabiliza a extradição.

As regras de como devem ser processados os pedidos de extradição e os requisitos para o seu atendimento podem ser encontradas nas fontes jurídicas do direito extradicional. Os tratados internacionais além de obrigarem os países signatários a aceitarem os pedidos de extradição costumam consignar requisitos e condições para a sua concessão, negociados multilateralmente. Além disso, o direito interno das partes envolvidas também desempenha uma posição importante, pois é ele que geralmente prevê os aspectos processuais do rito e da tramitação dos pedidos de extradição.

No contexto brasileiro, foram identificadas quatro fontes jurídicas aplicáveis sobre a extradição: os tratados internacionais que o Brasil ratificou;[14] os dispositivos referentes à extradição na Constituição Federal; o Estatuto do Estrangeiro (Lei nº 6.815/80) (que regula a extradição passiva) e o Decreto nº 394/38 (que regula a extradição ativa). A dúvida fica sobre como coordenar hierarquicamente a aplicação destes diferentes instrumentos, que podem ter dispositivos incompatíveis.

Em princípio, os tratados internacionais são livres para definir o regime jurídico da extradição de acordo com o que foi negociado com os países signatários, ainda que seja contrário à legislação ordinária da parte envolvida. Isto ocorre por que de acordo com a jurisprudência brasileira, os acordos internacionais comuns ratificados possuem *status* de lei ordinária (RE nº 466.343-SP), podendo ser aplicados os princípios de que "lei especial sobrepõem-se à geral" e "lei posterior revoga a anterior" no que for incompatível. Neste contexto, é possível dizer que as normas internacionais sobre extradição podem suprimir, alterar ou acrescentar requisitos para o procedimento, em situações envolvendo os países que as ratificaram. Este cenário conduz ao questionamento se a legislação infraconstitucional brasileira sobre extradição não seria aplicável apenas em processos com base em promessa de reciprocidade, já que os tratados internacionais trazem seus próprios requisitos.

É possível encontrar, no entanto, uma clara limitação a esta pretensa liberdade dos tratados internacionais sobre o assunto. O direito brasileiro possui vários dispositivos na Constituição Federal aplicáveis aos processos extradicionais, de maneira explícita e implícita. Partindo da orientação jurisprudencial atual, os tratados de extradição, por possuírem *status* de lei ordinária, estão abaixo das normas constitucionais, de modo que é

---

[14] O Brasil possui tratados em vigor com a Argentina, Austrália, Bélgica, Bolívia, Chile, Colômbia, Comunidade dos Países de Língua Portuguesa, Equador, Espanha, EUA, França, Itália, Lituânia, MERCOSUL, México, Paraguai, Peru, Portugal, Reino Unido, Coreia do Sul, República Dominicana, Romênia, Rússia, Suíça, Suriname, Ucrânia, Uruguai e Venezuela. Encontram-se em tramitação no Congresso Nacional acordos com Angola, Canadá, Guatemala, Líbano, Moçambique, Panamá, Índia, China e Israel. Estão em fase finais de negociação projetos de tratados envolvendo Turquia, Grécia, África do Sul, Albânia, Alemanha, Argélia, Austrália, Cazaquistão, Costa Rica, El Salvador, Guiana, Hong Kong, Irã, Japão, Marrocos, Polônia e Síria.

possível dizer que, pelo menos no direito brasileiro, um tratado internacional poderá contrariar requisito disposto em lei ordinária, mas não poderá afrontar os referidos na Constituição Federal.[15]

Ainda que os tratados internacionais e a legislação ordinária prevejam requisitos importantes,[16] propõem-se a análise daqueles que possuem menção no texto constitucional, direta ou indiretamente.

a) Competência do Supremo Tribunal Federal para o Processamento e Determinação da Prisão no Pedido de Extradição Passiva: Na extradição passiva, o Brasil adota o sistema misto, de origem belga, conjugando fases administrativas e judiciais. Primeiramente, o pedido estrangeiro é encaminhado diretamente ou por via diplomática (Ministério das Relações Exteriores) ao Ministério da Justiça (MJ). Após, o STF julga a legalidade e a procedência do pedido de extradição, de acordo com os requisitos previstos nos tratados internacionais e direito doméstico,[17] atribuição garantida pela Constituição Federal (art. 102, I, *g*). Julgada procedente a extradição pelo STF, o processo é remetido ao Presidente da República. Pelo entendimento jurisprudencial atual – e polêmico – da Corte Suprema, este ato é considerado como discricionário, podendo ou não ser concedido, uma vez que cabe ao Presidente, enquanto autoridade máxima, conduzir livremente a política externa (art. 84, VII da Constituição Federal). É claro que tal posicionamento afronta o próprio objetivo da extradição, que é fornecer efetividade à persecução criminal frente às barreiras territoriais e soberanas, transformando um instituto que deveria ser essencialmente técnico e jurídico em um procedimento vulnerável aos sabores da política.[18] A jurisprudência do STF, contudo, não pode ser ignorada.[19] A extradição ativa é muito mais simples, pois não envolve a Suprema Corte, bastando

---

[15] Um outro olhar sugere a recepção dos tratados internacionais de extradição como normas de direitos humanos. Assim, caso sejam aprovados por 3/5 do Congresso Nacional terão *status* de emenda constitucional (art. 5º, § 3º); sem a aprovação serão considerados *supralegais*, acima das leis ordinárias e abaixo da Constituição Federal. Nenhum tratado de extradição foi aprovado até hoje por 3/5, colocando-os como *supralegais*, submetendo-se, de qualquer forma, à Constituição.

[16] Três proibições que não estão previstas na Constituição costumam ser referidas em tratados internacionais de extradição: a existência de certa gravidade da conduta, sendo comum a estipulação de pena mínima para a extradição, para não ser conduzido um dispendioso processo referente a um crime de pequena ofensividade; o princípio do *ne bis in idem*, que veda a dupla condenação pelo mesmo fato nos dois países; e a existência de prescrição de acordo com a legislação do país requerido.

[17] Com base no procedimento de contenciosidade limitada, o julgamento do STF não pode enfrentar o mérito da prisão determinada pelo Estado requerente como, por exemplo, a realização de análise probatória sobre a condenação do indivíduo. Assim, a Corte limitar-se-á a analisar os pressupostos objetivos para aceitação do pedido, previstos no tratado extradicional e na legislação doméstica, e questões referentes violações a garantias e direitos básicos do extraditando.

[18] Haveria, pois, além do interesse dos países, um "dever de cooperar", baseado na necessidade de controle de um trânsito criminógeno transfronteiriço e construção de uma justiça internacional (FERREIRA; TROTTA, 2010).

[19] Na Extradição nº 1.085, envolvendo Cesare Battisti, o STF exarou decisão no sentido de que, após o deferimento do pedido pelo STF, cabe ao Presidente da República decidir sobre a extradição.

a autoridade judiciária brasileira que determinou a prisão encaminhar o pedido ao MJ que, por sua vez, envia para o país estrangeiro diretamente ou por via diplomática.

Em relação à prisão cautelar do extraditando, existe uma pequena polêmica. O texto original do Estatuto do Estrangeiro (art. 81) estabelece que o MJ poderá decretar a prisão do indivíduo. Alinha-se a corrente que tal dispositivo não foi recepcionado pela Constituição Federal, que determina que "ninguém será preso senão em flagrante delito ou por ordem escrita e fundamentada de autoridade judiciária competente [...]" (art. 5º, LXI). Neste caso, a autoridade judiciária competente é o próprio STF. Recentemente, foi aprovado projeto de lei que altera o Estatuto do Estrangeiro, reafirmando a competência do STF para determinar a prisão, aguardando, em novembro de 2013, a sanção presidencial.[20]

b) Princípio da Legalidade: Um dos princípios mais importantes do Estado contemporâneo é o da legalidade: "ninguém será obrigado a fazer ou deixar de fazer alguma coisa senão em virtude de lei" (art. 5º, II, da Constituição Federal). Sendo assim, os indivíduos só irão se submeter às normas jurídicas que foram elaboradas por seus pares, seus representantes eleitos democraticamente. No direito penal, o princípio da legalidade garante que só haverá crime na existência de lei anterior que o defina (art. 1º do Código Penal). Faz parte do direito internacional sobre extradição (presente em tratados internacionais e legislação doméstica) o princípio da dupla incriminação do fato, decorrente do princípio da legalidade. A conduta criminosa deve estar duplamente prevista no ordenamento penal dos dois países (requerente e requerido). Não é necessária a existência de tipos legais idênticos, apenas que a conduta ou a omissão seja típica e antijurídica (Ministério da Justiça, 2012, p. 17).

c) Extradição de Nacionais: Tradicionalmente, a maioria dos países possui legislação que veda a extradição de seus nacionais. Em tom crítico, Cassese (2004, p. 05) afirma que a regra é resquício de uma época passada, em que os Estados soberanos cultivavam a desconfiança mútua e tentavam proteger os seus nacionais de qualquer interferência estrangeira. Notáveis exceções são os Estados Unidos, Reino Unido e Colômbia[21] que extraditam seus nacionais.

---

[20] Conforme site do Senado consultado em novembro de 2013, o Substitutivo da Câmara dos Deputados ao Projeto de Lei do Senado nº 126/2008, que altera dispositivos do Estatuto do Estrangeiro, foi aprovado no Congresso Nacional e encaminhado à sanção presidencial. A expectativa é pela aprovação sem alterações, mas obviamente não existem garantias.

[21] A situação da Colômbia deve-se à pressão norte-americana para que os barões do narcotráfico fossem extraditados com o objetivo de serem julgados nos EUA.

À exceção de um curto período,[22] o Brasil procurou alinhar-se à corrente de proibição de extradição de brasileiros. Atualmente, a vedação encontra-se consignada no art. 5º, LI, da Constituição Federal: "nenhum brasileiro será extraditado, salvo o naturalizado, em caso de crime comum, praticado antes da naturalização, ou de comprovado envolvimento em tráfico ilícito de entorpecentes e drogas afins, na forma da lei".

Observa-se que a Constituição brasileira optou por diferenciar o regime extradicional entre o brasileiro nato e o naturalizado. Conforme a primeira parte do artigo, o brasileiro nato não será extraditado em nenhuma hipótese. O naturalizado poderá ser extraditado em duas situações: se praticar crime comum (ou seja, não político) antes da naturalização ou tráfico de drogas, a qualquer tempo (ou seja, antes ou depois da naturalização). Ressalta-se que conforme posicionamento apresentado no STF, este último não é norma autoaplicável, restando pendente a regulamentação por legislação infraconstitucional (Extradição nº 1.074).

Com a criação, em 2002, de uma corte responsável por julgar crimes internacionais em caso de omissão dos Estados, o Tribunal Penal Internacional (TPI), muito se discutiu se o Brasil, ratificante do Estatuto de Roma, estaria autorizado a extraditar nacionais para serem processados ou cumprirem pena imposta pela organização. Tratava-se, contudo, de uma discussão inócua, pois se todos os países advogassem a vedação de extradição de nacionais haveria a inviabilidade da existência do Tribunal. Construiu-se, então, a ideia de que não se tratava de extradição, visto que não era o envio do criminoso para outro país igualmente soberano, mas a "entrega" a um tribunal internacional cuja jurisdição foi livremente aceita pelos signatários, impondo uma restrição a sua soberania. Em 2004, por meio da Emenda Constitucional nº 45, o legislativo brasileiro adicionou um parágrafo 4º ao artigo 5º da Constituição, reafirmando que o Brasil se submete à jurisdição do TPI. Tal dispositivo dirimiu qualquer dúvida sobre a possibilidade de entrega de brasileiro para ser julgado por crime internacional no TPI.

Se o brasileiro nato não pode ser extraditado e o naturalizado só em certas condições, isto significa que uma condenação criminal no exterior não poderá ser imposta a estas pessoas, ainda que presentes de maneira irrefutável os demais requisitos para a extradição, resultando em impunidade? Existem meios para que isso não aconteça. Há a possibilidade de evocar a aplicação do princípio de direito internacional conhecido como

---

[22] Durante as décadas de 10 e 20 foi admitida a extradição de brasileiro nos casos em que o país requerente, por lei ou tratado, assegurasse a reciprocidade do tratamento ao Brasil (Lei nº 2.416/11). Acabou sendo revogada pela Constituição de 1934, que vedava a extradição de nacionais (DEL'OLMO, 2007, p. 94).

aut dedere, aut judicare (ou entrega, ou julga) defendido pela doutrina.[23] Ao ser solicitado para a entrega de um indivíduo condenado a cumprir pena no exterior, só haveria duas opções para o requerido: ou prende essa pessoa e a entrega para o país solicitante (extradição) ou aplica-lhe, ela próprio, a medida de persecução criminal perante sua corte nacional (Bassiouni; Wise, 1995, p. 03). Tal situação impediria a impunidade em relação aos nacionais, pois o Estado que denegou o pedido seria compelido a ele mesmo julgar o caso.

Existem dispositivos infraconstitucionais no direito brasileiro que garantem essa possibilidade. De acordo com os art. 7º, II, "b", e art. 7º, § 2º, "a", do Código Penal aplica-se a lei penal brasileira quando brasileiro comete crime no exterior e ingressa em território nacional. Abre-se margem para que, em caso de indeferimento da extradição por motivo de nacionalidade, as autoridades brasileiras investiguem, ofereçam denúncia e julguem o caso, contribuindo-se, assim, com o respeito às decisões judiciais estrangeiras, a reciprocidade e a garantia de uma justiça internacional, independente de fronteiras. Apesar de ser uma solução sedutora, não existem registros de que algo nestes moldes tenha ocorrido no contexto jurídico brasileiro.

d) Crime Político e de Opinião: A vedação de extradição por crime político é antiga, tendo origem na Revolução Francesa. À época, a França ofereceu abrigo a todos os estrangeiros que fossem partidários aos ideais da Revolução. Do outro lado, as nações do Antigo Regime protegiam aqueles que fossem perseguidos por defenderem posições antirrevolucionárias. Já no século XIX, esta prática foi universalizada, tornando-se praxe a recusa na extradição de perseguido por motivos políticos (Oppenheim, 1912, p. 411 e 414).

Em um sentido geral, considera-se como crime político as condutas que afrontam leis de proteção ao funcionamento do Estado, contrariando uma certa ideologia dominante (crime político puro). Como exemplos, têm-se os delitos de mera participação em grupos revolucionários ou emissão de opinião política contrária ao governo vigente. Há também a possibilidade de ser enquadrado os crimes complexos, em que há confusão entre o crime comum e político, como no caso de um roubo ou sequestro por um objetivo político ("crimes políticos relativos") (Oppenheim, 1912, p. 418).

A Constituição Federal, no art. 5º, LII, segue esta linha, ao estabelecer que "não será concedida extradição de estrangeiro por crime político ou

---

[23] Conforme Hugo Grotius (2004, p. 891), "os Estados não têm o costume de permitir que outro Estado avance em armas para dentro de suas fronteiras para exercer o direito de punir [...], segue-se que o Estado [receptor do foragido] deve fazer uma dessas duas coisas: se requerido, ele próprio punir o culpado segundo merece ou remetê-lo incondicionalmente ao requerente".

de opinião". Entende-se que "crime de opinião" não é somente referente a opinião política, mas qualquer tipo de manifestação que possa ser objeto de perseguição no Estado estrangeiro. Observa-se que o texto constitucional não faz referência aos crimes religiosos e militares, proibições de extradição geralmente presentes nos tratados internacionais.

e) Asilo: Um dos princípios que regem as relações internacionais no Brasil é a concessão do asilo político (art. 4º, X, da Constituição Federal). O asilo, em sentido geral, é o acolhimento, por parte de um país, de estrangeiro que está sendo perseguido indevidamente em outro Estado. No contexto latino-americano, o asilo divide-se em "asilo político" e "refúgio".

O asilo político refere-se ao acolhimento de pessoa perseguida por "razões políticas". Pode ser na forma de "asilo territorial", quando o solicitante ingressa em território de outro Estado para solicitar proteção. Já o "asilo diplomático" é concedido em extensões de territórios, como embaixadas, navios e aviões estrangeiros (Jubilut, 2007, p. 38). O asilo político só existe na América Latina, constituindo-se um costume regional antigo.

O refúgio foi criado para proteger estrangeiros perseguidos em virtude de "raça, religião, nacionalidade, filiação em certo grupo social ou das opiniões políticas", em razão do conflito da Segunda Guerra Mundial. Surgiu a partir da assinatura da Convenção Relativa ao Estatuto dos Refugiados de 1951. Em 67, com a criação de um Protocolo adicional, revogou-se a limitação temporal, inserindo na condição de refugiados todos que fossem perseguidos politicamente, o que criou na América Latina uma sobreposição entre os institutos do asilo político e o refúgio, com pequenas diferenças.[24]

Apesar de não mencionado no texto, entende-se a garantia de asilo esculpida na Constituição serve tanto para a modalidade política quanto à condição refugiado. O importante para a presente pesquisa é que o asilo impede a concessão da extradição pelos mesmos fatos que levaram à perseguição do estrangeiro no seu país de origem.

f) Pena de Morte e Prisão Perpétua: A Constituição Federal proíbe (art. 5º, XLVII) a pena de morte, salvo em caso de guerra declarada ("a"); de caráter perpétuo ("b"); de trabalhos forçados ("d") e cruéis ("e"). No en-

---

[24] Sendo assim, o estrangeiro que se acha perseguido por crime político teria uma "opção" de escolher em pleitear um dos dois direitos, que podem ser aceitos ou não pelo Estado receptor. As diferenças que ainda persistem são as seguintes: o asilo fundamenta-se na efetiva perseguição do estrangeiro, enquanto no refúgio basta o "temor de perseguição"; o refúgio encontra-se respaldado pela comunidade internacional (gozando de proteção da própria ONU/ACNUR), enquanto o asilo, hodiernamente, está restrito a países da América Latina; a situação do refugiado é mais benéfica que a do asilado, pois, além de ser acompanhado por organizações internacionais, é destinatário de várias políticas públicas (tanto nacional como internacional) que visam sua proteção e integração à sociedade (JUBILUT, 2009, p. 13).

tanto, apesar de existir um claro movimento internacional no sentido de abolirem estes tipos de penas, vários Estados ainda mantêm esta prática.[25] O questionamento que existe é se o Brasil poderia extraditar um indivíduo para cumprir penas deste feitio.

Por razões humanitárias, costuma-se defender a proibição de extradição de estrangeiro para o cumprimento de penas que são vedadas no ordenamento jurídico brasileiro. É assim que se firmou a jurisprudência do STF. Antes da entrega, costuma-se exigir a comutação em pena privativa de liberdade. Em relação à extradição envolvendo pena perpétua, o STF costuma impor o compromisso de que a pena aplicada não será superior a 30 anos, o máximo de pena aplicada no Brasil. Observa-se, no entanto, que o tempo máximo de pena não está previsto no texto constitucional.

g) Garantias processuais gerais no processo criminal conduzido no país estrangeiro: Tanto os tratados internacionais como a legislação infraconstitucional extradicional brasileira exigem que o processo criminal conduzido no estrangeiro que serve de base para o pedido de extradição passiva respeite certas garantias consagradas pelos direitos humanos. No texto constitucional brasileiro existem duas que são proeminentes em questões de extradição: a proibição de tribunal de exceção (art. 5º, XXXVII) e o respeito ao contraditório e a ampla defesa, com os meios e recursos a ela inerentes (art. 5º, LV).

Para não ser caracterizado como tribunal de exceção, a autoridade estrangeira responsável pela prisão do indivíduo deve ter existência prévia ao delito e respeitar as garantias processuais referidas ao devido processo legal, tais como a ampla defesa e o contraditório, a igualdade entre as partes perante o juiz natural, e a imparcialidade do magistrado (Extradição nº 897 do STF). Um claro exemplo de tribunal de exceção são as cortes militares criadas pelos Estados Unidos para julgarem os supostos acusados de terrorismo presos na prisão de Guantânamo, após os atentados de onze de setembro de 2001.[26]

Para o STF, a mera revelia não pode ser considerada como causa de indeferimento da extradição passiva (Extradição nº 864 do STF). É muito

---

[25] Cerca de 58 países ainda mantêm a pena de morte.

[26] No contexto pós onze de setembro, o Governo Bush promulgou a *Military Order on the Detention, Treatment and Trial of Certain Non-Citizens in the War Against Terrorism* (Ordem Militar sobre Detenção, Tratamento e Julgamento de Certos Não-Cidadãos na Guerra contra o Terrorismo). Com a Ordem Militar, o governo norte-americano estabeleceu que os indivíduos presos em decorrência da guerra contra o terrorismo devem ser julgados por "comissões militares" e não pelo judiciário, podendo ser aplicada pena de morte ou prisão perpétua. Foi declarado ainda, no mesmo diploma, que devido o perigo oferecido à nação e a natureza do terrorismo internacional, não devem ser estendidos os princípios de direito aplicáveis às cortes norte-americanas. Os membros das comissões eram escolhidos pelo poder executivo e podiam ser destituídos a qualquer momento de suas funções, o que faz questionar a sua parcialidade.

comum que o extraditando não se defenda das alegações imputadas no processo estrangeiro, uma vez que se encontra escondido em outra nação.

3. A (in)constitucionalidade dos mandados de detenção internacionais: a extradição transformada?

Uma construção jurídica que já existe em alguns países e que poderá se tornar realidade em breve no Brasil, situação que fatalmente trará implicações constitucionais, é o uso de mandados de detenção internacionais. Como visto na introdução, a cooperação jurídica internacional em matéria penal enfrenta um processo de transformação, no sentido de abolir as vias diplomáticas e se transformar em um processo mais técnico e célere. Não está sendo diferente com as medidas executórias, como a prisão para fins de extradição ou entrega. Os mandados de detenção internacionais criam procedimentos de reconhecimento mútuo e cumprimento quase automático de ordens de prisão e sentenças criminais estrangeiras. Por meio de um vínculo obrigacional criado por norma internacional e com auxílio da tecnologia, o Estado requerente, ao emitir um mandado de prisão, inscreve esta ordem em um banco de dados compartilhado pelos os demais países. Sendo assim, caso o indivíduo torne-se um fugitivo e ingresse em território de um Estado que também está vinculado ao mesmo regime jurídico, haverá a obrigação de prender o acusado e possivelmente proceder à extradição. O principal elemento de destaque é a celeridade, uma vez que a decisão é cumprida quase como se fosse emitida pela própria autoridade nacional. Dois sistemas pouco conhecidos no Brasil têm sido utilizados pelos países nas últimas décadas, um de abrangência internacional e outro regional: as difusões vermelhas da INTERPOL e os mandados de detenção comunitários.

A INTERPOL (Organização Internacional de Polícia Criminal) foi criada em 1923 com objetivo de fomentar a cooperação entre as polícias no mundo (Ferreira; Trotta, 2013, p. 05). Com sede em Lyon, na França, possui 190 Estados membros, só perdendo em número para a ONU. Não se trata de uma polícia mundial, uma vez que a instituição internacional não é autorizada a realizar prisões, sua função é estabelecer canais de comunicação capazes de sustentar investigações conjuntas e manter um banco de dados criminal compartilhado.

Atualmente, este sistema de dados é conhecido como "i-24/7" e é alimentado e acessado pelas autoridades policiais dos Estados partes. Ele contém a identificação de suspeitos de crimes de vários locais do mundo, como impressões digitais, fotos e códigos de DNA. No ambiente virtual (*intranet*) podem ser inseridas "difusões", requisições de cooperações sobre um determinado tema[27] (Aras; Lima, 2010, p. 146). A "difusão vermelha" (*red notice*) serve para alertar a existência de um mandado de prisão contra alguém e registrar o interesse de um país ou tribunal penal internacional[28] na extradição ou entrega deste acusado. É comum as autoridades alfandegárias, polícias de fronteiras e autoridades policiais em geral de Estados-membros da INTERPOL procederem a prisão automaticamente quando encontram um indivíduo cujo nome está em difusão vermelha. O acusado fica preso temporariamente, até ser formalizado o pedido de extradição pelo Estado requerente. Os dados apontam um número crescente do mecanismo: Em 2001, foram 1.212 difusões; em 2007, 3.131; em 2012, 8.136 (INTERPOL, 2012, p. 32). Entre 2000 e 2008, mais de 27 mil foragidos foram localizados e presos graças ao sistema de difusões (Aras; Lima, 2010, p. 147).

Enquanto Estado-Membro da INTERPOL, o Brasil participa do sistema das difusões vermelhas. Brasileiros já foram presos e capturados no exterior mediantes inscrições feitas pelo governo pátrio. Em contrapartida, em uma verdadeira violação ao princípio da reciprocidade, o Brasil é um dos poucos países que fazem parte da INTERPOL que não consideram a difusão vermelha emitida por Estado estrangeiro como base suficiente para uma prisão provisória em território nacional (Aras; Lima, 2010, p. 147). A razão disso seria o impedimento esculpido no art. 5º, LXI da Constituição brasileira que exige a prisão somente por autoridade judiciária competente; em tese, o STF, que possui a atribuição para determinar a prisão de estrangeiro em situação de extradição passiva, como visto. Aras e Lima (2010, p. 148) criticam esta construção, opinando pela constitucionalidade da difusão vermelha, uma vez que a autoridade judiciária competente é, na realidade, a autoridade estrangeira, responsável por conduzir a causa penal e que determinou a prisão do foragido conforme as leis locais. Nesta situação, com base no tratado constitutivo da INTERPOL, caberia à polícia brasileira proceder a captura e encaminhar para a homologação perante o STF, para que depois seja procedida a extradição.

---

[27] Tipos de difusões: *Vermelha:* localização e prisão de pessoa procurada em alguma jurisdição ou por tribunal internacional com o objetivo de proceder à extradição; *Azul:* para localizar, identificar e obter informações de pessoa por interesse da investigação criminal; *Verde:* para alertar sobre atividades criminais de uma pessoa que possa significar risco à segurança pública; *Amarela:* para localizar pessoas perdidas, geralmente menores de idade ou pessoas que não tem capacidade de declarar sua identificação; *Preta:* para buscar informações sobre corpos não identificados; *Laranja:* para alertar sobre um evento, um objeto ou um processo representando perigo sério e eminente à segurança pública; *Púrpura:* para procurar ou providenciar informações sobre o *modus operandi*, procedimentos, objetos, dispositivos ou esconderijos usados por criminosos; *Difusão especial do Conselho de Segurança das Nações Unidas:* para informar que um determinado indivíduo ou entidade está sujeito às sanções da ONU, como membros do Talibã ou da *Al Qaeda*.

[28] Além do Tribunal Penal Internacional, também se encontram em funcionamento os Tribunais *Ad Hoc* para Crimes da Ex-Iuguslávia e de Ruanda.

O mesmo projeto de lei que introduz mudanças na prisão no processo extradicional também estabelece a possibilidade da INTERPOL, em caso de urgência e antes da formalização do pedido de extradição, requisitar a prisão cautelar do fugitivo, frente ao MJ, que por sua vez, representará o STF para decretação da medida. Apresar de a alteração ser um avanço, pois possibilita a participação da INTERPOL, não parece ter havido cuidado em relação às características próprias da difusão vermelha. A base do mecanismo consiste na possibilidade dos Estados-Membros inserirem seus mandados de prisão em um banco de dados internacional acessado por todos. Sendo assim, o objetivo é fazer com que o suspeito, ao ingressar em território estrangeiro, seja preso automaticamente pela autoridade policial, com posterior homologação do judiciário. A dúvida que fica é se no contexto brasileiro, baseando-se na ordem de prisão estrangeira e na difusão vermelha (representada pelo requerimento da INTERPOL encaminhado pelo MJ), o STF se declarará apto para decretar a prisão de maneira prévia antes de qualquer pedido de extradição ou sem o ingresso do fugitivo em território brasileiro. Tal negativa indubitavelmente enfraquece o instituto do mandado de prisão internacional da INTERPOL.

Da União Europeia, advém uma inovação para o instituto da extradição e que em breve poderá ser aplicada no Brasil. A partir do Tratado de Maastricht (1992), a integração regional europeia começou a direcionar-se para um aperfeiçoamento da cooperação jurídica internacional. No encontro em Tampere, em 1999, externalizou-se a vontade de abolir o procedimento formal de extradição entre os Estados-Membros, baseando-se no princípio do reconhecimento mútuo das decisões judiciais (Satzger; Zimmerman, 2010, p. 410). No contexto do onze de setembro e do medo de uma suposta ameaça terrorista, o projeto ganhou força. Em 2002, por meio de decisão-quadro (2002/584/JAI),[29] o Conselho da União Europeia criou o "Mandado de Detenção Europeu" (MDE).

O instituto, em vigor desde 2004, substitui a extradição no âmbito da União Europeia. Os mandados de prisão emitidos por autoridade judicial por Estado-Membro devem ser reconhecidos e cumpridos automaticamente pelos demais, implicando prisão e envio do acusado sem necessidade de extradição, tal qual ocorre no ambiente interno. Além da celeridade, uma das principais vantagens é a supressão do caráter político, uma vez que o cumprimento da medida se faz apenas de forma judicial, sem a intervenção discricionária do poder executivo. O processo de entrega comporta uma série de garantias, como o acesso a um defensor e

---

[29] Segundo Satzger e Zimmerman (2010, p. 411), com base no artigo 34 do Tratado da União Europeia, uma decisão-quadro "é vinculante para os Estados-membros quanto ao resultado a ser alcançado, mas deixa para as autoridades nacionais a escolha da forma e dos métodos para fazê-lo".

a um intérprete. A decisão deverá ser tomada pelo Estado requerido em até sessenta dias.

Como requisito, exige-se uma certa gravidade para a infração.[30] O princípio da dupla incriminação do fato é afastado em vários crimes considerados graves, como o terrorismo, tráfico de pessoas, corrupção, participação em organização criminosa, falsificação de moeda, homicídio, racismo, xenofobia, estupro, tráfico de veículos roubados e fraudes em geral.[31] Um ponto polêmico diz respeito à aplicação do MDE em relação a nacionais do Estado requerido. Antes, a maioria dos países europeus não admitia a extradição de nacionais. A partir da decisão-quadro, com fundamento na concepção de cidadania europeia (Satzger; Zimmerman, 2010, p. 410; 413), o país requerido só poderá recusar a entrega de nacional ou residente se firmar o compromisso que ele mesmo irá executar a pena, uma clara referência ao princípio do *aut dedere, aut judicare*. Observa-se que os motivos para recusa do cumprimento do mandado de detenção europeu são muito restritos, envolvendo a existência de uma decisão de anistia; a menoridade do acusado de acordo com a legislação do local onde está sendo executado o mandado; a proibição de condenação nos dois países pelo mesmo fato (*ne bis in idem*); ou a existência de prescrição.

Inspirado pela iniciativa europeia, em dezembro de 2010, o Conselho do Mercado Comum, órgão do MERCOSUL, aprovou acordo com objetivo de criar o "Mandado MERCOSUL de Captura" (MMC), a ser utilizado pelos Estados partes (Brasil, Argentina, Uruguai, Paraguai e Venezuela) e associados signatários (Bolívia, Peru e Equador). Conforme o Ministério da Justiça brasileiro (2012, p. 39-40), a substituição da extradição pelo MMC implica uma série de avanços na cooperação jurídica internacional, como a desburocratização da comunicação dos Estados envolvidos, a possibilidade de pedido direto e imediato de prisão; a simplificação da documentação exigida; e a limitação da decisão à esfera judiciária (sem envolver decisão discricionária do Presidente da República). O texto ainda encontra-se pendente de aprovação e internalização pelo poder legislativo dos signatários, devendo entrar em vigor apenas quando todos os Estados-membros do MERCOSUL ratificarem.

Um ponto que chama a atenção é fato que o MMC só é aplicado nos crimes previstos em tratados internacionais constantes no anexo do acordo, diferenciando-se do MDE.[32] O trâmite do pedido é por via de au-

---

[30] Em se tratando de condenação, a pena não poderá ser inferior a quatro meses, em prisões cautelares, a pena máxima do delito imputado não poderá ser inferior a um ano.

[31] Exige-se apenas que o crime não submetido à dupla incriminação seja previsto pela legislação do Estado requerente com uma pena máxima não inferior a três anos.

[32] São eles: Convenção das Nações Unidas contra a Criminalidade Organizada Transnacional (Convenção de Palermo) (Nova Iorque, 2000); Protocolo Adicional à Convenção das Nações Unidas contra

toridades centrais dos países (no caso do Brasil, o MJ) com posterior encaminhamento ao judiciário do Estado requerido para determinação. De acordo com o texto do tratado, a entrega será denegada quando não estiverem presentes os requisitos da dupla incriminação; o réu estiver sido julgado, indultado ou anistiado pelo Estado cumpridor do mandado ou terceiro; houver prescrição; o crime for político ou militar; o acusado for menor ou inimputável; o julgamento ter sido realizado em tribunal de exceção; ou o indivíduo gozar da condição de refugiado.

O tratado também prevê a possibilidade de entrega facultativa (ou seja, pendente de discricionariedade), como por exemplo, quando o crime foi cometido em parte no território do Estado requerido ou sujeito a sua jurisdição. Em relação à aplicação do MMC a nacionais do país requerido, é declarado que a nacionalidade da pessoa não poderá ser evocada para denegação, salvo disposição constitucional em contrário, o que é o caso brasileiro. No entanto, o trecho do tratado também estabelece que nesta situação o Estado requerente será solicitado para julgar o seu nacional pelo fato imputado, tal qual acontece na União Europeia. Por fim, há também a previsão de denegação facultativa quando a questão envolver razões especiais de soberania nacional, segurança, ordem pública ou outros interesses essenciais que impeçam o cumprimento do MMC. Este último ponto é preocupante, pois se trata de norma de interpretação claramente aberta e que pode ser manipulada pelos os Estados, comprometendo todo o sistema de mandado de prisão comunitário.

Assim como a aplicação da difusão vermelha, fica a dúvida de como será o processamento do MMC na prática. Após o MMC ser apresentado

---

a Criminalidade Organizada Transnacional relativo à Prevenção, à Repressão e à Punição do Tráfico de Pessoas, em especial de Mulheres e de Crianças (Nova Iorque, 2000); Protocolo Adicional à Convenção das Nações Unidas contra a Criminalidade Organizada Transnacional contra o Tráfico Ilícito de Migrantes por Via Terrestre, Marítima e Aérea (Nova Iorque, 2000); Estatuto de Roma do Tribunal Penal Internacional (Roma, 1998); Convenção para Prevenção e a Repressão do Crime de Genocídio (Paris, 1948); Convenção das Nações Unidas Contra o Tráfico Ilícito de Estupefacientes e de Substâncias Psicotrópicas (Viena, 1988); Convenção relativa a Infrações e certos Atos Cometidos a Bordo de Aeronaves (Tóquio, 1963); Convenção para Repressão ao Apoderamento Ilícito de Aeronaves (Haia, 1970); Convenção para Repressão de Atos Ilícitos contra a Segurança da Aviação Civil, (Montreal, 1971); Protocolo para a Repressão de Atos Ilícitos de Violência em Aeroportos ao Serviço da Aviação Civil Internacional, complementar a Convenção para Repressão de Atos Ilícitos contra a Segurança da Aviação Civil (Montreal,1988); Convenção sobre a Marcação de Explosivos Plásticos para Fins de Detecção (Montreal, 1991); Convenção para a Supressão de Atos Ilícitos contra a Segurança da Navegação Marítima (Roma, 1988); Protocolo para a Supressão de Atos Ilícitos contra a Segurança das Plataformas Fixas localizadas na Plataforma Continental, adicional a Convenção para a Supressão de Atos Ilícitos contra a Segurança da Navegação Marítima (Roma, 1988); Convenção sobre a Proteção Física de Materiais Nucleares (Viena, 1980); Convenção sobre a Prevenção e Punição de Crimes contra Pessoas que gozam de Proteção Internacional, inclusive Agentes Diplomáticos (Nova Iorque, 1973); Convenção Internacional contra a Tomada de Reféns (Nova Iorque, 1979); Convenção Internacional para a Supressão do Financiamento do Terrorismo (Nova Iorque, 1999); Convenção Internacional para a Supressão de Atentados Terroristas à Bomba (Nova Iorque, 1997); Convenção das Nações Unidas contra a Corrupção (Mérida, 2003).

ao MJ, qual será a autoridade judiciária responsável pela prisão e julgamento do pedido? Existem duas saídas. A primeira é utilizar as normas constitucionais referentes à extradição de maneira analógica e manter a autoridade do STF para estas questões. A segunda é afastar-se totalmente da dinâmica do procedimento extradicional e interpretar no sentido de que caberá o MJ encaminhar, via Procuradoria da República, à justiça federal de primeiro grau, tal qual é realizado nos auxílios jurídicos mútuos de cooperação internacional em matéria penal.

A possibilidade de entrega do nacional é um outro ponto polêmico que merece ser discutido. Como o tratado estabelece ser facultativo quando existir dispositivo constitucional que impeça, o Brasil provavelmente continuará a proteger seus nacionais. Quando há denegação do pedido nestas condições, o texto do tratado impõe a aplicação do *aut dedere aut judicare*, princípio que, apesar de possível pelo Código Penal, certamente causará divergência doutrinária e jurisprudencial no futuro.

Sabe-se que o Brasil é um país que detém uma constituição excessivamente analítica, dispondo de vários detalhes do ordenamento jurídico brasileiro. Há uma grande possibilidade de inadequação dos novos institutos de cooperação jurídica com o texto da Constituição, especialmente os que pretendem alterar ou substituir a extradição, terreno fértil para a evolução de um interminável embate em sede de controle de constitucionalidade, certamente prejudicial para o desenvolvimento dos mandados de prisão regionais ou internacionais.

Sendo assim, como uma forma de garantir a implementação destes avanços na cooperação jurídica internacional em matéria penal, propõem-se a elaboração de uma emenda constitucional sobre o assunto. É claro que uma defesa da superioridade do direito internacional sobre o direito interno seria salutar. No entanto, devido a instabilidade das interpretações doutrinárias e jurisprudenciais sobre o papel do direito internacional na ordem constitucional brasileira, uma proposta de emenda constitucional parece ser a solução mais pragmática. Levando-se em conta a profusão de propostas de emendas constitucionais e a facilidade que elas têm sido aprovadas no cenário legislativo brasileiro, a ideia não seria tão absurda. Dita técnica assumidamente positivista foi utilizada na inserção do § 4º no artigo 5º pela Emenda Constitucional nº 45/2004 com o objetivo de implementar o Estatuto de Roma e o instituto da "entrega" no ordenamento jurídico brasileiro, conforme visto. Assim como a situação do TPI, recomenda-se deixar claro que se trata de uma nova modalidade de cooperação, com o objetivo de não cair nos problemas que podem ser gerados com uma confusão com o instituto da extradição, como a determinação da autoridade competente para prisão ou e a aplicação em nacionais. Sugere-se o seguinte texto, que poderia comportar tanto a situação da difusão vermelha, do MMC, ou até de um vindouro mandado de detenção global:"o Brasil se submete aos tratados internacionais sobre mandados de detenção internacionais, garantido o julgamento perante o judiciário pátrio em relação aos nacionais cuja entrega é inadmitida, nos termos da lei".

4. Considerações finais

O estudo da extradição, notadamente um tema que envolve direito internacional e penal, não admite que se esqueça dos reflexos constitucionais presentes no instituto jurídico. Na presente pesquisa foram encontrados vários dispositivos constitucionais que tratam do tema. Isto significa que, levando-se em consideração a posição do direito internacional no ordenamento jurídico brasileiro de acordo com o atual entendimento do STF, os processos extradicionais que envolvem o Brasil deverão respeitar, além de normas internacionais, o disposto na Constituição, principalmente no que tange à garantia de direitos fundamentais.

Novos avanços na cooperação jurídica internacional com objetivo de dar maior celeridade à captura de acusado no estrangeiro, como as experiências da difusão vermelha da INTERPOL e o mandado MERCOSUL de captura serão realidade no Brasil em futuro próximo. Em um sistema jurídico extradicional composto de várias normas constitucionais, o choque entre esses novos institutos e o ordenamento constitucional brasileiro é inevitável. Encarar estes mecanismos sob a ótica do tradicional processo extradicional é um erro, podendo ocasionar entraves capazes de inviabilizar o cumprimento da medida no Brasil. Neste contexto, várias perguntas terão que ser respondidas: mandados de detenção internacionais autorizam automaticamente a prisão pela autoridade policial? Qual será a autoridade judiciária competente para a prisão, será mantido o STF ou existe margem para que o processo seja conduzido em primeiro grau, de maneira mais célere? O Brasil será capaz de superar a tradicional recusa de extradição de nacionais e abraçar o princípio da reciprocidade e do reconhecimento mútuo das decisões, bases para a cooperação, e aplicar, se for necessário, o corolário do *aut dedere, aut judicare?*

Infelizmente, o artigo termina com mais dúvidas do que respostas. Tais inquietações somente poderão ser respondidas no futuro, quando estes novos mecanismos forem implementados e a aplicação prática impor tomada de posições da doutrina e jurisprudência. Enquanto isto, os autores encontram-se satisfeitos em lançar luz em um tema tão esquecido na academia, de modo a preparar os pesquisadores que possuem interesse no tema aos novos desafios que surgirão em breve.

Referências

ARAS, Vladimir; LIMA, Luciano Flores de. Cooperação Internacional Direta pela Polícia ou Ministério Público. In: BALTAZAR JUNIOR, José Paulo; LIMA, Luciano Flores de. (Org.). *Cooperação Jurídica Internacional em Matéria Penal*. Porto Alegre: Verbo Jurídico, 2010, p. 123-160.

BASSIOUNI, M. Cherif; WISE, Edward M. *Aut Dedere Aut Judicare*: the duty to extradite or prosecute in international law. Boston: M. Nijhoff, 1995.

BROWNLIE, Ian. *Princípios de Direito Internacional*. Lisboa: Caloustre Gulbenkian, 1997.

CASSESE, Antonio. Existe um Conflito Insuperável Entre Soberania dos Estados e Justiça Penal Internacional? In: CASSESE, Antonio; DELMAS-MARTY, Mireille (Org.). *Crimes Internacionais e Jurisdições Internacionais*. Barueri: Manole, 2004.

CASTRO, Joelíria Vey. *Extradição*: Brasil & Mercosul. Curitiba: Juruá, 2006.

DEL'OLMO, Florisbal de Souza. *A Extradição no Alvorecer do Século XXI*. Rio de Janeiro: Renovar, 2007.

FERREIRA, Luciano Vaz; TROTTA, Sandro Brescovit. Cooperação Jurídica Internacional em Matéria Penal: Contornos Históricos. *Sistema Penal & Violência*, v. 05, n. 1, Porto Alegre, p. 01-14, 2013.

———. Da Obrigatoriedade de Cooperar e os Recursos Cabíveis em Casos de Descumprimento de Tratado Internacional. In: BALTAZAR JUNIOR, José Paulo; LIMA, Luciano Flores de. (Org.). *Cooperação Jurídica Internacional em Matéria Penal*. Porto Alegre: Verbo Jurídico, 2010, p. 95-121.

GROTIUS, Hugo. O Direito da Guerra e da Paz (De Iure Belli ac Patis). v. 2. Ijuí: Unijuí, 2004.

INTERNATIONAL CRIMINAL POLICE ORGANIZATION. *Annual Report 2012*. Lyon: INTERPOL, 2012.

JUBILUT, Liliana Lyra. O Direito Internacional dos Refugiados e sua Aplicação no Ordenamento Jurídico Brasileiro. São Paulo: Método, 2007.

———. *O Procedimento de Concessão de Refúgio no Brasil*. Disponível em <http//: www.mj.gov.br>. Acesso em 15 mai. 2009.

MINISTÉRIO DA JUSTIÇA. *Manual de Extradição*. Brasília: Secretaria Nacional da Justiça, 2012.

OPPENHEIM, L. *International Law*: A treatise. v. 1. 2. ed. London: Longmans Green, 1912.

SATZGER, Helmut; ZIMMERMAN, Frank. Dos Modelos Tradicionais de Cooperação Judicial ao Princípio do Reconhecimento Mútuo: Novos Desdobramentos do Verdadeiro Paradigma da Cooperação Europeia em Matéria Penal. In: BALTAZAR JUNIOR, José Paulo; LIMA, Luciano Flores de. (Org.). *Cooperação Jurídica Internacional em Matéria Penal*. Porto Alegre: Verbo Jurídico, 2010, p. 401-438.

— 9 —

O que *Marbury v. Madison* tem a ver com o controle de constituicionalidade de leis na Constituição da República Federativa do Brasil?

MARCO FÉLIX JOBIM[1]

Sumário: Introdução; 1. O *judicial review of legislation*; 1.1. O controle de constitucionalidade das leis na Constituição da República Federativa do Brasil; 1.2. O caminho do *judicial review of legislation*; 1.3. *Marbury v. Madison*, 5 U.S. 137 (1803); 1.4. *Marbury v. Madison*: o primeiro caso?; 1.5. A história envolvendo o caso *Marbury v. Madison*; 1.6. O dilema da Suprema Corte estadunidense no julgamento do caso Marbury v. Madison: era o momento cultural propício para o *judicial review of legislation*?; Considerações finais.

Introdução

É sabido que na Constituição Federal brasileira há previsão do controle de constitucionalidade de leis. O que se quer saber, a partir da leitura do título, é se este referido controle tem algo com o emblemático caso *Marbury v. Madison*, julgado na Suprema Corte dos Estados Unidos no início do século XIX.[2] Ora, quem se dedica ao tema relacionado ao direito processual constitucional,[3] em especial no que se refere ao controle de constitucionalidade das leis,[4] não pode restar absorto de um dos assuntos mais importantes relacionados ao tema que é justamente onde, como e quando iniciou referido controle, sendo esse o desiderato do presente es-

---

[1] Advogado e professor universitário. Especialista, mestre e doutor em direito.

[2] Cumpre esclarecer para o leitor que o presente artigo é uma releitura, ampliada, de um dos capítulos da tese de doutorado já publicada. Para tanto, leia-se: JOBIM, Marco Félix. *Medidas estruturantes*: da Suprema Corte estadunidense ao Supremo Tribunal Federal. Porto Alegre: Livraria do Advogado, 2013.

[3] Desde já se fixa a nomenclatura de processo constitucional para referir-se a toda tutela processual que se encontra na Constituição Federal. Para saber das divergências quanto aos nomes que os autores trabalham, ver: DANTAS, Paulo Roberto de Figueiredo. *Direito processual constitucional*. São Paulo: Atlas, 2009, pags. 12/13.

[4] É comum a confusão entre controle de constitucionalidade de leis e jurisdição constitucional. Para elucidar, leia-se: BARROSO, Luís Roberto. *O controle de constitucionalidade no direito brasileiro*. 5. ed. São Paulo: Saraiva, 2011, p.25.

tudo. Para que isso ocorra, deve-se realizar um estudo na famosa decisão oriunda da Suprema Corte dos Estados Unidos da América, datada de 1803, envolvendo questões mais políticas que jurídicas, no caso mundialmente conhecido como *Marbury v. Madison*.[5]

Para que se tenha certeza que referido julgamento realmente inaugurou o que se conhece como *judicial review of legislation*,[6] devem-se analisar os fatos envolvendo o caso, a época em que foi proferida a decisão, que efeitos ela gerou e se, realmente, foi uma *opinion*[7] que colocou em pauta a constitucionalidade de uma lei frente ao texto da Constituição estadunidense,[8] primeiro texto deste teor de forma escrita que se tem conhecimento. Para se ter uma ideia da importância do julgamento, Michael G. Trachtman[9] afirma que a Corte não era tão Suprema assim antes do julgamento do caso *Marbury v. Madison*.

Diante de tamanha complexidade, serão analisados alguns momentos na história nos quais se defende de que já havia sido realizado referido controle, com o intuito de demonstrar que ele mesmo somente se deu no julgamento do caso em questão, em especial por nele já ter sido colocado em pauta uma lei infraconstitucional frente à própria Constituição estadunidense. Aliado a isso, será realizado um histórico sobre os aspectos culturais que circundavam o julgamento e, em especial, qual foi a real decisão emanada da Suprema Corte pelos seus *justices*,[10] assim como qual foi o importante papel do *Chief Justice*[11] da época.

O texto retrata um momento histórico único, não só pelo contexto cultural que havia para se tolerar que o Poder Judiciário invadisse competências legislativas, mas, após o julgamento, no marco que o caso

---

[5] Nos Estados Unidos, diferentemente do Brasil, os casos são conhecidos pelos nomes das partes, neste, em particular, o de Willian Marbury e John Madison.

[6] Literalmente significa 'revisão judicial da legislação', mas encontra-se, na nomenclatura de 'controle de constitucionalidade de leis' a tradução mais acertada para se referir ao fenômeno.

[7] Literalmente significa 'opinião', mas não será traduzida para manter a diferença cultural entre os países, sabendo-se que, no Brasil, seria parecido com um voto.

[8] A Constituição dos Estados Unidos da América é considerada a primeira escrita, datada de 1787, sendo, até hoje, a mesma.

[9] TRACHTMAN, Michael G. *The Supremes' greatest hits*: the 37 Supreme Court cases that most directly affect your life. New York: Sterling, 2009, p. 15. Refere o autor: "The Supreme Court was not always so supreme. It took the Supreme Court's own decision to create this prerrogative – in effect, the Supreme Court its own preeminence", e finaliza: "This seminal decision was rendered in the 1803 caso of *Marbury v. Madison*, which gave the Supreme Court the right of 'judicial review' – the power, mentioned previously, to determine what is and is not constitutional, and the coordinate right to void governmental actions and laws if they violate the Constitution".

[10] Não haverá tradução da expressão por não encontrar uma palavra que se coadune com a da língua inglesa, encontrando nela o que seria no Brasil os 'ministros' do Supremo Tribunal Federal.

[11] Também sem tradução adequada, equivaleria ao Ministro Presidente do Supremo Tribunal Federal.

Marbury v. Madison teve para o fortalecimento da doutrina dos *Check and Balances*.[12]

1. O *judicial review of legislation*

O estudo que ora se apresenta abordará o nascedouro de um dos temas mais debatidos na atualidade que é o controle de constitucionalidade das leis, tendo em vista a forte ingerência que tem havido por parte do Supremo Tribunal Federal em áreas que, na teoria, não seriam de sua competência,[13] mas que acabam, na prática, acontecendo. Para tanto, estuda-se como nasceu o referido controle para que, ao final, reste claro, que desde sua origem, a sua conotação política não pode ser deixada de lado.

1.1. O controle de constitucionalidade das leis na Constituição da República Federativa do Brasil

O Brasil tem um modelo híbrido de controle de constitucionalidade das leis, tendo em vista que mescla tanto características do controle abstrato como do difuso, o que faz com que se defenda ser um modelo denominado de misto. Isso se dá, principalmente, pelo conteúdo existente na própria Constituição da República Federativa do Brasil.[14] Neste momento, não se pretende fazer uma abordagem ampla do controle de constitucionalidade de leis existentes no texto constitucional, mas apenas a título exemplificativo, mostrar a sua importância, com o intuito de fazer a ligação com o caso *Marbury v. Madison*, o qual abriu as portas para que o controle existisse tão forte como hoje em solo brasileiro.

A primeira alusão a que se faz é a de que existe, pois, as duas formas de modelo no ordenamento jurídico brasileiro: (i) o difuso; (ii) o abstrato. Isso faz com que se entre em uma terceira modalidade que seria uma mistura de ambos, chamado, então, de controle (iii) misto. A escrita de Luís Roberto Barroso[15] aponta para tal norte ao trabalhar o tema em obra que merece uma olhada na íntegra do estudioso do tema.

Em razão do estudo do hoje ministro do Supremo Tribunal Federal, sem ingressar em eventuais discordâncias de sua obra, tem-se que

---

[12] A famosa doutrina conhecida como freios e contrapesos.

[13] O próprio articulista já abordou o tema e demonstrou que, na omissão ou na ação equivocada dos demais poderes, o Judiciário acaba sendo competente para dar efetividade à Constituição Federal. Ler: JOBIM, Marco Félix. *Medidas estruturantes*: da Suprema Corte estadunidense ao Supremo Tribunal Federal. Porto Alegre: Livraria do Advogado, 2013.

[14] Desde já não se nega a importância de leis infraconstitucionais para dar efetividade ao controle, como as leis 9.882/99 e 9.868/99, que tratam da arguição de descumprimento de preceito fundamental aquela e esta das demais ações do controle objetivo.

[15] BARROSO, Luís Roberto. *O controle de constitucionalidade no direito brasileiro*: exposição sistemática da doutrina e análise crítica da jurisprudência. 5. ed. São Paulo: Saraiva, 2011.

o constitucionalista trabalha o controle de constitucionalidade pela via difusa, em que elenca importantes questões como quem pode exercê-lo e por que meios, assim como elenca como exemplos desta via de controle a ação constitucional conhecida como mandando de injunção, assim como o Recurso Especial e Recurso Extraordinário, ambos previstos no texto constitucional.

Após, continua o autor fazendo a referência de que existe o controle de constitucionalidade de leis pela via direta (a qual elenca como ações a direta de inconstitucionalidade, a declaratória de constitucionalidade e a direta de inconstitucionalidade por omissão) para, na sequência, abordar aquelas que denomina de controle concentrado (com a arguição de descumprimento de preceito fundamental e as ações interventivas), para o fechamento do controle de constitucionalidade no Brasil. Com isso, vê-se que o Brasil tem um amplo controle constitucionalizado, razão pela qual é imperioso saber suas origens, o que acontece num famoso julgamento na Suprema Corte dos Estados Unidos conhecido por *Marbury v. Madison*.

1.2. O caminho do "judicial review of legislation"

Foi na Suprema Corte dos Estados Unidos[16] da América que o *judicial review of legislation* encontrou morada para o seu nascimento, acompanhando um momento cultural[17] no país que a autorizava a adentrar em competências de outros Poderes da Federação, perto da época de sua independência.[18] Tal fato concretizou-se em 1803, no célebre caso *Marbury v. Madinson*, servindo ele como *leading case*[19] do controle de constituciona-

---

[16] SÉROUSSI, Roland. *Introdução ao direito inglês e norte-americano*. Tradução de: Renata Maria Parreira Cordeiro. São Paulo: Landy, 2006, p. 84. Apesar de ter sido lá o embrião do judicial *review*, é de se considerar que os Estados Unidos, historicamente, não deixam de ser um país jovem, o que não interfere na formatação de um país com tradição jurídica, como refere o autor: "Jovem nação, os Estados Unidos têm, no entanto, uma rica história jurídica e, por conseguinte, judiciária. Em pouco mais de dois séculos, os Estados Unidos conseguiram integrar os princípios gerais da common law, separá-los quando se julgava útil por intermédio da codificação e de legislações de Estados e, sobretudo, preservar a unidade nacional graças à Constituição federal".

[17] Para saber mais sobre os laços da cultura ao direito, recomenda-se: JOBIM, Marco Félix. *Cultura, escolas e fases metodológicas do processo*. Porto Alegre: Livraria do Advogado, 2011.

[18] SARLET, Ingo Wolfgang; MARINONI, Luis Guilherme; MITIDIERO, Daniel. *Curso de Direito Constitucional*. São Paulo: Revista dos Tribunais, 2012, p. 707. Em trecho do capítulo escrito por Luiz Guilherme Marinoni, este afirma: "É importante frisar que o controle judicial de constitucionalidade das leis surgiu nos Estados Unidos muito tempo antes de surgir na Europa continental, já no século XX. O controle judicial da constitucionalidade é praticamente simultâneo à independência dos Estados Unidos, embora não esteja previsto em sua Constituição, tendo sido delineado pr Hamilton nos *Federalist Papers* e sedimentado por ocasião do caso Madison v. Marbury, em que o juiz Marshall teve extraordinário papel".

[19] ANDREWS, Neil. *O moderno processo civil*: formas judiciais e alternativas de resolução de conflitos na Inglaterra. 2. ed. Tradução do autor. Orientação e revisão da tradução: Teresa Arruda Alvim Wambier. São Paulo: Revista dos Tribunais, 2012, p. 22. Apenas para não ficar sem conceituação, na obra existe um glossário no qual o autor assim conceitua o termo: "Um *leading case* é uma primeira

lidade de leis. Cumpre saber como o referido caso foi levado a julgamento e, principalmente, se havia um momento cultural[20] propício no país para que se realizasse esse tipo de controle das leis.

1.3. Marbury v. Madison, 5 U.S. 137 (1803)[21]

Grande parte dos autores aponta para o caso *Marbury v. Madison* como aquele que tenha inaugurado o sistema da *judicial review of legislation* nos Estados Unidos, em sua modalidade difusa,[22] no ano de 1803, pela Suprema Corte estadunidense, ou seja, pouco mais de dez anos após sua primeira sessão pública,[23] sob a presidência do *Chief Justice* John Marshall.[24] A

---

controvérsia, submetida à apreciação do Poder Judiciário, normalmente girando em torno de matéria relevante, cuja decisão passa a ser seguida por todos os órgãos judiciantes. Trata-se de conceito harmônico com sistemas de *civil law* e de *common law*, talvez em 'intensidades' diferentes".

[20] HAMILTON, Alexander; JAY, John; MADISON, James. *O federalista*. Tradução de: Ricardo Rodrigues Gama. 3. ed. Campinas: Russel, 2009, p. 479. Não se está somente falando em momento cultural propício por uma ou outra manifestação doutrinária, mas em seu conjunto. Por exemplo, se fôssemos apenas ler o ensaio de n. 78 de Alexandre Hamilton, diríamos que não há dúvidas de que a Suprema Corte deve realizar o controle de constitucionalidade das leis. Mas deve-se entender que os artigos (cartas) publicados(as) no federalista eram documentos de campanha, com o intuito de ratificar a Constituição dos Estados Unidos da América de 1787. Note-se, nas palavras de Alexandre Hamilton, a naturalidade que o Poder Judiciário deveria ter para declarar nulas normas inconstitucionais: "A integral independência das cortes de justiça é particularmente em uma Constituição limitada. Ao qualificar uma Constituição como limitada, quero dizer que ela contém certas restrições específicas à autoridade legislativa, tais como, por exemplo, não aprovar projetos de confiscos, leis *ex post facto* e outras similares. Limitações dessa natureza somente poderão ser preservadas na prática através das cortes de justiça, que têm o dever de declarar nulos todos os atos contrários ao manifesto espírito da Constituição. Sem isso, todas as restrições contra os privilégios ou concessões particulares serão inúteis".

[21] Para que se conheça melhor a razão pela qual os casos citados nos Estados Unidos têm esta formatação, ler: FINE, Toni M. *Introdução ao sistema jurídico anglo-americano*. Tradução de Eduardo Saldanha. São Paulo: WMF Martins Fontes, 2011, p. 62/63.

[22] Os dois grandes modelos são o difuso e o concentrado, sendo que no Brasil há hoje o que se denomina dizer de sistema misto, por englobar ambos.

[23] SCHWARTZ, Bernard. *A history of the Supreme Court*. New York: Oxford University Press, 1993, p. 15. Refere o autor: "When, on February 2, 1790, the Supreme Court met in its first public session in the Royal Exchange, at the foot of Broad Street in New York City, the Justices did not wear wigs".

[24] Nesta linha, pode ser confirmada a afirmativa com as leituras de: MORO, Sergio Fernando. *Jurisdição constitucional como democracia*. São Paulo: Revista dos Tribunais, 2004, p. 20: "Marbury v. Madison, célebre decisão proferida pela Suprema Corte norte-americana em 1803, sob a presidência de John Marshall, inaugura a jurisdição constitucional". BARROSO, Luís Roberto. *O controle de constitucionalidade no direito brasileiro*. 5. ed. São Paulo: Saraiva, 2011, p. 27: "Marbury v. Madison foi a primeira decisão na qual a Suprema Corte afirmou seu poder de exercer o controle de constitucionalidade, negando aplicação às leis que, de acordo com sua interpretação, fossem inconstitucionais". SOUTO, João Carlos. *Suprema Corte dos Estados Unidos*: principais decisões. Rio de Janeiro: Lumen Juris, 2008, p. 4: "O voto (*opinion*) de John Marshall no caso Marbury v. Madison inaugurou, no limiar do século XIX, o controle judicial (*judicial review*) de constitucionalidade das leis, estabelecendo um sistema que viria a ser produzido na grande maioria das democracias ocidentais". APPIO, Eduardo. *Direito das minorias*. São Paulo: Revista dos Tribunais, 2008, p. 55. Afirma que: "O sistema de revisão da validade das leis e atos administrativos pelo Judiciário nos Estados Unidos foi construído a partir de uma cultura judicial que tem como marco histórico o caso *Marbury v. Madison* (1803)".

própria Constituição estadunidense[25] é que garante, de forma não muito clara, a possibilidade do *judicial review*,[26] em seu artigo 6º,[27] ao evidenciar a *supremacy clause*,[28] em que pese Fábio Konder Comparato[29] expor que não existe esta possibilidade no texto constitucional, o que até mesmo desimporta, tendo em vista o que defende Shane Mountjoy[30] ao referir que já existia uma conformidade na época com o fato de que nenhum ato do legislativo poderia contrariar a Constituição.

1.4. Marbury v. Madison: o primeiro caso?

Nas linhas seguintes serão apontadas duas grandes correntes de pensamentos, das quais se extrai que, ou já havia antes de *Marbury v. Madison* havido o controle de constitucionalidade das leis, ou foi exatamente com o julgamento dele que se pode falar em inauguração do referido controle.

---

[25] BEARD, Charles A. *A Suprema Côrte e a constituição*. Tradução de: Paulo Moreira da Silva. Rio de Janeiro: Forense, 1965. Para uma visão mais crítica sobre se a Constituição dos Estados Unidos outorga esse poder de revisão ao Poder Judiciário, recomenda-se a leitura da obra, em especial o capítulo 1 sobre "ataques ao controle pelo judiciário".

[26] MENDES, Conrado Hübner. *Controle de constitucionalidade e democracia*. Rio de Janeiro: Elsevier, 2008, p. 15. Em posição contrária, entende o autor: "A história constitucional norte-americana ocorreu em paralelo. A revisão judicial não nasceu de uma previsão expressa da Constituição, à diferença de outros países que o adotaram décadas depois. Os pais fundadores tiveram a criatividade de, numa norma escrita, discernir dois tempos políticos e decisórios: o da política ordinária e o da política constituinte. Nada disseram sobre controle de constitucionalidade. A menção de que a Constituição é a lei suprema e que cabe ao judiciário velar por ela abriu uma possibilidade interpretativa. Foi Marshall, num contestado exercício de lógica a partir destas duas premissas, quem tomou a iniciativa de decidir contra o legislador".

[27] ALVAREZ, Anselmo Prieto; NOVAES FILHO, Wladimir. *A Constituição dos EUA anotada*. 2. ed. São Paulo: LTr, 2008, p. 63. O artigo 6º, 2, traz: "Esta Constituição e as leis dos Estados Unidos feitas em sua conformidade, e todos os tratados celebrados ou por celebrar sob a autoridade dos Estados Unidos, constituirão a lei suprema da nação; e os juízes de todos os Estados a ela estarão sujeitos, ficando sem efeito qualquer disposição em contrário na Constituição ou leis de quaisquer dos Estados".

[28] PEIXOTO, Leonardo Scofano Damasceno. *Supremo Tribunal Federal*: composição e indicação de seus ministros. Rio de Janeiro: Forense; São Paulo: Método, 2012, p. 23. Sobre a supremacy clause: "O mencionado dispositivo consagra a *supremacy clause*: a Constituição se apresenta como fundamento de existência e validade de todas as demais normas jurídicas, ou seja, existe uma relação de conformidade de todos os atos dos poderes públicos com a Constituição".

[29] COMPARATO, Fábio Konder. *Rumo à justiça*. São Paulo: Saraiva, 2010, p. 278. Refere: "É sabido que a Constituição norte-americana não previu a competência do Judiciário para o julgamento da inconstitucionalidade de leis ou decretos do Poder Público".

[30] MOUNTJOY, Shane. *Marbury v. Madison*: establishing Supreme Court power. New York: Chelsea House, 2007, p. 119. Expõe: "One of the ongoing criticisms of the Marbury decision lies in the fact that the U.S. Constitution does not specifically state that the Suprme Court has the power of judicial review. How could the Court assume and exercise that power? The answer lies in a variety of places, all of which include discussions and practices that occurred before the Constitution was ratified. One source is The Federalist Papers, the series of essays written by Alexander Hamilton, James Madison, and John Jay in support of the new constitution after it was drafted in 1787. Hamilton wrote in Number 78 that 'no legislative act' contrary to the Constitutional, can be valid".

Por exemplo, Mark Tushnet,[31] na introdução da obra *Arguing Marbury v. Madison*, afirma que num dos capítulos do livro, de autoria de Suzanna Sherry, esta se esforça em demonstrar que elencar que o caso em tela seja o que deu início ao *judicial review* se encontra equivocada, uma vez que as Cortes ao redor do país já haviam[32] realizado o referido controle judicial de constitucionalidade das leis, o que é também alvo de alerta, em diferentes contextos, por Bernard Schwartz,[33] Elival da Silva Ramos,[34] Roger Stiefelmann Leal[35] e Leonardo Scofano Damasceno Peixoto.[36]

---

[31] TUSHNET, Mark. *Arguing Marbury v. Madison*. California: Stanford Law and Politics, 2005, p. 1. Assim refere o jurista: "*Marbury v. Madison*, decided in February 1803, is conventionally taken as the origin of judicial review in the United States. As Suzanna Sherry's chapter here shows, scholars have taken known for years that this understanding is wrong. The Constitution's framers assumed that the national courts would have the power to overturn laws that the judges found were inconsistent with the limitations the Constitution placed on government power. In the decades before *Marbury* state courts around the country exercise the power of judicial review as well".

[32] SHERRY, Suzanna. The intellectual background of Marbury v. Madison. In: TUSHNET, Mark. *Arguing Marbury v. Madison*. California: Stanford Law and Politics, 2005, p. 54. Visualiza a autora ao expor assim seu entendimento acerca do tema: "If judges were the keepers of the law, and 'the law' included natural law, we would expect to find examples of courts striking down legislation on the ground that it violated natural law. And, indeed, in at least six cases in sate courts between 1780 and 1803, that is exactly what we find. These courts claimed – and exercised – the power to invalidate statutes as inconsistent with *unwritten* fundamental law. Both state and federal courts continued to do so well into the nineteenth century, in some states even up to the eve of the Civil War. Courts invalidated legislation involving property rights, jury trials, *ex post facto laws*, and other fundamental principles even were such protections were not present in any clause of the written Constitution".

[33] SCHWARTZ, Bernard. *A history of the Supreme Court*. New York: Oxford University Press, 1993, p. 22. Diz: "Between the Revolution and Marbury v. Madison, state courts asserted or exercised the power in at least twenty cases".

[34] RAMOS, Elival da Silva. *Controle de constitucionalidade no Brasil*: perspectivas de evolução. São Paulo: Saraiva, 2010, p. 105. Refere o constitucionalista, embora não abra mão de considerar Marbury v. Madison o caso que realmente inaugurou o *judicial review*: "Não parece haver dúvida, de toda sorte, que, anteriormente a 1803 (ano em que foi julgado Marbury v. Madison), a Suprema Corte já houvera declarado inconstitucional legislação estadual, registrando-se enunciações precedentes do *judicial review*, outrossim, no âmbito das cortes estaduais e das cortes federais inferiores, em relação a leis estaduais e federais reputadas contrárias a normas constitucionais estaduais ou federais. Não obstante a jurisprudência das cortes estadunidenses em relação ao princípio do *judicial review* possa ter-se iniciado anteriormente ao caso *Marbury v. Madison*, o certo é que, quer pela amplitude e consistência da fundamentação apresentada pelo *Chief Justice Marshall*, quer pela repercussão alcançada, esse deve ser considerado o *leading case* do controle de constitucionalidade das leis nos Estados Unidos da América".

[35] LEAL, Roger Stiefelmann. O exercício da jurisdição constitucional pelo poder judiciário. In: HORBACH, Carlos Bastide; ALMEIDA, Fernando Dias Menezes de; AMARAL JÚNIOR, José Levi Mello do; LEAL, Roger Stiefelmann (Coord.). *Direito constitucional, Estado de direito e democracia*: homenagem ao Prof. Manoel Gonçalves Ferreira Filho. São Paulo: Quartier Latin, 2011, p. 581.

[36] PEIXOTO, Leonardo Scofano Damasceno. *Supremo Tribunal Federal*: composição e indicação de seus ministros. Rio de Janeiro: Forense; São Paulo: Método, 2012, p. 23. O autor refere em casos: "Antes mesmo da Constituição dos Estados Unidos de 1787, houve precedentes dos tribunais norte-americanos sobre o controle de leis estaduais em face da Constituição do Estado, servindo como exemplos os seguintes casos: *Holmes v. Walton* (Nova Jersey, 1780); *Commonwealth v. Caton* (Virgínia, 1782); *Rutgers v. Waddington* (Nova York, 1784); *Trevitt v. Weedon* (Rhode Island, 1786) e *Bayard v. Singleton* (Carolina do Norte, 1787)".

Aliado a esses autores e casos acima referidos, há que se relembrar que, no século XVII, aconteceu o famoso caso *Bonham*,[37] na Inglaterra. Nele,[38] foi aceita a tese de que o *Common Law* estaria em hierarquia superior aos atos do parlamento inglês. Em estudo aprofundado sobre o *Bonham's Case*, Fernando Rey Martínez[39] alude que o precedente não é genuinamente de um controle constitucional das leis, mas, de outro lado, é de se levar em conta que é nele reside o processo embrionário do que, posteriormente, viria a ser o *judicial review* nos Estados Unidos. Talvez um dos trabalhos históricos de maior fôlego para que se afirme ser o caso *Marbury v. Madison* aquele que realmente inaugurou o *judicial review* esteja na obra de Mauro Cappelletti intitulada *O Controle Judicial de Constitucionalidade das Leis no Direito Comparado*, sendo o processualista italiano categórico ao afirmar que, no que concerne à decisão oriunda do caso, esta teve um caráter importante e inovador,[40] embora não descarte que outros casos sejam lembrados no transcorrer da história.[41]

---

[37] SARLET, Ingo Wolfgang; MARINONI, Luis Guilherme; MITIDIERO, Daniel. *Curso de Direito Constitucional*. São Paulo: Revista dos Tribunais, 2012, p. 708. Refere Luiz Guilherme Marinoni que "no final da primeira metade do século XVII, no igualmente célebre caso Bonham, Edward Coke declarou que as leis estão submetidas a um direito superior, o *common law*, e que, quando elas o desrespeitam, são nulas e destituídas de eficácia". NEVES, André Luiz Batista. *Introdução ao controle de constitucionalidade*. Salvador: JusPODIVM, 2007, p. 24-26. Historiando o caso, refere assim o autor: "Em 1610, na qualidade de *Chief Justice da Court of Common Pleas*, Coke decide o célebre *Dr. Bonham's case*. A Corporação dos Médicos (*College of Physicians*) detinha, por força de um ato do Parlamento, a prerrogativa de conceder, com exclusividade, autorizações para os médicos que quisessem trabalhar em Londres. Thomas Bonham graduara-se em medicina na Universidade de Cambridge, e começou a praticar seus misteres na capital inglesa no ano de 1606. Foi reprovado no exame de qualificação da referida corporação, mas continuou a trabalhar, mesmo após ter sido multado pela corporação. O presidente e censores do *College*, acompanhados de dois empregados, arrestaram Bonham, que, por seu turno, processou-os por prisão indevida (*false imprisonment*)". E conclui: "Expressamente se reconheceu, pela primeira vez na era moderna, competência aos magistrados para afastar a aplicabilidade das normas repugnantes à razão ou à *Common Law*, mesmo contra Rei. Estava inaugurada a possibilidade de verificação da compatibilidade, por parte dos juízes, das normas jurídicas *sub examine* frente a outras de escalão superior". Na mesma linha: PAULO NETO, Carlos Romero Lauria. *A decisão constitucional vinculante*. Rio de Janeiro: Forense; São Paulo: Método, 2011, p. 61.

[38] LEAL, Roger Stiefelmann. *O efeito vinculante na jurisdição constitucional*. São Paulo: Saraiva, 2006. Sobre o caso *Bonham*, ler a página 19 da obra.

[39] REY MARTINEZ, Fernando. El "Dr. Bonham's case" y su aporte a la creación de la judicial review. In: MANILI, Pablo Luis (Coord.). *Marbury v. Madison*: reflexiones sobre una senteccia bicentenaria. México: Editorial Porrúa, 2011, p. 20. Conclui o autor: "Resulta difícil, por tanto, valorar hasta qué punto el *dictum* 'constitucional' de Coke puede considerarse como un genuino precedente del control judicial de las leyes. Más bien, parece haberse tenido en cuenta (y no demasiado, además) en el proceso de gestación del constitucionalismo norteamericano (en concreto, de la creación de la judicial review) totalmente fuera del contexto en el que fue afirmado y de la intención del Chief Justice Coke".

[40] CAPPELLETTI, Mauro. *O controle judicial de constitucionalidade das leis no direito comparado*. 2. ed. Reimpressão. Tradução de: Aroldo Plínio Gonçalves. Porto Alegre: Sergio Antonio Fabris, 1999, p. 48. Refere: "A opção do Chief Justice Marshall, com a proclamação da supremacia da Constituição sobre as outras leis e com o conseqüente poder dos juízes de não aplicar as leis inconstitucionais, certamente representou então, repito, uma grande e importante inovação".

[41] Ibid. Apesar de afirmar que seriam numerosos os exemplos a serem trazidos, refere: nas páginas 49-50 o exemplo do direito ateniense entre o *nómos* e o *pséfisma*; no segundo exemplo, nas páginas 51-57, traz o exemplo na Idade Média entre o direito natural e o direito positivado; por fim, ingressa na

Pode-se ainda trazer o pensamento de Lenio Luiz Streck,[42] que defende ser genuinamente o caso inglês o inaugurador do moderno controle de constitucionalidade de leis, ou de Nathalie Kuczura Nedel,[43] que acena para alguns julgamentos ocorridos na Antiguidade romana, em que pese defender que nenhum deles se compara, em importância, a *Marbury v. Madison*. Porém, o grande problema desse tipo de defesa em regressões históricas é que se pode encontrar algum caso no qual uma lei foi contestada frente à outra,[44] quer seja divina, natural ou de criação humana, e defender ser o nascedouro do controle de constitucionalidade de leis, quando, evidentemente, não é.

Dessa forma, mesmo que alguns casos tenham sido julgados, ora em país diverso, ora dentro dos Estados Unidos por meio de suas Cortes Estaduais, realizando uma forma de *judicial review* antes mesmo de *Marbury v. Madison*, assim como existindo outros casos em que a própria Suprema Corte julgou com mais intensidade questões sobre a constitucionalidade de uma lei federal[45] alguns anos após o *leading case*, como o caso *Hylton v.*

---

tradição inglesa e a doutrina de Edward Coke, citando o célebre Bonham's case de 1610, nas páginas 57-60.

[42] STRECK, Lenio Luiz. *Jurisdição constitucional e hermenêutica*: uma nova crítica ao direito. 2. ed. Rio de Janeiro: Forense, 2004, p. 306. Refere: "Mas é a sentença do caso Bonham que, certamente, é a mais famosa e a mais discutida, uma vez que a ela *credita-se a moderna instituição do controle de constitucionalidade das leis por parte do Poder Judiciário*".

[43] NEDEL, Nathalie Kuczura. *Controle de constitucionalidade*: uma análise do caso Marbury *versus* Madison e da *judicial review*. Porto Alegre: Núria Fabris, 2013, p. 15-29. Alerta a autora para alguns casos que teriam sido julgados em Roma, na Antiguidade, para dar conforto às teses embrionárias do que hoje se conhece por *judicial review*, mas acaba, ao final, por defender o posicionamento de que é em *Marbury v. Madison* que realmente se deu a confirmação deste tipo de controle pelo ineditismo da fundamentação do *Chief Justice* John Marshall.

[44] SÓFOCLES. *Antígona*. Tradução de Donaldo Schüler. Porto Alegre: L&Pm, 2011, p. 33-35. Poder-se-ia defender que Sófocles já alertava para um tipo de controle das leis no diálogo entre Creonte e Antígona, mas nem de perto se pode chegar ao controle de constitucionalidade de leis inaugurado por *Marbury v. Madison*, uma vez que, Constituição, na acepção moderna, é inaugurada com a estadunidense em 1787 apenas. Para confirmar o que se quer dizer, leia-se o diálogo: CREONTE: E tu, tu que baixas a cabeça, admites ou negas que procedeste assim? ANTÍGONA: Admito, não nego nada. CREONTE: Tu, podes retirar-te para onde queres; de acusações condenatórias estás livres; E tu, declaras sem rodeios, sinteticamente; Sabias que eu tinha proibido essa cerimônia? ANTÍGONA: Sabia. Como poderia ignorá-lo? Falaste abertamente. CREONTE: Mesmo assim ousaste transgredir minhas leis? ANTÍGONA: Não foi, com certeza, Zeus que as proclamou; nem a justiça com trono entre os deuses dos mortos as estabeleceu para os homens; Nem eu supunha que tuas ordens tivessem o poder de superar as leis não escritas, perenes, dos deuses, visto que és mortal; Pois elas não são de ontem nem de hoje, mas são sempre vivas, nem se sabe quando surgiram; Por isso, não pretendo, por temor às decisões de algum homem, expor-me à sentença divina; Sei que vou morrer; Como poderia ignorá-lo? E não foi por advertência tua. Se antes da hora morremos, considero-o ganho; Quem vive num mar de aflições iguais às minhas, como não há de considerar a morte lucro? Defrontar-me com a morte não me é tormento. Tormento seria, se deixasse insepulto o morto que procede do ventre de minha mãe. Tuas ameaças não me atormentam; Se agora te pareço louca, pode ser que seja louca aos olhos de um louco.

[45] SCHWARTZ, Bernard. *A history of the Supreme Court*. New York: Oxford University Press, 1993, p. 23. Aduz: "It was not, to be sure, until Marbury v. Madison that the Court came down categorically

United States,[46] o verdadeiro caso que consagrou o nascimento do *judicial review* é, inegavelmente, aquele datado de 1803, que traz uma história singular a ser desvelada.

1.5. A história envolvendo o caso Marbury v. Madison

Ocorria mais uma eleição para Presidente dos Estados Unidos. De um lado, os federalistas, representados por John Adams, e, de outro, os republicanos, representados por Thomas Jefferson, tendo este, no final de 1800, se sagrado vencedor. O receio da perda do poder era demasiado para os federalistas,[47] que, tendo a maioria no Congresso, em 13 de fevereiro de 1801, aprovaram o *the Circuit Court Act*, reduzindo o número de *Justices* da Suprema Corte,[48] impedindo a nomeação de novos pelo Presidente eleito, assim como criando dezesseis cargos de juiz federal, todos ocupados por federalistas ligados a John Adams.

Dias após, em 27 de fevereiro, com a aprovação do *the Organic Act of the District of Columbia*, o Presidente detinha a possibilidade de nomeação de juízes de paz, no número de quarenta e dois, todos validados pelo Senado, em 3 de março do mesmo ano. Tendo subscrito os atos de investidura dos juízes nomeados, a outorga dos mesmos ficou a cargo do então Secretário de Estado John Marshall, que, posteriormente, viria a ser *Chief*

---

in favor of such a review power. It was, however, in Hilton v. United States almost a decade befora Marshall's classic opinion, thet the Court first ruled on the constitutionality of a federal law".

[46] Ibid., p. 23. O caso Hilton v. United States trazia a seguinte questão: "In Hilton v. United States, it was argued that a fixed federal tax on all carriages used for the conveyance of persons was a direct tax and hence invalid, because it was not apportioned among the states according to population. The Court unanimously held that the tax at issue was not a direct tax within the meaning of article I, section 9. According to the opinions rendered, since the Direct-Tax Clause constitutes an exception to the general taxing power of Congress, it should be strictly construed. No tax should be considered 'direct' unless it could be conveniently apportioned".

[47] AQUINO, Rubim Santos Leão de. *História das sociedades americanas*. 12. ed. Rio de Janeiro: Record, 2008, p. 275. Sobre a criação dos partidos Federalista e Republicano, leciona o historiador: "A Constituição da nova República era apenas um esboço daquilo que viria a ser e não contava com o apoio da opinião pública organizada. Persistia o antagonismo entre os dois partidos recém-formados: o Federalista (do qual se originou o atual Partido Republicano), que incluía comerciantes, banqueiros e industriais, defendia um forte governo central, favorável aos interesses econômicos urbanos, e admirava a Inglaterra; e o Antifederalista, ou Republicano (antepassado do atual partido Democrata), congregando operários, pequenos negociantes e proprietários rurais – simpáticos à França revolucionária –, que defendia os direitos dos Estados e o regime agrário. O governo necessitava de mecanismos próprios, não havia Marinha e o Exército começava a ser organizado".

[48] SLOAN, Cliff; MCKEAN, David. *The great decision*: Jefferson, Adams, Marshall, and the battle for the Supreme Court. New York: PublicAffairs, 2009, p. 54. Este ato ficou conhecido como a primeira onda do Adams's midnight judges: "The first wave of Adams's 'midnight judges' was a result of the Judiciary Act of 1801. It reduced the size of the Supreme Court to five at the next vacancy, created a new system of appellate courts between the trial courts and the Supreme Court, and eliminated the controversial obligation of Supreme Court justices to ride circuit; the new appellate judges would assume this responsibility".

Justice[49] da Suprema Corte estadunidense.[50] Como tudo foi realizado às pressas, não houve tempo hábil para que todos os juízes de paz recebessem o ato de investidura; entre eles estava William Marbury.

Com a posse do novo Presidente, Thomas Jefferson, e a nomeação de James Madison como seu Secretário de Estado, este, por ordem daquele, não outorgou o ato de investidura a William Marbury, que, em dezembro de 1801, propôs um *writ of mandamus* para ter reconhecido seu direito de ser nomeado juiz de paz. Nesse meio tempo, a nova composição do Congresso, agora com a sua maioria republicana, invalidou o *the Circuit Court Act* que fora aprovado na Presidência de John Adams, extinguindo-se, por evidente, os cargos de juiz de paz anteriormente criados.[51] Tentando demonstrar a belicosidade da época, Luís Roberto Barroso[52] refere que o ambiente criado para que a Suprema Corte julgasse o caso *Marbury v.*

---

[49] BARROSO, Luís Roberto. *O controle de constitucionalidade no direito brasileiro*: exposição sistemática da doutrina e análise crítica da jurisprudência. 5. ed. São Paulo: Saraiva, 2011, p. 31. Este fato, inclusive, gerou críticas à sua atuação no caso em concreto, conforme explana o autor: "A decisão proferida pela Suprema Corte sujeitou-se a críticas diversas, muitas respaldadas por argumentos sólidos. Vejam-se algumas delas. Por haver participado direta e ativamente dos fatos que deram origem à demanda, Marshall deveria ter se dado por impedido de participar do julgamento".

[50] APPIO, Eduardo. *Direito das minorias*. São Paulo: Revista dos Tribunais, 2008, p. 62. Refere o autor: "No ano de 1800, os federalistas perderam o poder por uma série de razões, o que levou Jefferson a ganhar as eleições, devendo assumir em 04.06.1801. Até a posse de Jefferson, o presidente federalista Adams exerceu de forma intransigente todas as suas prerrogativas legais, inclusive a de nomear o novo Presidente da Suprema Corte, o que efetivamente foi feito em dezembro de 1800, com a nomeação do próprio secretário de Estado do Presidente Adams, o agora *Chief of Justice* na Suprema Corte John Marshall".

[51] DIMOULIS, Dimitri; LUNARDI, Soraya. *Curso de processo constitucional*: controle de constitucionalidade e remédios constitucionais. São Paulo: Atlas, 2011, p. 33-34. Em apertada síntese, relatam os autores: "O caso era politicamente delicado. Em 1800, o Presidente dos EUA, John Adams, chefe do Partido Federalista, perdeu as eleições para o seu adversário Thomas Jefferson, chefe do Partido Republicano. Adams tentou controlar o Judiciário, nomeando aliados políticos para cargos importantes. Em 13-2-1801, pouco antes do fim de seu mandato, foi aprovada uma lei para a reorganização do Judiciário federal que, entre outras coisas, reduzia o número de Ministros da Suprema Corte, para impedir que o seu sucessor, Jefferson, nomeasse novos ministros após a aposentadoria dos atuais. A mesma lei criou 16 cargos de juiz de circuito para os quais o já derrotado Presidente Adams nomeou amigos políticos. Finalmente, Adams determinou que o seu secretário de Estado, John Marshall, se tornaria presidente da Suprema Corte". Continuam os autores: 'Em 27-2-1801, uma nova lei criou dezenas de cargos de juízes, entre os quais 42 juízes de paz. Os nomes indicados foram confirmados pelo Senado em 3-3-1801, pouco antes da posse de Thomas Jefferson. John Adams assinou os atos de investidura no último dia de seu governo. O Secretário de Estado de Adam, John Marshall, deveria providenciar a entrega desses diplomas de investidura aos juízes de paz'. E finalizam: "Em razão da pressão de tempo nos últimos dias do mandato, muitos interessados não receberam os diplomas de investidura. Tendo assumido a presidência, Jefferson resolveu não reconhecer essas nomeações. O novo secretário de Estado, James Madison, recusou-se a entregar os diplomas de investidura aos que não os haviam recebido, entre eles o juiz de paz William Marbury. Marbury pediu que fosse confirmada sua nomeação, propondo um *writ of mandamus* perante a Suprema Corte, que, era presidida pelo antigo Secretário de Estado John Marshall". (*sic*)

[52] BARROSO, op. cit., p. 27. Refere o constitucionalista da UERJ: "Foi nesse ambiente politicamente hostil e de paixões exacerbadas que a Suprema Corte se reuniu em 1803 para julgar Marbury v. Madison, sem antever que faria história e que este se tornaria o mais célebre caso constitucional de todos os tempos".

Madison era extremamente hostil, mas, em 1803, reunidos, acabaram por julgar o caso que faria a história do *judicial review of legislation*.

1.6. O dilema da Suprema Corte estadunidense no julgamento do caso Marbury v. Madison: era o momento cultural propício para o judicial review of legislation?

O dilema envolvendo o caso *Marbury v. Madison*, que deveria ser julgado pela Suprema Corte dos Estados Unidos da América, ficava evidente quando analisado de uma forma mais detalhada.

John Adams perde a eleição para Thomas Jefferson e, no calar da noite, para evitar um poder exacerbado do novo Governo, toma medidas de urgência, como a diminuição do número de *Justices*, nomeação de juízes federais e de juízes de paz, assim como retira seu Secretário de Estado John Marshall da função, colocando-o como *Chief Justice* da Suprema Corte estadunidense.

Em contrapartida, Thomas Jefferson nomeia como seu Secretário de Estado James Madison, o qual, num de seus primeiros atos, nega a investidura àquelas vagas faltantes dos juízes de paz. Entre elas estava a de William Marbury que, por sua vez, acreditando ter ao seu lado o direito de ser nomeado, impetra um *writ of mandamus* diretamente na Suprema Corte, esta presidida pelo então *Chief Justice* John Marshall, antigo Secretário de Estado de John Adams, o que, no entender de Eduardo Appio, fez com que um conflito político restasse estabelecido entre republicanos e federalistas.[53] O dilema envolvendo a Suprema Corte era o de que se realmente julgasse o mérito do caso *Marbury v. Madison* em favor de William Marbury, o Chefe do Executivo Thomas Jefferson cumpriria aquilo que foi decidido ou, não o fazendo, transformaria a decisão e a própria Corte em motivo de piada, enfraquecendo suas bases pouco tempo depois de sua criação?

As palavras de Luís Roberto Barroso[54] são exatamente nessa linha de pensamento ao auferir que a decisão no caso *Marbury v. Madison* jamais

---

[53] APPIO, Eduardo. *Direito das minorias*. São Paulo: Revista dos Tribunais, 2008, p. 63. Discorre: "Bem por isso, acabou sendo processado por William Marbury perante a Suprema Corte – agora 'chefiada' por Marshall, do que resta evidente a existência de um conflito político com forte colorido partidário entre Marshall e Marbury (ambos federalistas) e Madison/Jefferson (ambos republicanos)".

[54] BARROSO, Luís Roberto. *O controle de constitucionalidade no direito brasileiro*: exposição sistemática da doutrina e análise crítica da jurisprudência. 5. ed. São Paulo: Saraiva, 2011, p. 31. Refere: "É indiscutível que o voto de Marshall reflete, intensamente, as circunstâncias políticas de seu prolator. Ao estabelecer a competência do Judiciário para rever os atos do Executivo e do Legislativo à luz da Constituição, era o seu próprio poder que estava demarcando, poder que, aliás, viria a exercer pelos trinta e quatro longos anos em que permaneceu na presidência da Corte. A decisão trazia, no entanto, um toque de inexcedível sagacidade política. É que as teses nela veiculadas, que em última análise davam poderes ao Judiciário sobre os outros dois ramos de governo, jamais seriam aceitas passivamente por Jefferson e pelos republicanos do Congresso. Mas, como nada lhes foi ordenado

seria aceita com passividade pelo então governante da época, Thomas Jefferson, assim como pelos republicanos que estavam no Congresso, motivo pelo qual preferiu a Suprema Corte, ao julgar o caso, afastar-se do mérito para dar privilégios a formalidades.[55]

Para que isso ocorresse, John Marshall interpretou que o artigo 13[056] da lei de 1789, na qual William Marbury baseava seu *writ of mandamus*, era inconstitucional, sendo, pois, impedido que este alcançasse[57] a Suprema Corte do modo como o fez.[58] Mas, mesmo se esquivando em conceder ao impetrante seu direito, o voto do *Chief Justice* John Marshall é no sentido de que, quando uma lei federal entra em conflito com a Constituição dos Estados Unidos, sempre há de prevalecer esta, pois aí está o poder soberano do povo, devendo o Poder Judiciário então interpretar e aplicar as normas constitucionais, declarando a nulidade daquelas leis que conflituem com ela.[59]

– pelo contrário, no caso concreto foi a vontade deles que prevaleceu –, não tinham como descumprir ou desafiar a decisão".

[55] LEAL, Saul Tourinho. *Controle de constitucionalidade moderno*. 2. ed. Niterói: Impetus, 2012, p. 154. Aduz o autor: "O clássico caso da jurisprudência norte-americana, *Marbury v. Madison 5 U.S. 137 (1803)* fixou o judicial review nos Estados Unidos, criando o chamado controle difuso de constitucionalidade. Uma lei foi declarada inconstitucional. Contudo, afastou-se do caso concreto deixando a parte a ver navios, tudo isso se valendo de formalidades".

[56] CASTRO, João Bosco Marcial. *O controle de constitucionalidade das leis e a intervenção do Senado Federal*. Porto Alegre: Nuria Fabris, 2008, p. 24. Refere o autor: "No caso Marbury VS. Madison (1803), John Marshall declarou a inconstitucionalidade do artigo 13 da Lei de 1789, afirmou a incompetência do Tribunal para o exame do caso em concreto e estabeleceu que as partes interessadas buscassem o direito pretendido perante uma das Cortes de Distrito. Em grau de recurso, se cabível, a questão seria submetida à Suprema Corte. Assentava-se, dessa maneira, o método de controle 'difuso' de constitucionalidade, no qual todos os órgãos judiciários, inferiores ou superiores, federais ou estaduais, têm o poder e o dever de não aplicar as leis inconstitucionais nos casos concretos submetidos a seu julgamento".

[57] São trechos do voto de Marshall que atacam o meio utilizado por Marbury: Inicia:"It has been stated at the bar that the appellate jurisdiction may be exercised in a variety of forms, and that if it be the will of the legislature that a mandamus should be used for that purpose, that will must be obeyed. This is true; yet the jurisdiction must be appellate, not original". Continua: "It is the essential criterion of appellate jurisdiction, that it revises and corrects the proceedings in a cause already instituted, and does not create that case. Although, therefore, a mandamus may be directed to courts, yet to issue such a writ to an officer for the delivery of a paper, is in effect the same as to sustain an original action for that paper, and therefore seems not to belong to appellate, but to original jurisdiction. Neither is it necessary in such a case as this, to enable the court to exercise its appellate jurisdiction". E finaliza: "The authority, therefore, given to the supreme court, by the act establishing the judicial courts of the United States, to issue writs of mandamus to public officers, appears not to be warranted by the constitution; and it becomes necessary to inquire whether a jurisdiction, so conferred, can be exercised". Disponível em: <http://laws.lp.findlaw.com/getcase/us/5/137.html>. Acesso em: 13 set. 2012.

[58] APPIO, Eduardo. *Direito das minorias*. São Paulo: Revista dos Tribunais, 2008, p. 64: Diz: "Este conflito entre lei federal e a Constituição norte-americana, segundo Marshall, impedia que William Marbury tivesse acesso à ação de mandamus (equivalente ao nosso mandado de segurança), uma vez que se amparava em lei inconstitucional".

[59] APPIO, Eduardo. *Direito das minorias*. São Paulo: Revista dos Tribunais, 2008, p. 64: Refere: "Marshall assegurou, em sua fundamentação, que um conflito entre lei federal e a Constituição norte-americana deveria ser resolvido em favor desta última, uma vez que o povo de uma nação tem o direito de estabelecer limites e princípios para o futuro, tendo o povo optado por uma Constituição que conferia poderes limitados ao Congresso norte-americano. Assim sendo, insistia Marshall, constitui-se em in-

Num balanço final realizado sobre a situação em se colocava a Suprema Corte dos Estados Unidos no julgamento do caso *Marbury v. Madison*, extrai-se que, embora tenha havido a esquiva do julgamento do mérito do *writ of mandamus*, concorda-se com a posição de André Luiz Batista Neves[60] no sentido de que John Marshall encontrou a saída mais honrosa pelo ambiente politicamente hostil criado pelo julgamento e sua história, pois o momento cultural não era o mais propício para a análise do mérito do caso *Marbury v. Madison*, mas o que não impediu que se inaugurasse o *judicial review of legislation*.

Considerações finais

Diante das circunstâncias acima definidas, quer no que seja concernente ao período anterior ao julgamento do caso *Marbury v. Madison*, quer no período posterior a ele, inegável referir que a *opinion* dos *Justices* da Suprema Corte dos Estados Unidos da América se tornou uma das mais importantes e estudadas no mundo, assim como a ambiência cultural que pairava sob o resultado do julgamento. Foi nele que, realmente, o Poder Judiciário propiciou a retirar as amarras que existiam em si por obra dos demais poderes, tornando-se, finalmente, respeitado.

É ele – o caso – o marco inicial do *judicial review of legislation*. Em que pese, ao longo do próprio país, assim como em outros, e até mesmo em obras como a de Sófocles, haver menção de um controle de leis, é no caso estudado que realmente a mesma obteve a tão esperada concretização, não havendo razão para que se defenda de forma diferente. Foi a partir do julgamento do caso que o debate sobre o controle de leis pelo Poder Judiciário se alastrou pelo mundo, sendo que, muito do que hoje se produz em sede do referido controle tem como gênese o caso estudado. O Brasil, apostando num sistema misto, como olhos no controle difuso e no abstrato, certamente o faz em razão de, em 1803, ter iniciado o *judicial review* nos Estados Unidos da América,[61] assim como os demais ordenamentos[62] com seus referidos controles.

---

cumbência do Poder Judiciário interpretar e aplicar a Constituição, motivo pelo qual deve declarar a nulidade de leis federais que conflitem com aquela".

[60] NEVES, André Luiz Batista. *Introdução ao controle de constitucionalidade*. Salvador: JusPODIVM, 2007, p. 29. Refere: "O Chief Justice John Marshall saiu-se o mais honrosamente que pôde dessa situação adversa. Iniciou a fundamentação de seu voto em Marbury v. Madison aparentemente concordando com os argumentos do impetrante, seu aliado político. Mas, para não lhe deferir o direito à investidura, em um ambiente politicamente hostil, declarou a inconstitucionalidade do §13 do mencionado Judiciary Act, argumentando que as hipóteses de competência originária da Suprema Corte poderiam apenas ser previstas por norma constitucional".

[61] Note-se as palavras do autor para dizer do rompimento das fronteiras no julgamento do caso: TRACHTMAN, Michael G. *The Supremes' greatest hits*: the 37 Supreme Court cases that most directly affect your life. New York: Sterling, 2009, p. 15. Aduz: "The power to ensure compliance with the Consti-

Contudo, o próprio julgamento, como foi visto, trouxe preocupações com a sua aceitação e, posterior, efetividade, demonstrando que a tomada de decisão deve ser elaborada dentro de determinados contextos para que não existam óbices concretos à sua efetividade. A costura realizada pelo *Chief Justice* John Marshall que, por outra via, consolidou o entendimento da possibilidade da judicial review é de ser melhor estudada até mesmo em épocas atuais e questionada se mascarar uma fundamentação para que uma decisão seja melhor aceita está em consonância com os ditames de um processo constitucional? As reflexões podem ser muitas, mas a conclusão é uma só no sentido de que *Marbury v. Madison* se trata de um dos mais importantes casos já julgados em sede de jurisdição constitucional.

---

tution not only defined the landscape of our own democracy, it served as a model for constitutional democracies throughout the world".

[62] Sempre é bom relembrar que Hans Kelsen pensou num outro tipo de controle em contraposição ao sistema estadunidense, o que apenas dá mais força a afirmativa feita.

— 10 —

Desterritorialização e Direito: desafios para a construção de uma observação do jurídico na sociedade mundial

MATEUS DE OLIVEIRA FORNASIER[1]

Sumário: Introdução; 1. O "fim da geografia" e a perda da importância da noção de territorialidade; 2. A noção de território e o mito da desterritorialização; 3. O desafio à soberania do Estado-Nação; 4. Os rumos do direito na era da globalização; 5. Das sociedades nacional-territoriais à sociedade mundial; Considerações finais; Referências bibliográficas.

Introdução

É patente na doutrina atual sobre o Direito e a globalização uma desconfiança: a de que a noção de território – donde advém toda a construção moderna da noção de soberania, base da organização do poder político e da jurisdição – faria cada vez menos sentido num cenário em que a tecnologia e a globalização econômica corroem a adstrição dos fluxos comunicativos às fronteiras do Estado-nação.

Há ainda quem aponte como sendo temerária ou incorreta tal hipótese, eis que o que ocorreria, na verdade, é uma reconfiguração da importância do território. Apesar de um fluxo de internacionalização de vários âmbitos da sociedade mundial (economia, ciência, mídia), haveria a necessidade da manutenção da noção de território – porém, para outros propósitos (tais como as reivindicações do mercado transnacional e a contenção de excluídos resultantes de tais necessidades).

Diante desta hipótese, o objetivo geral do presente trabalho é elencar posicionamentos importantes nas ciências sociais acerca da globalização e da carga de desterritorialização nela presente. Sendo a globalização um processo pós-moderno ainda em franca marcha evolutiva, tem-se que ain-

---

[1] Doutor em Direito pela UNISINOS - Universidade do Vale do Rio dos Sinos. Professor da Graduação em Direito da Faculdade de Desenvolvimento do Rio Grande do Sul (FADERGS) de Porto Alegre/RS, e dos programas de Pós-Graduação *lato sensu* (Especialização) em Direito da Propriedade Intelectual e Direito e Processo Civil da mesma instituição.

da é plenamente indefinível, já que se tem apenas definições muito diversas acerca da ocorrência do fenômeno. Um debate estabelecido a partir da contraposição destes vários tipos de argumento, contudo, já é possível, e pode levar a novas construções teóricas sobre a importância do fenômeno no desenvolvimento de novas ideias sobre Direito e política.

Sendo assim, em um primeiro momento, apresentou-se a ideia do "fim da geografia", noção que expressaria a perda da importância do território em um mundo reconfigurado em rede fluida de comunicações embasadas em tecnologias que superariam, em muito, a ideia de fronteiras. Este argumento foi analisado detalhadamente, eis que sua propagação e defesa aponta para o desmoronamento de um dos principais elementos fundamentadores da noção de Estado: o território sobre o qual a ideia de soberania (pedra de toque tanto da divisão do poder político entre Estados na sociedade mundial quanto da ideia de jurisdição).

O segundo momento deste artigo se propôs a apresentar o significado da noção de território para a construção da ideia de soberania. Analisa-se que, apesar da forte carga semântica política da soberania ao ideário moderno, não se pode afirmar que a desterritorialização tenha um significado absoluto na atualidade – tanto o é que há sérias implicações em suas premissas que fazem com que esteja mais próxima de uma construção falaciosa do que de uma constatação científica válida.

Apesar da apresentação da desterritorialização como mito, contudo, é inegável a mudança da noção de soberania na atualidade. Seu fim pode não estar datado, mas certamente é marcante a sua transformação. Sendo assim, observa-se, no terceiro momento deste trabalho o desafio que a globalização representa ao poder do Estado-nação – desafio este que não é exatamente uma corrosão, mas uma ressignificação ante a mudança de contexto mundial em que o Estado se encontra diante de implicações principalmente econômicas e políticas globais.

Estando em transformação a noção de soberania, tem-se que o próprio Direito deve passar por re-observações, já que seus fundamentos modernos são colocados em xeque diante da recontextualização da sociedade mundial. Assim, o quarto momento deste texto se ocupou de propostas para o Direito mundial, em um cenário em que soberania e fronteiras territoriais são reconfiguradas semântica e pragmaticamente.

Por fim, em seu último momento, este trabalho se ocupou da proposta da teoria dos sistemas autopoiéticos para a análise da sociedade mundial. Passa-se a observar, assim, a soberania e a territorialidade como sendo princípios de grande importância para os sistemas do Direito e da política, mas que, ao se analisar na sociedade mundial como um todo, não se tem mais a absolutização de seu significado para todos os âmbitos comunicativos. Isto leva a se pensar o Direito como sendo uma forma de comunicação na sociedade mundial como um todo, e não mais apenas no âmbito nacional ou internacional: um Direito mundial ora dependente da noção de soberania, ora totalmente fluido, emerge na sociedade mundial funcionalmente diferenciada, a ponto de se poder tratar do fenômeno jurídico não mais como algo dependente do Estado, havendo outros fundamentos para sua operabilidade.

1. O "Fim da Geografia" e a perda da importância da noção de territorialidade

O conceito de cidadania sempre esteve ligado à ideia de direitos, devido ao histórico revolucionário e libertário no qual a luta esteve sempre inserida. A influência da luta burguesa dos primórdios atrelou à cidadania a imagem universal do sujeito emancipado e sua autonomia (Corrêa, 2006). Porém, a cidadania não pode ser simplesmente confundida com os direitos humanos. Deve-se, igualmente, superar a postura das análises positivista-liberais. Ou seja: deve-se vê-la como o vínculo jurídico entre a pessoa e o Estado (nacionalidade), bem como a sua titularidade de direitos políticos, e não apenas a sua identificação com a primeira. O Direito Internacional Público contemporâneo vê a relação cidadania-nacionalidade de forma que cada indivíduo seja cidadão de um determinado país (Corrêa, 2006). Conforme Celso Lafer,

> [...] como a nacionalidade é o vínculo jurídico-político entre um Estado soberano e um indivíduo, que faz deste indivíduo membro de uma comunidade política e, consequentemente, parte integrante da competência pessoal do Estado, os textos do Direito Internacional Público contemporâneo, em matéria de direitos humanos, tendem a assimilar a nacionalidade à cidadania. Valem-se do termo cidadania para caracterizar quem é membro do Estado e a ele deve lealdade em virtude de sua nacionalidade, em contraposição a outros indivíduos que não têm essa relação jurídica. (Cf. Pacto Internacional sobre Direitos Civis e Políticos, art. 25; Convenção Internacional sobre a Eliminação de Todas as Formas de Discriminação Racial, art. 1º, § 2º) (LAFER, 1988, p.135).

Esta ótica de cisão entre cidadania civil e política advém da teorização franco-revolucionária de Sieyès, elaborada quando da luta deste pela cidadania do Terceiro Estado. Para ele, a civil (ou passiva) seria o fato de se pertencer a um determinado Estado, ou seja, o laço jurídico entre um indivíduo e um Estado: todos são juridicamente protegidos pelo Estado a que pertencem, enquanto cidadãos de direitos e deveres. Isto representou um grande passo, visto que o fato de ser cidadão não mais está identificado com um privilégio (como se dava, por exemplo, na Grécia Antiga), mas sim, um direito de todos que pertencem à mesma nação (Corrêa, 2006).

Porém, a cidadania ativa (política) nos idos de Sieyès ainda era reservada desigualmente a certos indivíduos através do voto censitário. Assim, cidadãos passivos (*lato sensu*) seriam todos; mas cidadãos ativos (*stricto sensu*), apenas os representantes do poder econômico (Corrêa, 2006).

Apesar de ser imprescindível a condição de se possuir a nacionalidade para ser cidadão, não se deve estancar o conceito de cidadania entre os seus limites. Deve-se vinculá-la também à participação política na comunidade que seu portador integra. Assim, cidadão passa a ser aquele que pertence e participa ativamente de sua comunidade. Cidadania é o direito a ter direitos, acesso ao espaço político que permite a construção dos direitos humanos. Assim, no atual estágio civilizatório, a cidadania corresponde à própria condição humana: ser humano é ser cidadão. Perder a cidadania, na atualidade, é perder a própria condição humana (Corrêa, 2006).

A noção de espaço na atualidade, todavia, parece ter assumido uma importância diferente daquela que até então significava. Outrora limitação às comunicações e aos transportes, a divisão geográfica em países, continentes, ou seja, a sustentação de fronteiras territoriais de soberania na era do mundo globalizado é cada vez mais difícil. A velocidade de deslocamento, intimamente relacionada com o poder de comprá-la, determina todos os fatores socialmente produzidos (barreiras culturais e políticas).

Francis Fukuyama, em sua obra "O Fim da História e o Último Homem", de 1992, declarou estarmos vivendo, após o fim da União Soviética (evento que coincide com o fim da Guerra Fria), o "fim da história":

> O problema do fim da história pode ser expresso do seguinte modo: existirão "contradições" em nossa ordem social democrática liberal contemporânea que nos levariam a esperar a continuação do processo histórico e a produção de uma nova ordem mais alta? Reconheceríamos uma "contradição" se víssemos uma fonte de descontentamento social suficientemente radical para provocar enfim a queda das sociedades liberais democráticas [...] como um todo. Não basta apontar "problemas" nas democracias liberais contemporâneas, mesmo que sejam sérios, como déficits orçamentários, inflação, crime ou drogas. Um "problema" só se torna uma "contradição" quando é tão sério que não pode ser resolvido dentro do sistema, além de corroer a legitimidade do próprio sistema [...]. Por exemplo, o contínuo empobrecimento do proletariado nas sociedades capitalistas era, para Marx, não apenas um "problema", mas também uma "contradição", porque conduziria a uma situação revolucionária que derrubaria toda a estrutura da sociedade capitalista, substituindo-a por outra, diferente. Inversamente, podemos argumentar que a história chegou ao fim se a forma atual de organização política e social é *completamente satisfatória* para os seres humanos em suas características mais essenciais. (1992, p. 176-177, grifo do autor).

Mas o próprio correr da história em datas imediatamente posteriores à publicação da tese de Fukuyama – marcada por eventos que vieram a confirmar a supremacia militar dos Estados Unidos no Golfo Pérsico e na Guerra dos Bálcãs – demonstrou que a geografia não mais tinha o valor até então a ela atribuído, pois o uso da tecnologia fez dessas guerras situações nas quais o conhecimento geográfico do campo de batalha, desfavorável aos americanos, não constituísse fator decisivo para a superioridade.

Tendo levado em consideração esse fator que viria a tornar rota a teoria de Fukuyama, Paul Virilio afirma, ao invés do "Fim da História" (ou seja, o fim da importância da história), o "Fim da Geografia":

> Na ausência de um fim da história é, pois, assim, ao final de geografia que estamos assistindo. Desde as velhas distâncias de tempo produzidas até a revolução nos transportes do século passado, o afastamento propício de várias empresas, em uma época da revolução das transmissões que começa em retorno contínuo das atividades humanas cria a invisível ameaça de um acidente desta interatividade generalizada, sendo uma quebra da bolsa um possível sintoma. (1997).[2]

A relativização da importância da geografia para as relações humanas não é fator a influenciar práticas apenas em relação aos Estados Unidos. Verifica-se que todos os agentes capazes de demonstrarem seu poder (mormente econômico em nossos idos) valem-se da fluidez do espaço que decorre do uso da tecnologia. Segundo Milton Santos:

> Hoje, vivemos um mundo da rapidez e da fluidez. Trata-se de uma fluidez virtual, possível pela presença dos novos sistemas técnicos, sobretudo os sistemas de informação, e de uma fluidez efetiva, realizada quando essa fluidez potencial é utilizada no exercício da ação, pelas empresas e instituições hegemônicas. A fluidez potencial aparece no imaginário e na ideologia como se fosse um bem comum, uma fluidez para todos, quando, na verdade, apenas alguns agentes têm a possibilidade de utilizá-la, tornando-se, desse modo, os detentores efetivos da velocidade. O exercício desta é, pois, o resultado das disponibilidades materiais e técnicas existentes e das possibilidades de ação. Assim, o mundo da fluidez e da fluidez somente se entende a partir de um processo conjunto no qual participam de um lado as técnicas atuais e, de outro, a política atual, sendo que esta é empreendida tanto pelas instituições públicas, nacionais, intra-nacionais e internacionais, como pelas empresas privadas (2006, p. 83-84).

Por causa da queda da importância do espaço nas relações humanas, o cosmopolitismo das elites, fator verificado desde tempos imemoráveis – visto que estas sempre foram mais identificadas com as elites exteriores às suas localidades do que com as camadas locais inferiores – é recentemente intensificado pela tecnologia: "[...] Bill Clinton [...] pode declarar recentemente que pela primeira vez não há diferença entre 'aqui' e 'acolá', perto e longe [...]". (Bauman, 1999, p. 20).

A oposição entre os termos "longe" e "perto" como dimensão crucial de divisão entre certeza e incerteza: o "perto" sempre representou a

---

[2] «A défaut d'une fin de l'histoire, c'est donc bien à la fin de la géographie que nous assistons. Là où les anciennes distances de temps produisaient, jusqu'à la révolution des transports du siècle dernier, l'éloignement propice des diverses sociétés, à l'ère de la révolution des transmissions qui commence le continuel feed-back des activités humaines engendre l'invisible menace d'un accident de cette interactivité généralisée, dont le krach boursier pourrait être le symptôme». (tradução minha).

ideia da adaptação, da facilidade, previsibilidade. "Longe", por sua vez, o complicado, raramente ou nunca tangível, imprevisível. O termo "comunidade local" surgiu dessa oposição (Bauman, 1999, p. 20).

A erosão das totalidades socioculturais localmente arraigadas, e novo espaço cibernético resultante do impacto da desvinculação física da informação resultaram do desenvolvimento de meios de transporte/comunicação rápidos. Assim como a desvinculação da informação do meio físico, que deu maior velocidade à informação. Isso tornou a informação acessível e móvel em qualquer local. O espaço se emancipou dos limites do corpo humano, identificando-se cada vez mais com a regularidade maquinal e planejada da tecnologia, o que agora o vincula à ideia de tempo instantâneo. As limitações físico-temporais, todavia, ainda implicam sérias restrições à maioria das pessoas (visto que a tecnologia não é para todos).

2. A noção de território e o mito da desterritorialização

Conforme a concepção dada a território, a abordagem acerca da desterritorialiazação muda – podendo ser, por exemplo, política (fragilidade das fronteiras estatais) ou de referência à construção de identidades (hibridização cultural crescente). Além disso, cada ramo da ciência aborda o território de acordo com paradigmas próprios.[3] Nota-se, assim, a precariedade do diálogo interdisciplinar a fim de se conduzir reflexões concernentes ao tema.

Duas dimensões teórico-filosóficas de território devem ser distinguidas para melhor conceituá-lo, de acordo com Rogério Haesbaert (2006): o binômio materialismo-idealismo e o binômio espaço-tempo. Dentro do binômio materialismo-idealismo, a perspectiva predominante acerca do território é a materialista, etimologicamente ligada às ideias de "espaço físico", "terra" e "espaço advertido contra a entrada de outrem". É a área de acesso controlado. Dentro dessa perspectiva encontram-se as concepções naturalista, econômica e jurídico-política.

---

[3] Segundo Rogério Haesbaert (2006), a Geografia enfatiza a materialidade do território. A Ciência Política, sua construção a partir de relações de poder (geralmente estatal). A Economia denomina-o espaço, elencando-o como uma das bases da produção. A Antropologia trata da sua dimensão simbólica (seja nas sociedades tradicionais, seja nos ditos "neotribalismos"). A Sociologia, da sua importância nas relações sociais e a Psicologia, na construção da subjetividade e da identidade pessoal. Para a Etologia, território é o ambiente de um grupo constituído por padrões de interação que asseguram sua estabilidade e localização. Já o sentido psicológico o tem como o ambiente em que ocorre a ação do sujeito. Deleuze e Guattari vêm a desterritorialização como um dos conceitos-chave da Filosofia, pois o homem, desde seu nascimento, desterritorializa e reterritorializa a si mesmo e ao seu redor, desconstruindo para reconstruir e, assim, viver e criar. "[...] o hominídeo, desde seu registro de nascimento, desterritorializa sua pata anterior, ele a arranca da terra para fazer dela uma mão, e a reterritorializa sobre galhos e utensílios". (*apud* HAESBAERT, 2006, p. 39).

As concepções naturalistas de território são diretamente relacionadas à questão etológica (instintiva, genética) ou à ligação entre sociedade-natureza. Quanto ao sentido etológico, tem-se que o território é a área limitada (pelo espaço e/ou pelo tempo) controlada a fim de se utilizar de seus recursos para a sobrevivência animal (alimentação, procriação e segurança). De acordo com a visão ligada à sociedade e à natureza, tem-se que a visão antropocêntrica tem desvirtuado a importância dos fenômenos naturais na sociedade (vulcões, terremotos, etc.).

Autores influenciados pelo marxismo definem economicamente o território com base no controle, acesso e usufruto dos recursos exploráveis. Porém, a ligação da ideia de territorialidade com a natureza depende das bases tecnológicas do grupo social, da influência que os fenômenos naturais possam vir a exercer sobre ele, bem como pelo agravamento das questões ambientais. Milton Santos (*apud* Haesbaert, 2006) opta pelo caminho de tornar sinônimas as expressões "território usado" e "espaço geográfico", visto que é complexa a gama de fatores que influenciam o uso do território pelo grupo social. Também é importante salientar que o autor enfatiza a atual divisão possível entre tipos de território, que podem ser contíguos ou em rede. Dessa maneira, o território, que outrora era definido pelos recursos referentes à energia, hodiernamente faz referência direta à informação.

A partir da valorização da informação, o território comum passa a ser visto como sendo aquele acessível a todos, enquanto o território em redes é acessível apenas a alguns – apesar de que tanto um quanto o outro ocupam o mesmo espaço, todavia, com funcionalizações técnicas distintas. Assim, Santos revela que não apenas a ideia da desterritorialização política-cultural se faz importante, mas também a perspectiva técnico-científica informacional que a dinâmica capitalista assumiu.

Tradicionalmente, o território é visto pela tradição jurídico-política como área de dominação estatal (num primeiro momento da modernidade) ou estatal-nacional. Para Max Weber (*apud* Haesbaert, 2006), a atividade política só é possível a partir da afirmação do território.

Para Ratzel (*apud* Haesbaert, 2006), o território é o espaço vital imprescindível para a reprodução do grupo social ou da civilização, em relação aos recursos disponíveis (materiais ou espirituais). Já para Gottman (*apud* Haesbaert, 2006), o território é o compartimento de terras politicamente distinto de outros, dependendo de uma autoridade jurídica, política e administrativa comum.

Para as perspectivas idealistas, um agrupamento humano ocupante de um território apropria-se, além dos recursos materiais existentes no território, também de características invisíveis, espirituais, abstratas, realizando-o através da sua cultura. Isso significa dizer que o território influencia a subjetividade do grupo através da socialização e aculturação de seus elementos semânticos.

A lógica identitária pós-moderna valoriza o território enquanto símbolo e representação para a necessidade imperiosa da humanidade em vincular-se de maneira abstrata (espiritual, simbólica, ética e afetivamente) com o seu espaço de vivência, apesar da ética contida no ínterim da lógica funcional estatal moderna considerar apenas o caráter material e geográfico do território – a inserção do grupo ou do indivíduo entre fronteiras dotadas de recursos materiais. (Bonnemaison e Cambrèzy *apud* Haesbaert).

O território, numa perspectiva integradora, não pode ser unicamente natural, nem estritamente político, econômico ou cultural – é a integração, ou seja, a construção articulada, conectada, de todas essas dinâmicas que deve defini-lo. Três perspectivas integradoras acerca do território podem ser consideradas: uma tradicional, para a qual o território é uma área de relações de poder relativamente homogêneas, sendo o controle do seu acesso fundamental (para o usufruto de seus recursos e para o controle de fluxos de bens e pessoas); uma visão do território como rede, centrada no movimento e na conexão (em diferentes escalas); e outra, que o encara como um híbrido entre material e ideal, natureza e sociedade, e feições política, cultural e econômica.

É também importante considerar que a definição de território depende do contexto histórico em que está inserido, pois os elementos-chave responsáveis pelas relações do homem com o território diferem ao longo do tempo. A hodierna experiência da integração espacial revela o fato de que não há mais território fora da estruturação em rede, demonstrando que "[...] hoje temos o domínio dos 'territórios-rede', espacialmente descontínuo mas intensamente conectados e articulados entre si". (Haesbaert, 2006, p. 79).

Assim, há a necessidade de se ver o território como algo híbrido, no qual múltiplas relações ocorrem concomitantemente. Mas nos discursos acerca da desterritorialização, a noção híbrida do território é geralmente ausente ou apenas justificadora da perda do território, estando os estudiosos apenas a utilizar as noções de território às quais estão vinculados – visões incompletas do território embasam seus discursos.

3. O desafio à soberania do Estado-Nação

Entender a atual crise da soberania do Estado-Nação pressupõe compreender seus antecedentes, sua gênese e suas reconfigurações na Europa, visto que a ideia de Estados-Nação se confunde com a própria ideia de Europa, e a expansão e o desenvolvimento da Europa foram as principais influências da configuração política de todo o mundo moderno (Held, 1997). A Europa medieval era configurada por uma infinidade de pequenas unidades políticas a cuja autoridade se sobrepunha o poder da Igreja Católica, do Sacro Império Romano e do Império Bizantino. Nesse quadro, havia grande disputa de interesses, e os conflitos bélicos eram frequentes. Além disso, a base econômica europeia daqueles idos era predominantemente agrária.

Paralelamente desenvolviam-se as cidades, dependentes da acumulação de capital proveniente do comércio e das manufaturas, e possuidoras de sistemas de governo, estruturas sociais e arcabouços jurídicos diversos da ordem feudal medieval, sendo frequentemente embasadas constitucionalmente – aquecendo ainda mais a efervescência no convívio conflituoso de interesses das diversas autoridades sobrepostas.

O desafio à Cristandade ocidental pela emergência de Estados nacionais e pela Reforma delineou o Estado moderno, sustentado na identidade política nacional, o que origina, principalmente, as monarquias absolutistas – grandes estruturas de poder unificado e centralizado na figura do governante, dotado do poder supremo de sê-lo: a soberania.

Aqui se faz interessante obter o significado histórico dos termos Estado, nação e soberania, a fim de se prosseguir de maneira mais proveitosa o trabalho. Estado, conforme elucida Faria (2004), é

> [etimologicamente] "organização estável", [...] indica e descreve um padrão específico de ordenamento político que começou a adquirir corpo a partir do século XIII, com a expansão urbana e comercial; desenvolveu-se com os conflitos entre Igreja, baronato, suseranos feudais, monarcas e burguesia mercantil em torno da unificação de estruturas de poder territorialmente fragmentadas e da aplicação de regras de direito válidas para todos os habitantes; [...] teve suas feições delineadas após o Tratado de Westfália, de 1648, que restabeleceu a paz na Europa, consagrando o modelo da soberania externa absoluta, e abriu caminho para uma ordem internacional protagonizada por nações com poder supremo dentro de fronteiras territoriais estabelecidas. (p. 17).

Já o termo *nação* tem sua origem ainda na antiguidade romana, designando "[...] integração cultural a partir de uma união [pré-política, não organizada sob formas estatais] de pessoas com a mesma procedência, com a mesma identidade coletiva, com a mesma experiência histórica". (Faria, 2004, p. 16). A partir do século XV, passa a ser condicionada pela expansão da burocratização da administração pública e pela evolução e extensão da cidadania. Por fim, a partir das revoluções burguesas do século XVIII, nação passa incluir a ideia de sociedade civil, "[...] e a 'consciência nacional' se transforma numa poderosa força de mobilização, de coesão e de afirmação social". (Faria, 2004, p. 17). Assim, a nação se torna fonte de soberania.

O significado moderno de *soberania*, para Faria (2004), é "[...] um poder sem igual ou concorrente, no âmbito de um território, capaz de estabelecer normas e comportamentos para todos seus habitantes". (p. 17). O absolutismo, dotado de soberania, contribuiu para o início da redução das diferenças sociais, econômicas e culturais no âmbito interno dos Estados e para o aumento significativo das variações no âmbito externo (Tilly *apud* Heldt, 1997).

Porém, a partir da "Declaração dos Direitos do Homem e do Cidadão" na França em 1789, começa a haver o declínio da soberania interna, o que é revelado na divisão dos poderes, no princípio de legalidade, na afirmação dos direitos fundamentais e na transformação dos poderes públicos em poderes funcionais, aspectos que começaram a ser inseridos na estrutura dos estados europeus na Idade Moderna e representaram a negação da soberania interna (Ferrajoli, 2007).

Concomitantemente ocorreu o movimento oposto da soberania internacional. Em tal plano, observa-se a exacerbação do estado de natureza hobbesiano, a consideração dos direitos humanos apenas em relação à cidadania estatal, a total ausência de direito nas relações internacionais e a vocação expansionista a animar as potências (Ferrajoli, 2007).

Ante a ameaça causada pela "guerra de todos contra todos" no plano internacional, cada Estado age de acordo com o que for convenientemente necessário para assegurar seus interesses. Aliado a isso, o realismo da política internacional define como anárquico o sistema de Estados-nação soberanos (por não existir um juízo superior a tal sistema), forçando-os a implementar políticas de poder para realizarem seus interesses vitais (Ferrajoli, 2007). Ou seja: ocorre um paradoxo dos desenvolvimentos interno e externo da soberania, pois declina internamente e é extremamente afirmado no plano externo, no período que vai da Revolução Francesa até aproximadamente 1948 (Ferrajoli, 2007).

A moderna soberania externa começa a declinar com a Carta da ONU, de 1945, e com a Declaração Universal dos Direitos do Homem, de 1948 – documentos que fazem com que o estado de natureza hobbesiano até então preponderante na ordem jurídica mundial seja elevado ao estado civil, mediante duas normas fundamentais: o imperativo da paz e a tutela dos direitos humanos. Em outras palavras, a soberania estatal, que já declinara internamente a partir do início do estado de direito no século XVIII, inicia sua decadência externa com o sistema internacional de normas cogentes, no qual não apenas Estados, mas também indivíduos e povos são sujeitos de direito internacional, das Declarações de 1945-48 (a ponto de um cidadão ter recurso contra o Estado perante uma jurisdição internacional).

Porém, mesmo não havendo ainda eficácia no plano internacional, nota-se que a antinomia existente entre direito e soberania encontra-se resolvido no plano internacional, pois não há mais soberanos vestfalianos no direito e na teoria política internacionais. Mas debilidades do ordenamento jurídico internacional devem-se principalmente ao fato de este ainda não possuir meios eficazes para conter a soberania estatal de outrora, o que expressa um cenário no qual o "terceiro ausente" da sociedade internacional moderna tenha sido substituído pelo "terceiro impotente" a regular a atual – eficácia que pode ser proporcionada se o Direito Internacional for realmente levado a sério.

A crise atual do Estado é tão radical quanto a se passava no mundo quando do nascimento do Estado soberano moderno. Tal crise resulta da manutenção do sistema moderno de soberanias num mundo globalizado, internacionalizado e eivado de uma desagregação identitária interna (causada pelos anseios por diferenciação das minorias acentuado pela velocidade das comunicações). A superação de tal crise, segundo Ferrajoli (2007), pode se dar progressivamente se os Estados vierem a aceitar sua despotencialização e deslocarem também para o plano internacional a sede do constitucionalismo. A despotencialização, limitação efetiva da soberania estatal através de garantias jurisdicionais contra a violação da paz (externamente) e dos direitos humanos (internamente), pode ser alcançada mediante quatro inovações fundamentais na jurisdição da Corte internacional de Haia: a extensão de sua competência para as guerras, as ameaças à paz e a violação dos direitos fundamentais (e não apenas para controvérsias entre Estados), a afirmação da obrigatoriedade da sua jurisdição, o reconhecimento da legitimidade de agir perante a Corte também dos indivíduos e das organizações não governamentais e a introdução da responsabilidade pessoal dos governantes no âmbito dos crimes de direito internacional.

Também devem-se proibir todas as guerras consideradas danosas a toda a humanidade, o que pode ser alcançado mediante a instituição de forças armadas internacionais e a atribuição à Corte internacional de justiça não apenas da competência para julgar conflitos, mas também a elaboração de convenções e resoluções para se obter o desarmamento gradual dos Estados-Membros.

Igualmente, a fim de se obter a paz internacional, é necessário o reconhecimento a todos os povos do mundo os direitos de socialização, comunicação, peregrinação, migração e habitação, ou seja, de adquirirem cidadania por força do título de simplesmente serem formados por seres humanos. Deve-se levar a sério os valores dos direitos humanos, desvencilhando-os do último privilégio do Estado moderno, ou seja, da cidadania estatal – reconhecendo-se o caráter supra-estatal desses valores.

Por último, Ferrajoli (2007) assevera a necessidade de se reconhecer que o direito moderno é positivo, transformável pela vontade do homem, e não algo natural, imutável: o futuro do direito depende, assim, da índole e do ímpeto do ser humano tanto como pessoa quanto como estudioso.

4. Os rumos do direito na era da globalização

Mireille Delmas-Marty (2003) aponta a possibilidade da existência de um direito mundial, visto haver a dupla pressão da economia e dos direitos do homem sobre o direito – elementos conflituosos entre si, já que a globalização econômica tende à mundialização de um modelo hegemônico[4] (hoje em dia, condizente com os EUA, Europa e Japão) em um mundo marcado por diversas culturas e entendimentos do que seriam os direitos do homem, tensões que podem ser resolvidas no reconhecimento da interdependência entre direitos do homem e economia.

> Se a lei do mais forte se impõe na economia como prática incontornável, e se os direitos do homem não são nada além de um discurso ideológico explosivo, fundado sobre uma humanidade na qual cada comunidade pretende deter seu segredo, como conceber um direito mundial que se fundaria por sua vez sobre a economia e sobre os direitos do homem? (Delmas-Marty, 2003, p. 39).

A partir desse posicionamento, nota-se haver a necessidade de se reconhecer a interdependência entre economia e direitos do homem, pois são duas esferas indissociáveis – direitos humanos (como, por exemplo, direito à dignidade) dependem da dimensão econômica para serem exercidos, assim como direitos econômicos (como à propriedade) dependem de sua declaração como sendo fundamentalmente humanos para que se efetivem. (Delmas-Marty, 2003). O reconhecimento da interdependência entre direitos econômicos e fundamentais do homem deve ser enfocado na indivisibilidade dos direitos (complementaridade entre os vários tipos de direitos – civis, políticos, sociais, econômicos e culturais), na hierarquia de valores (reconhecer-se que há valores que, por mais que sejam superiores a outros, não são suficientes por si somente, sendo necessários vários outros graus valorativos para que se tenha uma condição humana digna), na oposição dos direitos do homem à economia (saber que a esfera econômica opera apenas no sentido de obter maior lucratividade, de maneira individualista e que, portanto, faz-se necessária tal oposição dos direitos do homem para que não se alastre para a esfera social a mesma concepção), na luta contra a exclusão social (ou seja, pela inclusão naquilo que

---

[4] Segundo Mireille Delmas-Marty (2003), globalização é um termo utilizado no sentido econômico, como difusão unilateral e não pluralista, enquanto universalização faz referência ao compartilhar de sentidos, sendo, portanto, pluralista e harmoniosa, aplicável à difusão dos direitos do homem – mesmo havendo, na prática, diversas discordâncias acerca dos direitos humanos (consubstanciando-se em três diferentes Cartas de direitos do homem: Europeia e Americana, Africana e Islâmica). Já mundialização é uma difusão em escala global que apresenta neutralidade de sentido.

se considera vida digna, e não apenas o assistencialismo aos excluídos), na necessidade de uma cláusula social (que faça do respeito às normas sociais condição prévia à participação no comércio internacional) e no desenvolvimento de uma nova ética empresarial (a qual reduziria até levar a termo as possibilidades de existência de empresas que não respeitem os direitos sociais, principalmente as que dizem respeito às condições dignas dos trabalhadores). (Delmas-Marty, 2003).

A razoabilidade desse direito mundial se daria, para Delmas-Marty (2003) a partir do momento em que a atual e inédita desordem normativa resultante da proliferação anárquica das normas fosse unificado e harmonizado.

> Proliferação pode traduzir uma impressão quantitativa, o efeito de massa, o sentimento de estar preso sob uma avalanche de normas sem precedentes na história.[5] E anarquia porque nesse contexto o caos se encontra, vez que cada sistema parece engendrar incertezas, deixando florescer o paradoxo ao produzir, às vezes, um fenômeno e aquilo que lhe é contrário.[6] (Delmas-Marty, 2003, p. 72).

A unificação seria possível com a comparação e subsequente síntese dos diferentes sistemas jurídico-normativos. Através da ciência do direito comparado, identificar-se-iam convergências, divergências, contradições e lacunas (especialmente no tocante aos direitos do homem) entre os variados sistemas, seria possível sua síntese.

5. Das sociedades nacional-territoriais à sociedade mundial

Nota-se, assim, que a noção de território ainda se faz importante para os âmbitos comunicativos da política e do Direito. Porém, isto não significa que a fluidez territorial venham a suplantar absolutamente Direito e política: trata-se de uma guinada na compreensão do que seja *sociedade* (onde estão inseridos tais âmbitos comunicativos) a partir das revoluções comportamentais mundiais.

O cotidiano atual demonstra a existência de um sistema social global em que a mídia (de massa), o mercado, os hábitos de consumo, a política

---

[5] A aparição de grande quantidade de códigos de conduta e de normas técnicas de origem privada e de novos procedimentos de solução de conflitos que evitam a chegada ao juiz (como a mediação) é dada como exemplos dessa proliferação desordenada. (DELMAS-MARTY, 2003).

[6] O equilíbrio e o progresso econômico exigem a desregulamentação, porém a experiência prática, ao invés de acabar com normas, faz com que novas formas de regulamentação surjam e se proliferem. Ou seja: a mundialização da economia decorrente do liberalismo e do progresso tecnológico nas comunicações e transportes exige a uniformização (como no caso da "Lei Uniforme sobre a Letra de Câmbio") e a flexibilização das normas estatais; porém, nota-se que uma quantidade cada vez maior de normas de origem privada surge, fragilizando a ordem normativa estatal, e fundamentando no contrato toda a regulamentação ("totalitarismo de mercado"). Entretanto, quanto à universalização dos direitos humanos, nota-se o inverso: o sistema internacional deixa uma grande margem para a manutenção das especificidades de cada país, fazendo com que se torne vago o direito que tem como fulcro a universalização. (DELMAS-MARTY, 2003).

externa – e até mesmo a ciência (sendo cada vez mais comuns as estruturas e organizações para o desenvolvimento da pesquisa científica sem qualquer atrelamento importante para com a noção de Estado e território) – apresentam provas constantes deste fato. Grandes problemáticas inexplicáveis a partir de qualquer parâmetro regionalizado daí emergem: são bons exemplos disto o surgimento (e/ou o fortalecimento) de fundamentalismos religiosos; a substituição do lastro da economia da propriedade pela especulação; a profusão de normas de caráter internacional tratando dos mais variados assuntos (Luhmann, 1997).

O conceito de sociedade se refere a uma combinação específica de diferença e identidade, de diferenciação e unidade reconstruída, ou seja, das partes e do todo. A sociedade moderna teve o intuito inicial de oferecer ao homem a felicidade, pretendendo-se o lócus da sua realização. Mas as teorias malthusianas, ao final do século XVIII já demonstravam que era irrealizável este projeto. A partir do século XIX, passou-se a tratar das questões da solidariedade social, concebida como uma espécie de obrigação moral, ou como uma consciência coletiva – mas logo se percebeu que esta moralidade/consciência não passava de uma cristalização contingente temporária (Luhmann, 1997).

O aumento da diversidade no interior dos limites do sistema global, bem como o aumento de possibilidades desencadeado pela diferenciação funcional e pelo desenvolvimento tecnológico leva a uma resposta no nível semântico das descrições sociais: assim, o relativismo redunda na busca pela legitimação, e dentro das possibilidades, é estabelecida uma circunscrição ainda mais estreita para o permitido – mediante o estabelecimento de instituições tais como a ética, a cultura, os cânones, a ação heroica reconhecida socialmente, a obra-prima e os clássicos. Com isto, a sociedade moderna se mostra paradoxal: combina a liberdade, a igualdade, a autorrealização pessoal e a solidariedade. Mas este paradoxo é denominado "motivo", e este projeto, "prenhe de futuro" – um futuro que nunca se torna presente, que oscila entre ambas as extremidades do paradoxo.

O século XX não trouxe nem felicidade, nem solidariedade; aliás, esta segunda se tornou um eufemismo para várias utilizações (geralmente de cunho político). A partir de então, a sociedade passa a se pretender "ativa", em busca de similaridade de condições de vida em todo o mundo – e esta aspiração é reproduzida pela mídia de massa e pelo mercado globalizados, mas nunca sai do nível da mera aspiração, não tendo sido realizada: as promessas da sociedade não se concretizam, degenerando-se em discrepâncias crescentes em frequência e obviedade.

O ocaso do século XX fez com que uma lição fosse aprendida: ter de viver em uma sociedade sem felicidade, bom gosto, solidariedade ou similaridade de condições de vida. Insistir em tais aspirações pode apenas levar a novas utopias, as quais se demonstrarão igualmente decepcionantes na estreita envergadura das possibilidades políticas. São fantasmas garantidores de uma unidade do sistema. Mas é impossível introduzir a unidade do sistema no sistema: os maiores problemas da sociedade não são mais as injustiças decorrentes da estratificação – que poderiam ser resolvidas pelo apelo à razão (crítica, reforma das instituições, revolução, etc.). Mas mesmo o apelo à razão queda-se duvidoso no atual estado de coisas.

A observação das enormes massas privadas das necessidades da vida humana decente em razão da impossibilidade de acesso a qualquer sistema funcional, os termos "exploração" e "supressão", muito adequados para sociedades estratificadas, se demonstram insuficientes para explicar problemas da sociedade funcionalmente diferenciada. São utopias negativas e datadas, que conduzem soluções mitológicas igualmente ultrapassadas (geralmente "revolucionárias").

A sociedade funcionalmente diferenciada exige o raciocínio do tipo inclusão/exclusão. Sociedades tradicionais realizavam a inclusão (ou exclusão) mediante a lógica do seio familiar, e as famílias eram distribuídas em estratos. A sociedade moderna, por seu turno, exclui as pessoas de forma muito mais paradoxal: os sistemas funcionais pressupõem a inclusão de todos os seres humanos, mas de fato, excluem pessoas que não preenchem seus requisitos (registros públicos, educação institucionalizada, trabalho regular, capacidade para acessar a justiça, etc.), e um tipo de exclusão serve de fundamento para os demais. A sociedade funcionalmente diferenciada, no tocante ao raciocínio excludente é, portanto, firmemente integrada – e valores modernos (igualdade, liberdade, autorrealização individual) apenas significam o encobrimento da preservação de uma ilusão de inocência. Cabe aqui um adendo: o primado da diferenciação funcional não oblitera a existência de classes socioeconômicas – muito pelo contrário: a exclusão operada nesta lógica as produz, mas como subproduto. O que se deve ter em mente é que a estratificação não é mais o parâmetro principal para a classificação da sociedade.

Sob condições modernas o sistema global é uma sociedade na qual todas as fronteiras internas podem ser contestadas e todas as solidariedades iludem. Todas as fronteiras internas dependem da auto-organização de subsistemas, e não mais de uma "origem histórica", de uma "natureza" ou da lógica do sistema circundante. As solidariedades se encontram em processo de desconstrução e reconstrução que demanda a capacidade de autodistinção dos movimentos sociais, ou dos grupos étnicos e/ou fundamentalistas religiosos – o que significa que a solidariedade consolida a si própria no interior da sociedade a despeito dos demais indivíduos.

A solidariedade, quando se aceita suas próprias condições genéticas, não pode aceitar trégua (Luhmann, 1997).

A comunicação, sendo recursiva, exige operações seletivas – em outras palavras, estabelecimento de diferenças (fronteiras), as quais são relativamente claras, pois o uso da linguagem requer a distinção entre palavras e coisas. As ambiguidades que porventura possam se manter podem ser clarificadas mediante o exercício da comunicação. Fronteiras regionais em nada se assemelham a esta qualidade operacional: são apenas convenções políticas, com relevância para a diferenciação segmentária do subsistema político da sociedade global – designando locais para a exibição de passaportes e, ocasionalmente, gerar motivos para conflitos: não faz sentido afirmar que separam sociedades (Luhmann, 1997).

A sociedade constrói seu próprio ambiente em torno de uma distinção básica, entre indivíduos humanos (corpos e mentes) e outros fatos ambientais atualmente chamados de "condições ecológicas". A distinção entre indivíduos e outras condições ecológicas é uma reflexão projetiva da comunicação, que reflete os requisitos da reprodução autopoiética do sistema social. Apenas a consciência dos indivíduos acoplada estruturalmente com a autopoiese do sistema social, sendo que apenas ela pode irritar a comunicação de forma compatível com a autopoiese e o fechamento operacional do sistema social. Todas as outras mudanças ambientais (físicos, químicos, biológicos, fatais) só podem ter efeitos destrutivos.

Os estados de consciência no ambiente do sistema devem ser pressupostos a qualquer momento (passado, presente ou, ainda, futuro), em cada operação comunicativa, nem que seja como condição de possibilidade para uma comunicação futura. O acoplamento estrutural entre a consciência e a sociedade não determina o estado dos sistemas em ambos os lados da fronteira – pelo contrário, pressupõe a recíproca inacessibilidade da consciência para a comunicação, e da comunicação para a consciência. O lado oposto do limite nunca pode ser alcançado, apenas imaginado, pois nenhum sistema pode operar do lado externo de seus limites diferenciais. O acoplamento estrutural depende da linguagem como elo de ligação, mas não há um "supersistema" organizador desta ligação, pois a linguagem, em si, não é um sistema.

O sistema autopoiético da sociedade global pode ser descrito sem qualquer referência a particularidades regionais, dada a importância secundária para uma teoria sociológica: qualquer teoria deste tipo que busque explanar diferenças regionais não deve introduzi-las como sendo variáveis independentes, mas sim, iniciar pela suposição da existência de uma sociedade global primeiramente, para apenas depois investigar as razões pelas quais esta sociedade tende a manter (ou acentuar) estas diferenças regionais (Luhmann, 1997).

A diferenciação funcional produziu descrições autojustificativas ou, pelo menos, complementares. Após a Segunda Guerra Mundial, um novo conceito de "modernização" emergiu, o qual realizou distinções entre sistemas de diversas funções e proclamou, sob o nome de "desenvolvimento", sua modernização por meio da orientação da economia pelo mercado, de uma democratização da política, do igual acesso à educação, do estabelecimento da legalidade constitucional (império do Direito), do controle político do poder militar, da imprensa livre, da pesquisa científica autodirigida, etc. Era inquestionável, então, que todos estes fatores levariam a sociedade a um estágio superior (melhores condições de vida aos indivíduos humanos) – mas não se pôde garantir a integração dos efeitos da modernização da sociedade, ou da sua manutenção recíproca nos diferentes sistemas funcionais.

A policontexturalidade decorrente da diferenciação funcional oblitera qualquer garantia de que o desenvolvimento estrutural de um sistema possa continuar compatível reciprocamente entre uns e outros sistemas. A ciência não incrementa o poder com o conhecimento, mas com riscos às decisões por ele tomadas; a física possibilitou a bomba atômica; instâncias econômicas podem considerar lucrativo o uso de tecnologias de alto risco. A imprensa livre transforma a política numa turbulência de escândalos, revelando a hipocrisia do estilo típico de discurso político – o que leva a uma crítica total da "classe política" (e a um declínio na confiança na política). A nova centralidade dos mercados internacionais financeiros (e a correspondente marginalização da produção, do mercado e das operações comerciais/empresariais) e a substituição da segurança econômica dos patrimônios reais pela especulação leva à perda de empregos, o que seduz políticos a prometê-los. Por outro lado, a "legislatura" das cortes constitucionais afetam a política de uma maneira dificilmente denominável "democrática" (Luhmann, 1997).

Não se pode afirmar ser impossível que a sociedade retroceda a outros estágios de diferenciação (segmentária, estratificada, etc.), mas isto ocorreria apenas se evento(s) catastrófico(s) enorme(s) viesse a ocorrer. Daí a possibilidade de afirmação de um estado de coisas em que a evolução da sociedade é incontrolável, e que as futuras gerações muito provavelmente terão de aprender a conviver com a lógica da inclusão/exclusão, que faz com que apenas alguns sejam reconhecidos como pessoas, enquanto os demais sejam relegados à categoria de corpos individuais – em qualquer local do mundo (das favelas cariocas ao "centro civilizado" ocidental europeu), já que a lógica regional não mais corresponde à mais acertada forma de pensar a sociedade mundial. Este não é um problema local, regulável mediante estratégias políticas locais, mas sim, da relação entre o sistema social e o seu ambiente humano (Luhmann, 1997).

Diante desta guinada no modo de observação, apontada por Luhmann em sua teoria dos sistemas autopoiéticos, pode-se analisar Direito e política como modos de comunicação não necessariamente atrelados à noção de Estado: este continua a ser importante procedência comunicativa na sociedade mundial – mas, para além da sua força, deve-se entender e considerar a importância de outros atores e âmbitos comunicativos cujas comunicações também são dotadas de sentido político e jurídico. O mundo se encontra atualmente, de acordo com Gunther Teubner, num processo de emergência de um direito mundial para além das ordens políticas do tipo nacional e internacional, no qual "[...] setores sociais produzem normas com autonomia relativa diante do Estado-nação, formando um ordenamento jurídico *sui generis*" (Teubner, 2003, p. 9). A institucionalização típica do Estado-Nação não será, num futuro breve, capaz de dominar as forças centrífugas da sociedade civil mundial.

Apresentam-se várias formas de ordenamento jurídico transnacional desvinculados do Estado-nação e da política internacional:

A *lex mercatoria* (ordenamento jurídico dos mercados mundiais); os ordenamentos jurídicos dos grupos empresariais multinacionais;

A normatização do mercado laboral relacionada às empresas e sindicatos (ambos tipos de atores privados);

As normas supranacionais de padronização técnica e de autocontrole profissional;

O discurso dos Direitos Humanos (que não só não exige fontes estatais de Direito, mas também se dirige contra práticas do Estado-nação);

Os mecanismos jurídicos que buscam a proteção ambiental; na regulação dos esportes em nível global.

Uma teoria jurídica pluralística readequada às novas fontes do direito, que considere os processos espontâneos da formação de direito na sociedade mundial independentes das esferas estatais e interestatais, deve ser concebida (Teubner, 2003). Apenas uma teoria deste tipo, que trate de um Direito oriundo de discursos (e não apenas relacionado a grupos) permitiria uma interpretação adequada do Direito global. Ao lado dela, deve se fazer presente uma nova teoria das fontes do Direito, reconcebida de forma pluralista – em que as fontes seriam oriundas de processos independentes das instituições estatais (individualmente ou de maneira internacional).

A sociedade mundial globalizada não é configurada pela política internacional: ela decorre de um processo muito contraditório e totalmente fragmentado de globalização cujo impulso se dá a partir de sistemas parciais individuais da sociedade em velocidades distintas – e a política, neste ínterim, regrediu quando comparada, além de ter perdido sua liderança (pois apesar da existência de uma política e de um Direito internacional, nestes dois âmbitos da sociedade ainda se enfatiza demais o papel do Estado-nação).[7] Este retrocesso se expressa na formação de *global villages* políticas, regionalização paradoxal que também é observável no Direito.

Quando se observa o fenômeno jurídico na sociedade global, é notável que o ideal de acoplamento estrutural entre os (sub)sistemas funcionais jurídico e político expresso nas constituições (Teubner, 2003), algo muito plausível no plano nacional, não encontra correspondentes no plano global:

> O processo legislativo, no plano global, é demorado demais (em razão das restrições impostas pela regionalização da política e pelas formalidades do Direito Internacional) para poder ser considerado bem-sucedido;
>
> As experiências de jurisdição internacional (tais como o Tribunal Internacional de Haia) demonstram que as possibilidades de desastre político e financeiro das suas instituições são, infelizmente, muito elevadas;
>
> Mesmo o grande número de organizações internacionais existentes não permite que se argumente acerca de uma Administração internacional.

Nada mais lógico, portanto, do que a conclusão de Teubner acerca disto: "o direito mundial desenvolve-se a partir das periferias sociais, a partir das zonas de contato com outros sistemas sociais, e não no centro de instituições de Estados-nações ou de instituições internacionais".[8]

Neste estado de coisas, tem-se que não é o convívio de grupos e comunidades distintas que gera as fontes do Direito mundial, mas sim, o conjunto de discursos acerca daquilo que é direito, o que se dá no nível das redes de comunicação sistêmicas globalmente consideradas – redes estas que não se referem às comunicações individuais, mas às redes especializadas, organizadas formal e funcionalmente (geralmente de natureza cultural, científica e técnica), criadoras de uma identidade global estritamente setorial, as quais se reproduzem continuamente. Estas redes substituem a tradição de comunidades de identidade comum que fundamentam as tradições do Direito do Estado-Nação (Teubner, 2003).

O Direito global, nesta linha de raciocínio, não é sinônimo de direito internacional. Constitui um ordenamento jurídico distinto do Estado-Nação, acoplado a processos sociais e econômicos, de onde advêm seus maiores impulsos. É um ordenamento jurídico *sui generis*, que não pode ser avaliado conforme os critérios jurídicos nacionais. Ao contrário do que muitos possam supor, não é um Direito pouco desenvolvido – apesar de ainda apresentar, quando comparado ao Direito nacional, alguns

---

[7] TEUBNER, 2003, op. cit., p. 12.
[8] TEUBNER, 2003, op. cit., p. 14 (grifos do autor).

défices estruturais. Tal ordenamento jurídico global se distingue do direito tradicional dos Estados-Nações por determinadas características explicadas por processos de diferenciação no âmago da sociedade mundial.

A *lex mercatoria* seria o representante mais forte da existência de um Direito global desvinculado do lastro do Estado-nação (apesar de, conforme já afirmado, não ser o único). Delineada desde os idos medievais, contudo, é bastante criticado pelos juristas ainda enraizados nas tradições jusnacionalistas, normativistas, que o relegam à categoria não jurídica por ser, em termos mais simples, um "contrato sem direito" (Teubner, 2003, p. 17). Isto demonstra o quão arraigada está, como se se tratasse de um tabu, a ideia de que não é possível pensar o Direito para além do dogma estatal.

As versões mais tradicionais da teoria do Direito não vincula a práxis jurídica da *Lex mercatoria*, portanto. Todavia, as modalidades teórico-jurídicas que se vinculam apenas à prática jurídica, observando o Direito como processo auto-organizado, autônomo (e, portanto, autodefinidor dos seus próprios limites), numa observação de segunda ordem, analisam o fenômeno jurídico de forma a identificar a forma pela qual a práxis jurídica identifica o mundo e a si mesma – e, neste exercício, é capaz de redefinir os critérios de validade para além do lastro estatal-nacional.

> A resposta à pergunta sobre o *take-off* de um direito global sem um Estado é a seguinte: o direito econômico global é constituído de modo paradoxal. Fundamenta a sua validade no paradoxo da autovalidação do contrato. Se for possível "explicitar" esse paradoxo da auto-referencialidade (*sic*) contratual, um direito econômico global poderá ser colocado exitosamente em marcha (TEUBNER, 2003, p. 21).

Uma teoria de caráter sociológico e pluralista poderia demonstrar que não apenas na política nacional, nas relações internacionais, e/ou em cortes nacionais (e internacionais) se produzem normas concretas, mas também em outros tipos de processos econômicos e sociais. Assim, seria reconhecido que processos políticos, jurídicos e sociais, de maneira mais ou menos igualitária, poderiam constituir categorias produtivas de norma. Contudo, esse caráter igualitário deve ser relativizado em razão da fragmentação (globalizada) dos diferentes sistemas sociais, pesos distintos devem ser concedidos aos diferentes tipos de produção de norma. A *lex mercatoria*, por exemplo, teria sido produzida por um sistema cujo centro é subdesenvolvido, mas de periferia altamente desenvolvida: seria um "ordenamento jurídico *paralegal*, criado *à margem* do direito, nas interfaces com os processos econômicos e sociais"; é "aquela parte do direito econômico global que opera na periferia do sistema jurídico em 'acoplamento estrutural' direito com empresas e transações econômicas globais" (Teubner, 2003, p. 18).

Não é possível, portanto, analisar os âmbitos do Direito global como sendo oriundo (ou necessariamente identificado) de (ou com) processos político-jurídicos de cunho estatal: é um *"discurso jurídico auto-reprodutor de dimensões globais que cerra as suas fronteiras mediante recurso ao código binário 'direito/não-direito'* [...] *e reproduz a si mesmo mediante o processamento de um símbolo de vigência global"* (Teubner, 2003, p. 18, grifos do autor). Com isto, categorias importantes para a observação tradicional do Direito – tais como norma, controle social e, especialmente, sanção – ficam relegados a segundo plano, sendo seus lugares assumidos por outras como gramática, enunciação, ato de fala, paradoxo e transformação de diferenças (que prometem uma capacidade de compreensão mais aprofundada do pluralismo jurídico emergente). Com isto, "o pluralismo jurídico, então, não estará mais definido por um grupo de normas sociais conflitantes num determinado campo social, mas como coexistência de diferentes processos comunicativos que observam ações sociais na ótica do código binário direito/não-direito" (Teubner, 2003, p. 10).

Apesar de estar distanciado da política nacional e do direito internacional, o novo Direito global não é apolítico, pois o *modus operandi* dos novos atores jurídicos globais o repolitiza – porém, por meio de processos pelos quais o direito é acoplado a discursos sociais altamente especializados e politizados, não de políticas institucionais tradicionais. A relativa distância da política e do direito (inter)nacionais não preservará o "direito mundial sem Estado" de uma repolitização: é justamente a reconstrução de (trans)ações sociais e econômicas como atos jurídicos globais que derruba o (errôneo) caráter apolítico do direito global, fornecendo assim o fundamento da sua repolitização. Ela, porém, ocorrerá previsivelmente sob novas formas, pouco conhecidas até agora – mas que, provavelmente, será por meio dos processos em que o direito global é acoplado estruturalmente a discursos altamente especializados.

Considerações finais

É notável a ressignificação da importância dos elementos mais característicos e fundamentais do Estado conforme a teoria política moderna: território e soberania são, no atual cenário globalizado, reconfigurados (ou pelo menos, pressionados para isto) diante da velocidade da tecnologia e das necessidades econômicas, levando estudiosos a preverem seu término iminente. Contudo, isto não passa de falácia: ressignificação não é sinônimo de extinção, a não ser que se entenda que uma tradição jurídico-política deve permanecer conforme o passado longínquo apenas por falta de imaginação teórica.

Esta ressignificação deve ser observada, contudo, conforme novos parâmetros teóricos: para fenômenos pós-modernos, a reobservação e a reconstrução de postulados e fundamentos do Estado devem ser realizadas. Porém, os instrumentos de análise do seu significado também devem ser ressignificados: ainda faz sentido tratar do Estado como sendo a "mônada" fundamental do Direito e da política? Ou há espaço para novas ideias acerca do poder e da jurisdição (para além da mera subserviência ao mercado)?

Este texto se ocupou da apresentação de um debate entre ideias pertencentes a polos antagônicos sobre a desterritorialização: aquelas que a veem como iminência, e aquelas que a têm como mito, como falácia. Diante deste estudo, tem-se, ao final, que a desterritorialização é, na verdade, uma ressignificação da ideia de soberania: poder absoluto deixa de sê-lo, para se tornar princípio altamente significativo para alguns âmbitos comunicativos da sociedade mundial – notadamente a política e o Direito –, o qual é comunicação (e, portanto, pode ser ressignificado socialmente).

Sendo assim, pode-se concluir (apesar da complexidade do tema, que certamente exige grande profusão de estudos para a construção de um debate plural) que a globalização não acaba com o território, e muito menos, com a soberania: trata-se de uma guinada de significado, a qual pode ser melhor compreendida quando o modo de observar (e observação *é* teoria) é adaptado a novos contextos. E a teoria dos sistemas autopoiéticos oferece novas possibilidades para tal, já que tem a sociedade mundial como diferenciada em *funções* (dentre as quais a jurisdicional), e não em fronteiras.

Referências bibliográficas

BAUMAN, Zygmunt. *Em busca da política* (Tradução de Marcus Penchel). Rio de Janeiro: Jorge Zahar Ed., 2000.

——. *Globalização: as conseqüências humanas.* (Tradução de Marcus Penchel). Rio de Janeiro: Jorge Zahar Ed., 1999.

——. *Vidas desperdiçadas.* (Tradução de Carlos Alberto Medeiros). Rio de Janeiro: Jorge Zahar Ed., 2005.

CORRÊA, Darcísio. *A construção da cidadania:* reflexões histórico-políticas. 4. ed. Ijuí: UNIJUÍ, 2006.

DELMAS-MARTY, Mireille. *Três desafios para um Direito Mundial.* Trad. Fauzi Hassan Choukr. Rio de Janeiro: Lúmen Juris, 2003.

DEZALAY, Ives. TRUBEK, David M. A reestruturação global e o direito In FARIA, José Eduardo (org.). *Direito e Globalização Econômica:* implicações e perspectivas. São Paulo: Malheiros, 1998.

FALK, Richard. *Globalização predatória: uma crítica.* (Tradução de Rogério Alves). Lisboa: Instituto Piaget, 1999.

FUKUYAMA, Francis. *O fim da história e o último homem.* (Tradução de Aulyde Soares Rodrigues). Rio de Janeiro: Rocco, 1992.

FARIA, José Eduardo. Democracia e governabilidade: os direitos humanos à luz da globalização econômica In FARIA, José Eduardo (Org.). *Direito e globalização econômica:* implicações e perspectivas. São Paulo: Malheiros, 1998.

──. *O direito na economia globalizada.* 1. ed., 4ª tiragem. São Paulo: Malheiros, 2004.

FARIA, José Eduardo. KUNTZ, Rolf. *Qual o futuro dos direitos?* Estado, mercado e justiça na reestruturação capitalista. São Paulo: Max Limonad, 2002.

FERRAJOLI, Luigi. *A soberania no mundo moderno:* nascimento e crise do Estado nacional. Trad. Carlo Coccioli e Márcio Lauria Filho. 2. ed. São Paulo: Martins Fontes, 2007.

HAESBAERT, Rogério. *O mito da desterritorialização:* do "fim dos territórios" à multiterritorialidade. 2. ed. Rio de Janeiro: Bertrand Brasil, 2006.

HELD, David. *La democracia y el orden global:* del Estado moderno al gobierno cosmopolita. Trad. Sebastián Mazzuca. Barcelona: Paidós, 1997.

LAFER, Celso. *A reconstrução dos direitos humanos:* um diálogo com o pensamento de Hannah Arendt. São Paulo: Companhia das Letras, 1988.

LUHMANN, Niklas. Globalization or world society: how to conceive of modern society? *International Review of Sociology.* March 1997, Vol. 7 n. 1, p. 67-79.

OLGIATTI, Vittorio. Direito positivo e ordens sociojurídicas In FARIA, José Eduardo (Org.). *Direito e globalização econômica:* implicações e perspectivas. São Paulo: Malheiros, 1998.

PUCEIRO, Zuleta. O processo de globalização e a reforma do Estado In: FARIA, José Eduardo (Org.). *Direito e globalização econômica:* implicações e perspectivas. São Paulo: Malheiros, 1998.

ROTH, André-Noël. O direito em crise: fim do Estado moderno In FARIA, José Eduardo (Org.). *Direito e globalização econômica:* implicações e perspectivas. São Paulo: Malheiros, 1998.

SANTOS, Milton. *Por uma outra globalização:* do pensamento único à consciência universal. 13. ed. São Paulo: Record, 2006.

TEUBNER, Gunther. A Bukowina global sobre a emergência de um pluralismo jurídico transnacional. Tradução de Peter Naumann. Revisão técnica de Dorothee Susanne Rüdiger. In: *Impulso, Piracicaba,* vol. 14, n. 33, p. 9-31, 2003.

VIRILIO, Paul. *Un monde surexposé.* Le Monde Diplomatique. Disponível em: <http://www.monde-diplomatique.fr/1997/08/VIRILIO/8948>. Acesso em: 28, Jul., 2008.

— 11 —

A decisão de inconstitucionalidade: módulo crítico para um tratamento autônomo e homogêneo

MAURICIO MARTINS REIS[1]

A fiscalização concreta de constitucionalidade, adotada no bojo de um modelo misto, híbrido ou eclético, típico de ordenamentos jurídicos como o brasileiro e o português, merece ser indagada em termos comparativos nesses dois países, para o fito de bem avaliar uma das suas mais importantes repercussões, a saber, o édito de inconstitucionalidade. Desta rubrica decorre a pronúncia de inconstitucionalidade de norma jurídica, objetivamente considerada enquanto texto normativo, para o que se enseja a sua erradicação futura em termos de desaplicação geral e abstrata insuscetível de cancelamento ou revogação.[2]

Entenda-se por fiscalização concreta o meio difuso de garantia de escrutínio de constitucionalidade de atos normativos através de processos ordinários – os quais contém uma pretensão resistida (entre autor e réu) com mote de incidência ou aplicação de norma jurídica questionada frente ao Texto Maior – que culminam, em Portugal[3] e Brasil, respectivamente na Corte Constitucional e no Supremo Tribunal Federal. Nas palavras de Maria dos Prazeres Pizarro Beleza, a fiscalização concreta ou difusa em

---

[1] Doutor e Mestre em Direito (UNISINOS). Licenciado em Filosofia (UNISINOS). Doutorando em Filosofia (PUCRS). Professor universitário e advogado.

[2] Com o que se determina expressamente, em alguns ordenamentos, como acontece em Portugal (nos termos da parte final do nº 1 do artigo 282º da Constituição), o efeito da repristinação dos preceitos revogados pela norma julgada inconstitucional, a significar, por óbvio, que a última "deixa de vigorar no ordenamento jurídico" (BRANCO, Ricardo. *O Efeito Aditivo da Declaração de Inconstitucionalidade com Força Obrigatória Geral*. Coimbra: Coimbra Editora, 2009, p. 61).

[3] Conforme Carlos Blanco de Morais, a fiscalização concreta portuguesa consome "cerca de 94,5% dos processos de controlo de constitucionalidade" (Insuficiências dos efeitos inter partes das decisões de inconstitucionalidade em controlo concreto na ordem jurídica portuguesa. *In Perspectivas de Reforma da Justiça Constitucional em Portugal e no Brasil*. São Paulo: Almedina, 2012, p. 53), sendo que, entre os anos de 1983 e 1990, "o valor médio anual de decisões proferidas em controlo concreto situou-se em 238,25 por ano", estatística que "passou para a média anual de 673,9 decisões na década 1998-2008" (*Idem*, p. 54).

Portugal consiste na peculiaridade segundo a qual "todos os tribunais têm o poder de apreciar a constitucionalidade das normas aplicáveis aos litígios que lhes cabe resolver, o que implica a possibilidade de recusa de aplicação, por inconstitucionalidade, e o julgamento da inconstitucionalidade suscitada pelas partes".[4]

É interessante perceber, do conceito referido acima, que a fiscalização concreta em Portugal abrange em difusão todos os colegiados judiciários (os tribunais), com o que se deixa de lado a magistratura de primeira instância. Tal aspecto poderia ocasionar certo estranhamento ao intérprete acostumado com a literatura especializada brasileira, na medida em que, como costuma ser referida como pedra angular na referência doutrinária ao controle difuso de constitucionalidade efetuado no Brasil, todo o juiz é juiz da Constituição.[5] Entretanto, é compreensível deduzir o argumento que justifica tão só o apelo às cortes no conceito ora debatido. O motivo consiste na integração coerente do sistema judiciário de aplicação do direito, de modo a não permitir que decisões de inconstitucionalidade prolatadas por juízo singular em primeiro grau de jurisdição – no sentido da recusa em aplicar o ato normativo impugnado – transitem em julgado sem passar pelo exame de Tribunal pela via do recurso.

Assim sendo, não se impede ou se refreia em Portugal a tese segundo a qual todo o juiz pode desempenhar controle de constitucionalidade, porquanto não se proíbe ao julgador ordinário de primeira instância proferir juízo abstrato de inconstitucionalidade, senão que se o condiciona ao exame recursal em caráter obrigatório. Isto porque se a decisão de tribunal que recusa aplicação de lei com esteio em inconstitucionalidade é objeto de recurso obrigatório (pelo Ministério Público) a ser dirigido ao Tribunal Constitucional, não há como se supor que uma decisão de primeiro grau com idêntico teor (recusa de aplicação de ato normativo com fulcro na sua inconstitucionalidade) permaneça incólume a ponto de poder transitar em julgado. A exigência de recorribilidade vinculada ao crivo de inconstitucionalidade normativa (corroborado pela consequência da dispensa de aplicação da lei) efetuado pela jurisdição reivindica isonomia tanto para os tribunais, assim expressamente previsto pela legislação portuguesa, quanto para os magistrados singularmente considerados.

---

[4] A autora faz um complemento indispensável, ao dizer que a questão de constitucionalidade é apreciada nos tribunais comuns, sendo suscitada pelas partes ou oficiosamente, destinando-se ao exame do Tribunal Constitucional pela via de recurso, "e não através de suspensão pelo tribunal da causa, como questão prejudicial" (Subsistência do controlo difuso ou migração para um sistema concentrado de reenvio prejudicial. *In Perspectivas de Reforma da Justiça Constitucional em Portugal e no Brasil*. São Paulo: Almedina, 2012, p. 90).

[5] Por todos, refira-se a posição de Lenio Luiz Streck, ao afirmar que "qualquer ato judicial é ato de jurisdição constitucional", ou seja, "o juiz sempre faz jurisdição constitucional" (*Jurisdição constitucional e decisão jurídica*. São Paulo: Revista dos Tribunais, 2013, p. 529).

Dessa feita, entendida essa premissa, desloca-se o estranhamento para o lado de lá do Atlântico (o lado português): como pode o direito constitucional do Brasil não questionar a possibilidade de uma decisão de inconstitucionalidade transitar em julgado no primeiro grau sem passar pelo crivo de tribunais? A angústia hermenêutica apenas aumenta, quando nos deparamos com uma ressalva de natureza constitucional que não produz os efeitos desejados nesse específico caso (tampouco resulta ela reivindicada pela doutrina pátria). A cláusula de reserva de plenário, prevista no artigo 97 da Constituição de 1988, bem poderia reivindicar os efeitos práticos tidos por incontroversos no âmbito do modelo português de fiscalização concreta de constitucionalidade.[6]

A explicação fornecida por Lenio Streck sobre o ponto não convence e apenas se desvia do problema. Segundo o autor, "o juiz singular não declara a inconstitucionalidade de uma lei, apenas deixa de aplicá-la, isso porque somente na forma do art. 97 da CF é que pode ocorrer a declaração de inconstitucionalidade".[7] Essa distinção terminológica entre a recusa de aplicação e o juízo de inconstitucionalidade não pode ser reivindicada quando o objeto de análise contempla o vício objetivo (ou abstrato) de inconstitucionalidade de lei ou de ato normativo: quando o fundamento de recusa da aplicação recair na inconstitucionalidade abstrata, igualmente um juiz de primeiro grau terá a competência prática de promover o controle de constitucionalidade difuso. É de fundamental importância sublinhar, contudo, que a recusa de aplicação ou o fato de o magistrado deixar de aplicar a lei não implicará, necessariamente para todos os casos, ter havido o juízo de inconstitucionalidade da norma jurídica pertinente.[8]

---

[6] Reza o artigo 97 da Constituição do Brasil: "Somente pelo voto da maioria absoluta de seus membros ou dos membros do respectivo órgão especial poderão os tribunais declarar a inconstitucionalidade de lei ou ato normativo do Poder Público". Muito embora uma interpretação razoável, mesmo literal, desse dispositivo possa salvaguardar a necessidade de as decisões de inconstitucionalidade em primeiro grau serem forçosamente submetidas a recurso (porquanto apenas os colegiados judiciários é que podem declarar a inconstitucionalidade de lei ou ato normativo), não se consegue propiciar tão facilmente a exigência de que os tribunais ordinários devam igualmente submeter o seu juízo de inconstitucionalidade ao exame do Supremo Tribunal Federal. Para isto, é necessária uma construção sistematicamente ordenada, com forte em argumentos convincentes e em subsídios de corroboração provindos do direito comparado. É o que se pretende fazer nos limites desse artigo.

[7] *Jurisdição constitucional e decisão jurídica*. São Paulo: Revista dos Tribunais, 2013, p. 527.

[8] Isto porque há situações em que a recusa de aplicação de lei conformará o desempenho de decisões interpretativas, oportunidade em que terá ocorrido não propriamente uma recusa de aplicação de ato normativo, mas uma recusa de aplicação de um sentido recorrente – normalmente aquele derivado de uma interpretação literal da norma jurídica – daquele dispositivo legal. Nesse aspecto se justifica a crítica à Súmula Vinculante n. 10, cuja redação universaliza equivocadamente – de modo a coincidir reciprocamente – a recusa de aplicação da lei por força do prévio juízo de inconstitucionalidade. Relembre-se que todo o juízo de inconstitucionalidade da lei oportunizará por certo a recusa de aplicação daquele ato normativo (hipótese em que a distinção promovida por Streck, supra, carece de utilidade ou guarida); porém, a recusa de aplicação de lei nem sempre será fundamentada em juízo abstrato de inconstitucionalidade normativa.

Assim sendo, ao se sublinhar o juízo de inconstitucionalidade de ato normativo como um dos possíveis resultados adotados pela jurisdição constitucional – ao lado do juízo de constitucionalidade e das decisões interpretativas –, convém precisar a peculiaridade de ele ser o único juízo infenso a interpretações futuras, de modo a justificar a sua improcedência ontológica como precedente de jurisprudência. A razão para tal veredicto é sustentada no argumento de que é a própria norma jurídica, ou seja, o ato normativo abstratamente considerado, o objeto de contraste e inconformidade diante do Texto Maior, pelo que a resultante de inconstitucionalidade, nos termos assim considerados, decreta a invalidade da lei contra todos com caráter vinculante e irrevogável. A mácula da inconstitucionalidade normativa, assim, para angariar tais efeitos, prescinde da teoria da eficácia vinculante dos fundamentos ou motivos determinantes das decisões proferidas pelo Supremo Tribunal Federal, porque com ela não guarda qualquer relação.[9]

A teoria dos precedentes obrigatórios reivindica, ao invés, julgamentos onde há interpretação e aplicação do direito posto, quando a relação de constitucionalidade e inconstitucionalidade é demarcada como parâmetro hermenêutico afim ao pressuposto de manutenção da ordem legislativa vigente. Isto quer dizer que haverá precedentes obrigatórios no quadro das modulações interpretativas configuradoras da aplicação de um ato normativo preservado no sistema, cuja estatura significativa aponta quer para a sua constitucionalidade pura, quer para o exercício de determinados filtros a partir dos quais se promovem distintivamente as interpretações constitucionais de outras, inconstitucionais. Ocorre que a inconstitucionalidade normativa, por seu exclusivo turno, configura-se como um desvalor objetivo em que a própria fonte de atribuição de sentidos – a lei – resulta suplantada do sistema jurídico: daí dela não ser possível conformar absolutamente nada a ponto de sua posterior interpretação.

A pronúncia abstrata de inconstitucionalidade é, portanto, um juízo com inequívoca natureza objetiva e inevitável, na medida em que ela promove a retirada da lei do ordenamento jurídico.[10] Apesar de reconhecer

---

[9] Em sentido contrário, MARINONI, Luiz Guilherme. *Precedentes obrigatórios*. São Paulo: Revista dos Tribunais, 2010, p. 459.

[10] "Na medida em que o ato normativo é geral e abstrato, a decisão a respeito dele também o é. Um comando judicial declarando a inconstitucionalidade de determinada norma tem a mesma extensão de incidência que a própria norma teria" (TALAMINI, Eduardo. Objetivação do controle incidental de constitucionalidade e força vinculante (ou "devagar com o andor que o santo é de barro"). In: *Aspectos polêmicos e atuais dos recursos cíveis e assuntos afins*. São Paulo: Revista dos Tribunais, 2011, p. 139). Mais adiante, o autor bem delimita o ponto: "se uma ação direta de inconstitucionalidade tendo por objeto determinada norma já foi julgada definitivamente procedente, uma posterior ação declaratória da constitucionalidade daquela mesma norma esbarrará no óbice da coisa julgada. Poder-se-ia contra-argumentar que, nesse exemplo, a impossibilidade da posterior ação declaratória seria uma mera decorrência lógica da circunstância de que, com a pronúncia direta de inconstitucionalidade, a

tal eficácia para o juízo de inconstitucionalidade, Luiz Guilherme Marinoni indevidamente classifica tal resultante como menor[11] diante do argumento, mal considerado por usufruir de uma dimensão extrapolada, da

norma inconstitucional foi retirada do ordenamento – de modo que um pronunciamento tardio sobre uma pretensa constitucionalidade dela não teria como ressuscitá-la, repristiná-la" (*Idem*, p. 142). É no mínimo curiosa, contudo, a circunstância de que o autor, ao corretamente apresentar a inconstitucionalidade normativa como uma qualidade objetiva e abstrata do ato normativo impugnado diante da Constituição, postule a equiparação entre a retirada da norma do ordenamento (ante o vício imputado) efetuada pelo Supremo em sede de ações objetivas (direta de inconstitucionalidade e declaratória de constitucionalidade) e a efetuada pelo Senado no controle difuso (*Idem, ibidem*, em nota de rodapé): em se tratando de um desvalor objetivo, enquanto uma premissa irretocável, não poderia depender, como consequência, da resolução senatorial, bastando-se, ao nosso ver, com o julgamento efetuado pelo Supremo Tribunal Federal. A única maneira de salvaguardar a posição de Talamini consistiria – para quem, com razão, defende que a suspensão senatorial de execução de lei declarada inconstitucional por decisão definitiva do STF (artigo 52, X, da Constituição brasileira) "tem o sentido de providência definitiva e não provisória" (*Idem*, p. 149), com efeitos em regra retroativos (indo além de nossa posição, segundo a qual a decisão de inconstitucionalidade em sede de controle difuso é *ex nunc* ou passível, ao máximo, de modulações temporais prospectivas) – em compreender a resolução do Senado como um expediente vinculado, e não discricionário. Entretanto, não é essa a sua posição, tendente à competência discricionária do Senado, ao dizer que existe "um salto lógico entre a constatação da objetivação do recurso extraordinário e a afirmação de que as decisões do STF em controle incidental têm força vinculante em sentido estrito" (*Idem*, p. 154), ademais de aduzir que "a súmula vinculante presta-se precisamente a viabilizar a atribuição de eficácia vinculante a entendimentos sobre matéria constitucional assentes na Corte em sede de controle incidental" (*Idem*, p. 160), sem olvidar a peremptória afirmativa no sentido de que "(a)s decisões tomadas pelo STF, ainda que em Plenário, no exercício do controle incidental de constitucionalidade não têm, por si sós, eficácia *erga omnes* nem força vinculante" (*Idem*, p. 161). Restam duas indagações com o escopo de demonstrar respectivamente a incompletude e a contradição de referida doutrina: a uma, qual a diferença ontológica de uma decisão de inconstitucionalidade normativa vertida em fiscalização concentrada e outra em fiscalização difusa (sem a participação do Senado), ambas protagonizadas pelo mesmo Tribunal (o STF); a duas, se a decisão de inconstitucionalidade no âmbito de controle difuso depende de resolução do Senado para ser reputada em definitivo *erga omnes* e com efeito vinculante (para impedir posterior julgamento em sentido contrário, com o que se permitiria a repristinação ou o ressuscitar de lei outrora proclamada inconstitucional, como reivindicou com acerto o próprio Talamini), como aceitar a substituição (para viabilizar a atribuição de eficácia vinculante ao julgamento de inconstitucionalidade não referendado ou pendente de resolução pela casa legislativa) pelo emprego de uma fórmula, a súmula vinculante, que expressamente admite a sua ulterior revogação ou cancelamento, cuja ocorrência implicaria na (combatida e reprovada) repristinação de norma jurídica? A relação indevida entre o pronunciamento abstrato de inconstitucionalidade e o instituto das súmulas vinculantes foi por nós pioneiramente abordada em fins de 2009 quando da apresentação da tese de doutoramento, especificamente sob a rubrica do item 5.2, "A súmula vinculante como (indevida) fórmula judicativa de repercussão geral quanto ao julgamento difuso de inconstitucionalidade das leis" (REIS, Mauricio Martins Reis. *A legitimação do estado democrático de direito para além da decretação abstrata de constitucionalidade: o valor prospectivo da interpretação conforme à constituição como desdobramento concreto entre a lei e o direito*. Passo Fundo: IMED Editora, 2012, p. 325-335).

[11] "Ademais, quando se percebe, com clareza, que dar eficácia vinculante a um precedente constitucional significa dar autoridade às decisões do Supremo Tribunal Federal, *e não simplesmente retirar uma lei do ordenamento jurídico*, torna-se possível ver que, assim como as decisões de constitucionalidade podem ser revogadas, o mesmo pode ocorrer com as decisões de inconstitucionalidade (grifo nosso)" (MARINONI, Luiz Guilherme. *Precedentes obrigatórios*. São Paulo: Revista dos Tribunais, 2010, p. 463-464). Aliás, o argumento de Marinoni, elaborado sistematicamente em referida obra, no sentido de dar autoridade às decisões do Supremo Tribunal Federal, possibilitou, com acerto, a necessidade de a fiscalização em controle difuso adquirir efeito vinculante e *erga omnes* independentemente da participação do Senado, conforme o artigo 52, X, da Constituição Federal (especificamente nas páginas 460 a 462), nada obstante o tratamento indevido da decisão de inconstitucionalidade normativa, ao nosso ver tipicamente objetiva no controle difuso ou concentrado, como um pronunciamento

autoridade das decisões do Supremo Tribunal Federal. A necessidade de os precedentes do Supremo Tribunal Federal serem obrigatórios por conta dos respectivos fundamentos determinantes merece, por certo, a devida guarida e consideração, desde que o direito jurisprudencial se confine no trato da interpretação e aplicação do direito de normas jurídicas vigentes e válidas. Ora, o juízo de inconstitucionalidade, por constranger o próprio ato normativo, eliminando-o do ordenamento, resultará, por certo, insuscetível de reexame e, isto posto, de eventual revogação pelo Poder Judiciário.

O critério adotado para a fiscalização concreta de constitucionalidade pelo ordenamento jurídico português é bem mais coerente e adequado do que o expediente similar brasileiro. Isto porque, a uma, o recurso para o Tribunal Constitucional tem como objeto restrito a questão da constitucionalidade da norma suscitada no caso concreto originário e, a duas, porque "quando o próprio tribunal afasta a aplicação de uma norma, que seria relevante para a decisão do caso concreto (*ratio decidendi*), com fundamento na sua inconstitucionalidade",[12] enseja-se recurso direito ao Tribunal Constitucional, "obrigatório para o Ministério Público no caso de se tratar de norma constante de convenção internacional, ato legislativo ou decreto regulamentar".[13] A primeira nota evidencia que a mácula de inconstitucionalidade, uma vez referida ao dispositivo, e não às respectivas interpretações, consiste em desvalor abstrato suscetível de um tratamento incidental e autônomo apartado do caso concreto,[14] cujo relacionamento

---

jurisdicional interpretativo (no aspecto da suscetibilidade de conformações interpretativas futuras, inclusive em sede de revogação).

[12] BELEZA, Maria dos Prazeres Pizarro. Subsistência do controlo difuso ou migração para um sistema concentrado de reenvio prejudicial. In: *Perspectivas de Reforma da Justiça Constitucional em Portugal e no Brasil*. São Paulo: Almedina, 2012, p. 91. Neste estudo apontam-se de modo agrupado os três tipos fundamentais de recurso para o Tribunal Constitucional em sede de fiscalização concreta de constitucionalidade: conforme o artigo 280° da Constituição Portuguesa, combinado com o artigo 70°, n° 1, da Lei do Tribunal Constitucional, os recursos são fundamentados na recusa de aplicação de normas, na aplicação de norma cuja inconstitucionalidade foi suscitada durante o processo e na aplicação de norma já julgada inconstitucional pelo Tribunal Constitucional.

[13] Idem, ibidem.

[14] É verdade que o direito português, embora considere a possibilidade de se aferir o vício abstrato de inconstitucionalidade mesmo no bojo de uma fiscalização concreta, com o que se justifica o emprego da expressão "controle concreto-concentrado de constitucionalidade", ao mesmo tempo, de maneira incompreensível, produz uma atrofia no que seria um consectário lógico da premissa da abstração, a saber, os efeitos *erga omnes* da decisão concreta de inconstitucionalidade proferida pelo Tribunal Constitucional. Isto porque a Constituição de Portugal prevê o mecanismo (facultativo) da generalização dos efeitos somente após a prolação reiterada de três julgamentos de inconstitucionalidade em fiscalização concreta. Note-se, todavia, que referida regra constitucional passa a sofrer nos últimos tempos críticas pelos constitucionalistas daquele país, na esteira da proposta da objetivação (abstrativização) do controle difuso de constitucionalidade no Brasil. Nesse sentido, as palavras de Carlos Blanco de Morais ressoam enfáticas: "O efeito *inter partes* da decisão de inconstitucionalidade pode desvalorizar as decisões de inconstitucionalidade e a própria Constituição, em casos evidentes de desarmonia de julgados. Isto porque nas situações em que a inconstitucionalidade seja manifesta, não se entende porque é que a norma deva continuar a ser aplicada ano após ano até que seja declarada

com a questão de inconstitucionalidade pode ser predicado de caso-pretexto, como um veículo processual que propiciou o conhecimento e o julgamento de um conflito de natureza objetiva. A segunda nota alcança o caráter obrigatório do recurso ao Tribunal Constitucional quando a inconstitucionalidade normativa está em debate: ou seja, a Corte está vinculada a se pronunciar quando o assunto disser respeito ao conflito entre lei e Constituição.[15]

É bem de se ter em conta que esta obrigatoriedade recursal, pouco percebida, aproxima o sistema português de um hipotético modelo de reenvio prejudicial. Esse modelo de reenvio assentaria suas bases, num regime sincrético de fiscalização concreta-concentrada da constitucionalidade das leis, em torno do princípio da reserva exclusiva pelo Tribunal Constitucional "do poder de se pronunciar sobre a conformidade constitucional das normas de direito ordinário".[16] O sistema português, apesar de não prever o mecanismo de reenvio propriamente dito, ao consagrar o sistema de recursos para o Tribunal Constitucional – especialmente em modalidades onde o recurso é obrigatório –, reverencia efeitos semelhantes, na medida em que "os tribunais não têm a última palavra quanto à questão da constitucionalidade das normas aplicáveis nos feitos submetidos a julgamento".[17]

---

inválida em três casos concretos. Tão pouco se entende a razão pela qual se deixa espaço a arrastadas controvérsias em que uns tribunais se pronunciam pela constitucionalidade e outros pela não (sic) inconstitucionalidade; e, no limite, que as próprias seções do Tribunal Constitucional se desentendam entre si sobre a questão da inconstitucionalidade. Se a norma é julgada inconstitucional para quê a sua permanência e porquê a multiplicação de processos com o mesmo objeto?" (Insuficiências dos efeitos inter partes das decisões de inconstitucionalidade em controlo concreto na ordem jurídica portuguesa. In: *Perspectivas de Reforma da Justiça Constitucional em Portugal e no Brasil*. São Paulo: Almedina, 2012, pp. 57-58). Dessa feita, Carlos Blanco de Morais parece ter relativizado anterior posicionamento, pelo qual o ato normativo julgado inconstitucional no caso concreto pelo Tribunal Constitucional implicaria a invalidade da norma naquele caso, ficando ela "ferida (embora não necessariamente de morte) por uma reação sancionatória do ordenamento que a proíbe de projectar a sua eficácia ao caso concreto, mas que não afecta a sua subsistência imediata no ordenamento" (*Justiça Constitucional. Tomo II. O direito do contencioso constitucional*. Coimbra: Coimbra Editora, 2011, p. 840), nada obstante já naquele contexto doutrinário ficar absurdamente camuflada a arbitrariedade em se admitir a mácula de nulidade *ipso jure*, recusada no julgamento originário (cujo desvalor apontaria para uma invalidade de privação de eficácia, tão somente), apenas com a repetição do julgado conducente à mesma ferida perpetrada por pelo menos três vezes, agora sim capaz de produzir a fatídica morte do preceito normativo impugnado.

[15] Nas palavras de Jorge Reis Novais, "(s)e a decisão judicial for de recusa de aplicação da norma com fundamento na sua inconstitucionalidade, dessa decisão há recurso obrigatório para o Tribunal Constitucional" (*Direitos fundamentais e justiça constitucional em estado de direito democrático*. Coimbra: Coimbra Editora, 2012, p. 245).

[16] BELEZA, Maria dos Prazeres Pizarro. *Subsistência do controlo difuso ou migração para um sistema concentrado de reenvio prejudicial*. In: *Perspectivas de Reforma da Justiça Constitucional em Portugal e no Brasil*. São Paulo: Almedina, 2012, p. 93.

[17] MEDEIROS, Rui; MIRANDA, Jorge. *Constituição Portuguesa Anotada. Tomo III*. Coimbra: Coimbra Editora, 2007, p. 742-743.

Por esta razão, a característica do direito português, específica e não compartilhada pelos sistemas de reenvio prejudicial, onde haveria o alegado "acesso direto à Constituição de todos os tribunais, competindo-lhes julgar a constitucionalidade das normas aplicáveis aos litígios que lhes cabe decidir, recusando a aplicação de normas que, eles próprios, julgam inconstitucionais ou rejeitando a arguição de inconstitucionalidade deduzida pelas partes na causa",[18] revela-se uma quimera ou uma característica sem quaisquer efeitos práticos distintivos. Os tribunais ordinários portugueses não possuem qualquer poder decisório, tanto quanto no sistema de reenvio verificado noutros países, se de suas decisões cabe recurso obrigatório ou, noutros termos (conforme visto acima), se a última decisão sobre o juízo de constitucionalidade depende do Tribunal Constitucional. Nas palavras de Canotilho e Vital Moreira, "(q)uando a norma desaplicada pelo tribunal for uma norma legislativa ou equiparada, há lugar para recurso obrigatório do MP [Ministério Público]",[19] o que significa que somente o Tribunal Constitucional "pode julgar definitivamente inconstitucional normas dessa natureza".[20]

Portanto, em termos empíricos de inconteste predominância prática, não existe diferença significativa entre atribuir exclusividade e conceder a última palavra ao Tribunal Constitucional no tocante à fiscalização concreta de constitucionalidade.[21] Na primeira situação, a de reenvio (como na Itália, o controle incidental), os tribunais ordinários não podem apreciar a questão de inconstitucionalidade, pois a reserva de competência é exclusiva do Tribunal Constitucional, para quem a controvérsia abstrata é encaminhada.[22] Por outro lado, no segundo modelo (como em Portugal, o

---

[18] BELEZA, Maria dos Prazeres Pizarro. Subsistência do controlo difuso ou migração para um sistema concentrado de reenvio prejudicial. In: *Perspectivas de Reforma da Justiça Constitucional em Portugal e no Brasil*. São Paulo: Almedina, 2012, p. 94.

[19] *Constituição da República Portuguesa Anotada. Artigos 108º a 296º*. Volume II. Coimbra: Coimbra Editora, 2010, p. 947.

[20] Idem, ibidem.

[21] Já havíamos antevisto referida conclusão em nosso estudo de doutoramento: "A jurisdição constitucional, embora referida difusamente a juízes e tribunais, apenas superficialmente atende ao postulado de que todo o juízo consiste em juízo de constitucionalidade, ou que todo juiz é juiz da Constituição. Da perspectiva da fiscalização estrita de constitucionalidade, os tribunais e juízes apenas se mostram como rito de passagem para a confrontação e deslinde efetivos por parte do Tribunal Constitucional, seja como órgão (Portugal) ou função (Brasil)" (REIS, Mauricio Martins Reis. *A legitimação do estado democrático de direito para além da decretação abstrata de constitucionalidade*: o valor prospectivo da interpretação conforme à constituição como desdobramento concreto entre a lei e o direito. Passo Fundo: IMED Editora, 2012, p. 255).

[22] Mesmo nos países que adotam o sistema de reenvio prejudicial, em que existe a consequente suspensão do processo no tribunal originário da causa até que o Tribunal Constitucional julgue a questão de constitucionalidade, é forçoso reconhecer que "a decisão de submeter ao Tribunal Constitucional a apreciação da questão de constitucionalidade implica a respectiva apreciação por parte do tribunal comum" (BELEZA, Maria dos Prazeres Pizarro. Subsistência do controlo difuso ou migração para um sistema concentrado de reenvio prejudicial. In: *Perspectivas de Reforma da Justiça Constitucional em Portugal e no Brasil*. São Paulo: Almedina, 2012, p. 93). Nesse aspecto, tanto quanto no controle difuso

controle difuso), embora os tribunais ordinários possam decidir a inconstitucionalidade, referido juízo será necessariamente alvo de recurso pelo Tribunal Constitucional. Da perspectiva dos tribunais ordinários, não decidir e decidir provisoriamente talvez angariem alguma, embora mínima, diferença;[23] contudo, da perspectiva do juízo definitivo de inconformidade de atos normativos perante a Constituição, a diferença é nula, pois a última palavra pertencerá sempre ao Tribunal Constitucional.

Interessante é a posição de Carlos Blanco de Morais sobre o tópico, na medida em que, ao mesmo tempo em que admite para os dois sistemas (o difuso vigente em Portugal e o incidental nos países onde existe a questão de inconstitucionalidade, como na Itália) que "o verdadeiro senhor da questão da constitucionalidade é o Tribunal Constitucional, a quem cabe a última e decisiva palavra sobre a validade da norma sindicada",[24] acaba por endossar a posição de manutenção do modelo português, tida por qualitativamente melhor sob o crivo democrático e constitucional do exercício da jurisdição concernente à tutela da Constituição. Segundo ele, "uma hipotética transição do atual sistema português, para o modelo do controlo concreto concentrado, expropriaria o juiz do tribunal *a quo* da faculdade de decidir sobre a validade do direito ao caso concreto", sendo o magistrado reduzido à condição "de juiz-porteiro relativamente ao julgamento de questões de inconstitucionalidade, o qual seria atribuído exclusivamente ao Tribunal Constitucional".[25] Ora, conforme já referido, se há uma simetria nos dois modelos para apontar a última palavra sobre questões de inconstitucionalidade para o Tribunal Constitucional, premissa admitida por Blanco de Morais, ademais do reconhecimento de que nos

---

(quando o tribunal aplica uma norma tida por inconstitucional por um dos litigantes no processo, hipótese em que o recurso deixa de ser obrigatório ou institucional, para ser facultativo ou decorrente de interesse das partes), o juízo de constitucionalidade (ou a decisão desestimatória de inconstitucionalidade) efetuado pelo tribunal ordinário não dependerá da confirmação do Tribunal Constitucional, cuja competência se reivindica diante de uma questão de inconstitucionalidade assente em tese como prévia.

[23] Para muitos, contudo, essa competência dos tribunais ordinários em julgar a inconstitucionalidade consiste em valência significativa, a tal ponto que sua eventual substituição pelo sistema do reenvio prejudicial "implicaria retirar aos tribunais esse poder decisório" (BELEZA, Maria dos Prazeres Pizarro. Subsistência do controlo difuso ou migração para um sistema concentrado de reenvio prejudicial. In: *Perspectivas de Reforma da Justiça Constitucional em Portugal e no Brasil*. São Paulo: Almedina, 2012, p. 94), nada obstante, conforme visto, referida decisão se revestiria por provisória, pois a última palavra irremediavelmente pertence ao Tribunal Constitucional diante do mecanismo do recurso obrigatório.

[24] BLANCO DE MORAIS, Carlos. Insuficiências dos efeitos inter partes das decisões de inconstitucionalidade em controlo concreto na ordem jurídica portuguesa. In: *Perspectivas de Reforma da Justiça Constitucional em Portugal e no Brasil*. São Paulo: Almedina, 2012, p. 55.

[25] Idem, ibidem. E prossegue: "Retirar 'ex abrupto' aos juízes a competência para julgar a inconstitucionalidade das normas conformaria um voto de desconfiança política no poder judicial, diminuiria a defesa da Constituição e fragilizaria a confiança pública nas instituições. E grande parte da riqueza da jurisprudência constitucional existente resulta da dialética, que se verifica entre a visão que os tribunais comuns têm sobre a questão de constitucionalidade no caso concreto a qual se perderia e a do Tribunal Constitucional".

modelos incidentais o tribunal ordinário igualmente se manifesta[26] – partilhando, pois, inequivocamente de um papel hermenêutico institucional – sobre as questões de inconstitucionalidade, não há razão para se enfatizar o défice de normatividade constitucional e de diálogo democrático de um em vista do outro. Ambos os modelos padecerão ou não de tais problemas conforme as respectivas práticas judiciais interpretativas (mais ou menos porosas ou suscetíveis de uma espécie de osmose hermenêutica), e não por causa de predisposto arranjo legislativo diante do procedimento adotado para cada controle concreto de constitucionalidade.

A legitimidade do Ministério Público em atuar na jurisdição constitucional portuguesa em virtude do seu estatuto de recorrente obrigatório ou vinculado não abrange, apenas, as decisões de inconstitucionalidade relativamente a leis proferidas pelos tribunais, quando neste caso ele atua como garantidor institucional da presunção de legitimidade dos atos normativos. Além dessa hipótese, a instituição também recorrerá em caráter vinculado das "decisões negativas de inconstitucionalidade proferidas em desarmonia com o sentido de anteriores decisões dos órgãos máximos da Justiça Constitucional, operando aqui como um guardião da coerência e da unidade jurisprudencial da Justiça Constitucional".[27] Desta sorte, especialmente quando a validade das leis for questionada pela decisão de uma jurisdição comum, pelo regime do recurso obrigatório, exige-se que "o incidente tenha necessariamente de subir ao Tribunal Constitucional para que seja este a ter sobre essa controvérsia, a última palavra".[28]

A coerência e a integração verificados no direito constitucional português, destarte, vislumbram a correta discriminação entre os juízos de inconstitucionalidade acerca de incidência de lei – abstratos, irrevogáveis pela jurisdição[29] e oponíveis contra todos – e os juízos interpretati-

---

[26] Os tribunais comuns se manifestam, interpretando o direito e o caso concreto (não se evadindo, então, da dialética supostamente tida por exclusiva no modelo difuso à portuguesa) – no sentido de apontar a possível defecção constitucional do ato normativo sindicado no caso concreto, embora a decisão definitiva pertença, por certo, ao Tribunal Constitucional – e inclusive decidem, quando julgam improcedente a questão de inconstitucionalidade, na medida em que não submetem o feito ao Tribunal Constitucional. Assim sendo, a justiça comum pode resolver a questão de inconstitucionalidade sempre que seja no sentido afirmativo da constitucionalidade; porém, caso não esteja segura, deve elevar a questão de inconstitucionalidade ao Tribunal Constitucional. Nesse caso, o juízo sobre a causa singular permanecerá suspenso à espera de que o outro órgão decida sobre a eficácia da lei a ser aplicada (MARTÍN DE LA VEGA, Augusto. *La sentencia constitucional em Italia*. Madrid: Centro de Estudios Políticos y Constitucionales, 2003, p. 45)

[27] BLANCO DE MORAIS, Carlos. *Justiça Constitucional. Tomo II. O direito do contencioso constitucional*. Coimbra: Coimbra Editora, 2011, p. 698.

[28] Idem, p. 734.

[29] Sobre o argumento da irrevogabilidade neste específico caso de julgamento de inconstitucionalidade normativa, a ensejar que o ato normativo inconstitucional doravante sequer possa mais ser objeto de incidência nas relações sociais do mundo da vida (tampouco objeto de aplicação pelo Poder Judiciário nas contendas que lhe reivindicam hipótese de atuação), ela significa "a impossibilidade de o Tribunal Constitucional voltar a fiscalizar norma por si declarada inconstitucional com força

vos de constitucionalidade e inconstitucionalidade acerca de aplicação de lei, estes últimos, genuínos precedentes jurisprudenciais suscetíveis de temperamento hermenêutico ulterior em termos de uma maior ou menor vinculatividade perante terceiros. Destarte, os precedentes obrigatórios reivindicáveis de tribunais como o Supremo Tribunal Federal e o Superior Tribunal de Justiça são assumidos por um valor distinto do argumento aqui reiterado para a vinculação contra todos a partir da pronúncia abstrata de inconstitucionalidade, indistintamente constituída quer na fiscalização concreta, quer na concentrada ou direta. Os precedentes jurisprudenciais das Cortes Superiores devem vincular em virtude da correspondente valência hermenêutica[30] – de uma interpretação tida como a mais adequada ou a correta para o caso concreto – conferida a leis existentes e válidas no ordenamento jurídico. Por outro lado, a inconstitucionalidade normativa ou abstrata, embora descendente da razão prática, porque derivada de um processo concreto de aplicação do direito ou mesmo de um processo supostamente objetivo onde inevitavelmente se cogita a virtual (e concreta) aplicação do preceito para situações do mundo da

---

obrigatória geral, ante a respectiva erradicação do ordenamento jurídico resultante de tal declaração" (BRANCO, Ricardo. *O Efeito Aditivo da Declaração de Inconstitucionalidade com Força Obrigatória Geral*. Coimbra: Coimbra Editora, 2009, p. 67). Frise-se, entretanto, que o autor – diversamente da premissa nuclear permeada nesse ensaio – entende que a fiscalização concreta de constitucionalidade, mesmo diante de julgamento proferido pelo Tribunal Constitucional enquanto última instância do recurso por inconstitucionalidade, "nunca se reveste dos problemas associados, no universo da justiça constitucional portuguesa, à declaração de inconstitucionalidade com força obrigatória geral, enquanto decisão normativa" (*Idem*, p. 31). Ao que nos parece, ao contrário, o juízo abstrato de inconstitucionalidade (pelo reconhecimento da inconstitucionalidade de lei ou ato normativo) adquire similares contornos de repercussão jurídica quer na fiscalização concreta, quer no escrutínio abstrato ou concentrado de constitucionalidade.

[30] Sem descurar da valência institucional, pela qual os precedentes desse porte vinculam estritamente por emanarem dos Tribunais de Cúpula, cuja valia servirá subsidiariamente para definir uma interpretação como a mais adequada dentre outras igualmente razoáveis. No entanto, menoscabar a teoria da resposta correta, a qual corrobora a prioridade da valência hermenêutica (das melhores razões) diante da valência institucional, implicará na dificuldade em prover à jurisdição constitucional exigível estabilidade dos seus julgados, especialmente quando os critérios definidos pelo Tribunal resultam continuamente revisitados ante a mudança na composição dos seus julgadores. A valência institucional, direta ou indiretamente, sopla a demanda por melhores razões (decisão correta ou mais adequada) pelo veredicto majoritário da interpretação vencedora. Assim sendo, por exemplo, acertada é a posição de Luiz Guilherme Marinoni, quando assevera que "a circunstância de o sentido do direito ser pronunciado por uma Corte Suprema, embora relevante para dotá-lo de autoridade, não é suficiente para legitimá-lo", demandando-se, pois, "que a opção interpretativa seja justificada mediante argumentos racionalmente aceitáveis" (*O STJ enquanto corte de precedentes: recompreensão do sistema processual da corte suprema*. São Paulo: Revista dos Tribunais, 2013, pp. 79-80). Marinoni adota uma postura substancial para a interpretação jurídica, segundo a qual a racionalidade decisória depende de uma "devida" justificativa das opções concretamente eleitas pelo juízo, para o que se mostra imprescindível o alicerce das "razões apropriadas" ou das "melhores razões" (*Idem*, p. 106). Apenas não se concorda com a censura por ele promovida ao pensamento de Ronald Dworkin no tocante à concepção da "resposta correta" (*Idem*, p. 85-90), pois não haveria diferença qualitativa alguma (ao menos significativa) – a partir de nossa compreensão do pensamento dworkiniano – entre a versão da interpretação correta do filósofo norte-americano e a da interpretação dotada de razões apropriadas ou melhores razões vislumbrada pelo processualista brasileiro.

vida, transcende, de modo a evitar, a própria aplicação ulterior, ao descartar a norma do direito posto.[31]

Dessa feita, a necessidade de se reivindicar tratamento uniforme ao juízo abstrato de inconstitucionalidade proferido em sede de fiscalização concreta, com o fito de coibir o anômalo efeito entre as partes de uma pronúncia com caráter inegavelmente geral, prevenirá a circunstância de "normas feridas de morte mas que tardariam em morrer", porquanto "vão sendo aplicadas apesar de julgadas inconstitucionais" com a danosa repercussão de insegurança jurídica.[32] Contudo, referida debilidade ainda consentida em países como Brasil e Portugal vem sendo criticada nos últimos tempos, quando se passa a reconhecer que o processo de controle de constitucionalidade com base difusa "é muito mais incerto, arrastado, economicamente oneroso, lesivo do princípio da igualdade e, ainda, perturbador da segurança jurídica do que o controlo em processo concentrado, com suspensão da instância, dado que o julgamento da inconstitucionalidade da norma neste último sistema tem força obrigatória geral".[33] O problema é que a exigência de eficácia geral e vinculante para o édito de inconstitucionalidade, conforme antes dito, não descende (ou deveria ser justificada), como muitos afirmam,[34] da regra do precedente; a inconstitucionalidade normativa, uma vez proclamada, é irretratável,[35] deixando de se submeter, como os precedentes de jurisprudência, cuja natureza é interpretativa, a eventual e posterior revogação pelo Poder Judiciário.

O controle difuso, então, é concreto na medida em que o seu veículo ou contexto problematizador consiste em determinado processo judicial com partes litigantes, porém inexoravelmente abstrato na resultante de inconstitucionalidade efetuada pelo STF. A aplicação da lei é ínsita à concretude argumentativo-decisória e, pois, insuscetível de generalização

---

[31] Nas palavras de Gustavo Zagrebelsky, a decisão de inconstitucionalidade é "uma decisão sem retorno" ("Processo costituzionale". In: *Enciclopedia de diritto*. Volume XXXVI. Milão, 1987, p. 627). A irrevogabilidade do juízo abstrato de inconformidade de lei perante a Constituição, é pertinente dizer, restringe-se ao Poder Judiciário, em nada obstando que a função legislativa doravante aprove novo ato normativo com idêntico teor.

[32] BLANCO DE MORAIS, Carlos. Insuficiências dos efeitos inter partes das decisões de inconstitucionalidade em controlo concreto na ordem jurídica portuguesa. In: *Perspectivas de Reforma da Justiça Constitucional em Portugal e no Brasil*. São Paulo: Almedina, 2012, p. 55.

[33] Idem, p. 58.

[34] De que é exemplo Carlos Blanco de Morais (Idem, ibidem).

[35] Discordamos, portanto, da posição de Fredie Didier Jr., o qual consagra que podem as decisões do STF, proferidas pelo plenário, em controle difuso, e ainda não consagradas em enunciado de súmula vinculante, produzir efeitos ultra partes, como precedentes jurisprudenciais vinculativos, sendo suscetíveis de revisão em virtude do surgimento de "novos fundamentos e tendo em vista a evolução do pensamento a respeito do assunto" (O recurso extraordinário e a transformação do controle difuso de constitucionalidade no direito brasileiro. In: *Leituras complementares de direito constitucional. Controle de constitucionalidade*. Salvador: JUSPODIVM, 2007, p. 113).

inconteste; já a inconstitucionalidade normativa desborda do recipiente de onde brotou, pois através dele (o recipiente-processo) se ensejou a demarcação objetiva contrastante entre o ato normativo impugnado e a Constituição da República. Se é verdade que ela (a inconstitucionalidade) adveio de aplicação, com ela não se confunde, senão se autonomiza nessa sua máxima expressão de desvalor. Por isso é que a objetivação do controle difuso não é propriamente uma tese, mas uma "descoberta" de obviedade, contra a qual não se conseguem insurgir dados históricos e páginas de mera exegese de nosso diploma constitucional.

Embora o funcionamento do modelo de Portugal seja bem mais integrado em coerência do que o seu análogo brasileiro, há vozes favoráveis "à migração do sistema difuso para um modelo concentrado de reenvio prejudicial",[36] ao estilo tedesco e italiano. Entretanto, esse não é o tema proposto para o presente estudo. Seguiremos na verificação de algumas características que matizam, agora sim, os precedentes de jurisprudência.

Uma solução orientada por uma perspectiva lógico-argumentativa não poderá hipertrofiar a hermenêutica jurídica dos precedentes, identificando-a onde ela não existe, a saber, no juízo abstrato de inconstitucionalidade. Ademais, no concernente aos precedentes interpretativos propriamente ditos, ao pressupor (com razão) a potencial equivocidade dos enunciados legais, a perspectiva lógico-argumentativa não pode prestigiar a equivocidade em ato (interpretativa) dos enunciados legais quando esses culminam concretizados pelas Cortes Supremas. É o que alguns estudos postulam ao defender a estabilização do desacordo interpretativo, consolidando as situações individuais por meio do seu trânsito em julgado, durante o período de formação do precedente jurisprudencial.[37] Entendemos tal perspectiva como problemática em virtude de ela relativizar o pressuposto hermenêutico da obtenção da resposta correta, seja ao referendar decisões pretéritas uníssonas (com conteúdo unifor-

---

[36] BLANCO DE MORAIS, Carlos. Insuficiências dos efeitos inter partes das decisões de inconstitucionalidade em controle concreto na ordem jurídica portuguesa. In: *Perspectivas de Reforma da Justiça Constitucional em Portugal e no Brasil*. São Paulo: Almedina, 2012, p. 54. O autor é um daqueles estudiosos lusitanos que defende a permanência do modelo português (condicionada a algumas modificações internas que não lhe desestruturariam as bases, cujo teor veremos adiante), a reprimir dita proposta migratória, cujo maior expoente de estímulo reside, na doutrina portuguesa, em Jorge Reis Novais (Em defesa do recurso de amparo constitucional (ou uma avaliação crítica do sistema português de fiscalização concreta da constitucionalidade). In: *Direitos Fundamentais. Trunfos contra a maioria*. Coimbra: Coimbra Editora, 2006; *Direitos fundamentais e justiça constitucional em estado de direito democrático*. Coimbra: Coimbra Editora, 2012).

[37] "Antes do pronunciamento do STJ não há definição do sentido do direito, sendo legítimas quaisquer interpretações racionalmente justificadas do texto legal. Em suma: se a norma não está no texto legal e, assim, não antecede à interpretação, várias normas jurídicas ou interpretações são válidas enquanto não definido o sentido do direito pelo STJ" (MARINONI, Luiz Guilherme. *O STJ enquanto corte de precedentes: recompreensão do sistema processual da corte suprema*. São Paulo: Revista dos Tribunais, 2013, p. 257).

me) em desacordo com a futura e pioneira resposta do Tribunal Supremo, seja, pior ainda, ao estabilizar decisões pretéritas aleatórias (divergentes entre si diante da interpretação da mesma questão jurídica ou com base em idêntico ato normativo) uma vez delineada a litispendência do julgamento em Brasília.

Os textos são inelutavelmente equívocos em potência, porque ainda estão desassistidos de uma existencial interpretação, que transforma a potencial complexidade abstrata em efetiva (e redundante) aplicação concreta. A redundância hermenêutica consiste na complexidade tornada autorreferente no exaurimento da própria experiência de atribuição de sentido: a norma de atribuição de sentido torna-se transparente, porque estipulada na determinação fático-jurídica de um problema posto resolúvel pelo sistema. Ao individualizar, valorar e escolher entre duas ou mais opções abstratas de significado, com o fito de se obter uma norma de decisão, o intérprete solapa a equivocidade do texto normativo objeto de interpretação. Não por tê-lo descoberto o exato significado, senão por ter concretizado o seu melhor ou mais adequado sentido (a decisão correta ou constitucionalmente adequada para o caso) por intermédio da fundamentação cujas razões explicitem intersubjetivamente o percurso argumentativo, para além da identificação da escolha, em detrimento das razões concorrentes direta ou indiretamente rechaçadas.

No âmbito do direito jurisprudencial, a interpretação concretizadora (aplicação), por ser uma escolha da Corte Suprema dentre significados alternativos concomitantes e possíveis, entendida a concomitância e a virtualidade interpretativas tão só na perspectiva abstrata do comando legal objeto de análise (qual o melhor sentido a ser atribuído ao texto normativo) ou na perspectiva concreta de litispendência recursal (qual a decisão que deve prevalecer no dissídio jurisprudencial apresentado ao colegiado), não pode aceitar conviver com diferentes decisões que se estabilizaram sobre idêntica situação em determinado contexto histórico (sincrônico). Não é aceitável a sincronicidade definitiva de decisões discrepantes transitadas em julgado, especialmente se elas redundam exauridas no próprio ápice da cadeia recursal, quanto mais pelo argumento de um suposto "período de formação do precedente", o qual, se necessário, não impugnaria a retroatividade do julgado da Suprema Corte em relação a processos já transitados em julgado com decisão definitiva diversa da supervenientemente adotada pelo Tribunal. A concomitância interpretativa, que se supõe ser sincrônica, ou é abstrata (carente de concretização aplicativa, quando se cogita em hipótese o melhor significado do texto legal) ou é concretamente provisória (pendente de estabilização definitiva pela Corte Suprema, quando duas ou mais interpretações aguardam a solução definitiva e apaziguadora do dissídio).

O fato de o quadro teórico lógico-argumentativo efetivamente rejeitar o pressuposto típico da teoria formalista ou cognitivista, a saber, a univocidade normativa do texto mediante uma função judicial autômata (declarativa), não implica deslegitimar a prevalência qualitativa – como sendo a melhor ou mais adequada – da resposta jurisdicional emanada da Suprema Corte, cuja prioridade e reivindicação de eficácia vinculante para todos os casos idênticos, indistintamente, tampouco lhe agregaria a pressuposição de que aquela norma sempre existira, no sentido de ter sido "descoberta" enquanto significado exato. A retroatividade por nós reivindicada do precedente da Suprema Corte em vista de casos antecedentes transitados em julgado – tratamento este rejeitado por um tipo de perfil doutrinário, onde se preconiza a primazia da consolidação individual dos julgados passados, inclusive com o risco, implícito, de nessas decisões estarem sendo estabilizados critérios antagônicos entre si a respeito de mesma situação da vida – decorre do estatuto axiológico eficacial do seu próprio quadro teórico, o qual engendra e endossa argumentativamente a construção (e não descoberta) da resposta mais adequada para o caso concreto.

A contextualização precisa da retroatividade de precedente do STF sobre julgamentos pretéritos individuais merece ser sublinhada. Uma coisa é o período da formação de um precedente, durante o qual determinados julgamentos concretos transitam em julgado sem passarem pelo crivo pela Suprema Corte; outra, bem diferente, é a hipótese de a Corte redefinir o parâmetro de julgamento anteriormente por ela disposto em sua constitucional competência. Por isso é que discordamos de Luiz Guilherme Marinoni quando ele afirma que "(a) circunstância de uma questão constitucional chegar ao Supremo Tribunal Federal após o trânsito em julgado de decisões sobre a mesma questão certamente não é motivo para a admissão da retroatividade do pronunciamento do Supremo Tribunal Federal sobre a coisa julgada".[38] Logo em seguida, o processualista diz que "(as) decisões que transitaram em julgado, tratando da questão constitucional posteriormente interpretada de outra maneira pelo Supremo Tribunal Federal, expressam um juízo legítimo sobre a constitucionalidade".[39] Segundo ele, logo em seguida, "o fato de a decisão transitar em julgado, *antes de a questão chegar à análise do Supremo Tribunal Federal*, é mera consequência do sistema de controle da constitucionalidade brasileiro".[40]

Perceba-se no trecho grifado que se almeja tutelar a estabilização de julgados sem terem eles passado pelo STF, pois a questão controversa neles insculpida, de natureza constitucional, apenas depois, em futuro

---

[38] *Coisa julgada inconstitucional.* São Paulo: Revista dos Tribunais, 2008, p. 104.
[39] Idem, ibidem.
[40] Idem, ibidem, grifo nosso.

processo de idêntica natureza, é submetida à apreciação da Corte. É bem de se dizer que o próprio Marinoni aceita, linhas antes, abordando a linha-mestre do controle difuso, que "(se) é verdade que todo e qualquer juiz tem o dever-poder de controlar a constitucionalidade, é inegável que este poder só pode ser exercido de forma racional quando submetido ao entendimento do Supremo Tribunal Federal",[41] o que se demonstra uma contradição.

O controle difuso de constitucionalidade que admite a possibilidade de qualquer juiz ou tribunal, à revelia da Suprema Corte (ou seja, contraditoriamente, qualquer juiz ou tribunal menos a Corte Suprema), exercer a fiscalização de constitucionalidade e de estabelecer o critério normativo constitucional (STF) ou de direito ordinário (STJ) prevalecente como parâmetro de julgamento consubstancia-se em peculiar "jabuticaba", ou seja, como fenômeno apenas visto no sistema jurídico brasileiro. Tomando Portugal e Itália como referenciais comparativos, nos quais também se vislumbra o desempenho da fiscalização concreta de constitucionalidade, ambos estipulam a necessidade de a Suprema Corte (tida como órgão específico nos dois modelos através de um Tribunal Constitucional) se pronunciar em todo o caso onde se verifica a demanda de constitucionalidade, seja ela objetiva, enquanto aferição de ato normativo supostamente incompatível com o Texto Maior, seja ela interpretativa, atinente ao modo de interpretar o preceito aplicável no caso concreto de acordo com a Constituição. Isto é, nesses países é impensável cogitarmos o exercício do controle difuso pela metade: ou todos os casos onde se atesta o problema da (in)constitucionalidade culminam nos Tribunais Constitucionais (pelo menos enquanto situações problemáticas pioneiras ou de primeira origem, ressalvadas, portanto, as futuras arguições análogas já resolvidas pelos precedentes daqueles colegiados judiciários),[42] ou não se admite ter havido o desempenho da jurisdição constitucional em situações que não chegam àquele escrutínio constitucional.[43]

---

[41] *Coisa julgada inconstitucional*. São Paulo: Revista dos Tribunais, 2008, p. 102.

[42] Daí por que a lição de Fredie Didier Jr. resulta incompleta ao dizer que "(a) inconstitucionalidade da lei federal, cuja aplicação *in concreto* se discute judicialmente, é questão prejudicial que pode ser examinada por qualquer órgão julgador do Poder Judiciário, no controle difuso" (*Sobre a teoria geral do processo, essa desconhecida*. Salvador: JUSPODIVM, 2012, p. 130). Corroborando a lacuna – ou quase ingressando no equívoco de desprestigiar ao controle difuso o exame necessário da inconstitucionalidade abstrata pela Corte Suprema brasileira – o autor refere que é apenas na fiscalização concentrada que o STF possui competência exclusiva para decidir sobre a questão, enquanto no controle difuso todos os juízes podem dela "conhecer".

[43] No mesmo sentido, Carlos Blanco de Morais, quando ele critica a teleologia dos três casos concretos (repetição do julgado concreto adepto da inconstitucionalidade de ato normativo, para que, a partir da terceira oportunidade, a norma seja eliminada com força obrigatória geral) submetidos à denominada "prova do tempo": "Defendemos uma solução que implique que decisões de inconstitucionalidade proferidas pelo Tribunal Constitucional em controlo concreto revistam força obrigatória geral. Trata-se da forma mais adequada de conservar fiscalização incidental, difusa na base, como manda a nossa tradição constitucional, mas concentrada no topo, tendo por objetivo garantir a certeza jurídica

Bem diversa é a hipótese em que o critério é definido pelo modelo de Corte Suprema, e vinculante horizontal e verticalmente em dado momento histórico para a proteção da uniformidade jurisprudencial, para depois ser revisitado por ela. Nesse caso, a superveniência de nova interpretação evidentemente se projeta para o futuro, de modo a não se cogitar o regime da retroatividade para situações pretéritas firmadas com fulcro na antecessora interpretação (do Tribunal Supremo) que funcionou como precedente vinculante.

Qual seria o momento de formação do precedente senão o momento em que a primeira demanda – a prevenir a interpretação mais adequada à frente dos múltiplos processos com idêntica repercussão – resultará julgada pela Corte Suprema? Nenhuma outra possibilidade de compreensão do impasse resulta confortável perante o postulado da igualdade e da própria segurança jurídica, tomados aqui sob a ótica forte da melhor decisão para todos os casos análogos, porque a defesa da consolidação das situações individuais, por si só, releva apenas uma ínfima (e nem tão significativa) parte daqueles postulados, a saber, no trato do "tratamento isonômico deferido a todos que se encontram na mesma situação" relativo tão só aos correspondentes trânsitos em julgado, independentemente (e aqui o perigo) das respectivas decisões ali consolidadas.

O conteúdo decisório em cada processo, intocável pela proteção da coisa julgada, poderá ser simultaneamente contraditório uns em relação aos outros. Como isso poderia acontecer em termos práticos? Seja ao se defender a tese de que interpretações jurisdicionais possíveis e igualmente legítimas podem se estabilizar a despeito, por exemplo, de julgamento do Supremo Tribunal Federal (caso a controvérsia seja constitucional), supondo-se aqui que o trânsito em julgado tenha ocorrido nas instâncias ordinárias de primeiro e segundo graus, ou, ainda mais grave, com a

---

e a economia processual no controlo incidental de constitucionalidade. Considera-se que o Tribunal já amadureceu o suficiente em quase três décadas para poder julgar a invalidade de uma norma em controlo concreto com eficácia *erga omnes* sem se ter de amparar na certeza ou no conforto de um conjunto de prévias decisões no mesmo sentido, com eficácia *inter partes*" (Insuficiências dos efeitos inter partes das decisões de inconstitucionalidade em controlo concreto na ordem jurídica portuguesa. In: *Perspectivas de Reforma da Justiça Constitucional em Portugal e no Brasil*. São Paulo: Almedina, 2012, p. 60). Noutro lugar, Blanco de Morais propõe a seguinte reforma interna possível no modelo português: "reconhecer ao Ministério Público junto do Tribunal Constitucional a faculdade de requerer a fiscalização de abstracta sucessiva da constitucionalidade e legalidade de uma norma que já tivesse sido anteriormente julgada inconstitucional ou ilegal, num caso concreto, pelo referido Tribunal e a par da formulação obrigatória de um pedido de fiscalização abstracta sucessiva pelo mesmo órgão, sempre que a referida norma tivesse sido julgada inconstitucional em três casos concretos" (BLANCO DE MORAIS, Carlos. *Justiça Constitucional. Tomo II. O direito do contencioso constitucional*. Coimbra: Coimbra Editora, 2011, p. 1066). No Brasil, tal sugestão seria adaptável no seguinte sentido: julgada norma jurídica inconstitucional em sede de fiscalização difusa de constitucionalidade pelo Supremo Tribunal Federal, recairia ao Procurador-Geral da República intentar uma ação direta de inconstitucionalidade contra o ato normativo antes impugnado apenas para o processo particular de onde foi extraído o juízo de inconformidade normativa.

chancela do Tribunal, supostamente pelo ânimo de autocontenção no sentido de a sua decisão não estar revestida da necessária maturação (indício do quórum de deliberação, por exemplo). Nenhuma dessas hipóteses, entretanto, merece guarida à luz de uma hermenêutica jurídica madura – já reivindicável de uma prática de justiça constitucional constante de um quarto de século (os vinte e cinco anos de nossa Constituição de 1988) – e investida de responsabilidade decisória com apreço aos princípios da segurança jurídica e da fundamentação das decisões judiciais.